SPRACHWISSENSCHAFTLICHE
STUDIENBÜCHER

ROLAND GLAESSER

Caesar – magna itinera

Intensivkurs für Studierende
zur Vorbereitung
auf die Caesarlektüre

Zweite, überarbeitete
und ergänzte Auflage

Universitätsverlag
WINTER
Heidelberg

Bibliografische Information der Deutschen Nationalbibliothek

Die Deutsche Nationalbibliothek verzeichnet diese Publikation
in der Deutschen Nationalbibliografie;
detaillierte bibliografische Daten sind im Internet
über *http://dnb.d-nb.de* abrufbar.

ISBN 978-3-8253-4751-2

Dieses Werk einschließlich aller seiner Teile ist urheberrechtlich geschützt.
Jede Verwertung außerhalb der engen Grenzen des Urheberrechtsgesetzes
ist ohne Zustimmung des Verlages unzulässig und strafbar. Das gilt insbesondere
für Vervielfältigungen, Übersetzungen, Mikroverfilmungen und die Einspeicherung
und Verarbeitung in elektronischen Systemen.

© 2020, 2010 Universitätsverlag Winter GmbH Heidelberg
Imprimé en Allemagne · Printed in Germany
Druck: Memminger MedienCentrum, 87700 Memmingen

Gedruckt auf umweltfreundlichem, chlorfrei gebleichtem
und alterungsbeständigem Papier.

Den Verlag erreichen Sie im Internet unter:
www.winter-verlag.de

VORWORT – EINLEITUNG

Das vorliegende Buch ist der ältere und zugleich jüngere Zwilling des im Jahr 2007 erstmalig erschienenen Werks *Wege zu Cicero*. Die paradoxe Formulierung lässt sich leicht begründen: Jünger ist dieses Buch auf Grund seiner späteren „Geburt", älter ist es, weil es, im Vergleich zu seinem Vorgänger, bei einer um circa 30 Jahre früheren Zeit ansetzt, also in der Mitte der fünfziger Jahre vor Christus. „Zwilling" kann man es auf Grund seiner sehr ähnlichen Struktur nennen.
Viele Texte dieses Buchs sind thematisch auf Iulius Caesar zugeschnitten. Damit sollen Studierende angesprochen werden, deren Latinum aus der Übersetzung eines Caesartexts besteht. Wenn gleich die inhaltliche und sprachliche Vorbereitung auf die Caesarlektüre im Vordergrund steht, so spielt dennoch auch Cicero eine nicht unwesentliche Rolle, so dass ein Absolvieren dieses Kurses sowohl allgemeine Einblicke in das erste vorchristliche Jahrhundert bietet als auch den Erwerb grundlegender Lateinkenntnisse ermöglicht. Auf diese Weise könnte das Buch für alle, die möglichst schnell Latein lernen oder ihre Kenntnisse auffrischen wollen, hilfreich sein.
Ohne auf Mythen zu verzichten, werden im Vergleich zum „*Cicero*" Militärisches und Politisches stärker betont. Caesar (und bisweilen Cicero) erscheinen zudem als Menschen mit ihren Stärken und Schwächen.
Daneben gibt es, wie beim „*Cicero*", die Ebene der Sklaven, die Ereignisse kommentieren und sich streiten oder griechische Mythen und Anekdoten aus Caesars Leben erzählen; hier betritt Polydorus, der Sklave, der im „*Cicero*" die Rolle des Erzählers einnimmt, als ein noch unwissender Junge die Bühne, der von seinen älteren Mitsklaven einiges zu lernen hat. Gemeinsam erleben sie, als Beobachter in Rom, die Ereignisse des Gallischen Krieges und die innenpolitischen Verwerfungen bis zu Caesars Ermordung. Im Gegensatz zum „*Cicero*" sind mehrere Personen historisch, wie Quintus, Ciceros Bruder, der bei Caesar als Legat dient, Helvius Cinna, dem ein grässliches Ende bevorsteht, C. Matius, ein über den Tod des Diktators trauernder Freund, und schließlich Cicero und Caesar selbst, die in fiktiven Briefen und Reden zu Wort kommen. Inspiration für manche Texte boten die einschlägigen Quellen, wie die Schriften Caesars, Ciceros, des Historikers Livius und des Kaiserbiographen Sueton. Das Buch endet in Freude, aber auch in Zweifel und Verzweiflung, was keinesfalls als Omen für das Absolvieren dieses Kurses gedeutet werden soll.

<u>Zur Eigenart dieses Kurses:</u>

1) Dieses Werk ist nicht so sehr zum Einsatz in der Schule gedacht, da nach schuldidaktischen Maßstäben zu konzentriert vorgegangen wird. Allerdings würde es sich, wie auch der „*Cicero*", als Wiederholungs- und Übergangslektüre für Klassen nach der Spracherwerbsphase anbieten. Lehrer / innen fänden hier Übungsmaterial und –texte. Zudem ist dieses Buch auch als Ergänzung zum „*Cicero*" gedacht.

2) Wie beim „*Cicero*" wird der Grammatikstoff nicht kleinschrittig geboten, sondern großflächig mit fließenden Übergängen und Schwerpunkten auf den für die lateinische Grammatik typischen Erscheinungen. So ist vielleicht die stiefmütterliche Behandlung mancher Gebiete der Formenlehre erklärbar.

In diesem Buch wird noch etwas konzentrierter vorgegangen als im „*Cicero*", was nicht nur die geringere Zahl der Lektionen zeigt. Um den Übungseffekt, der sich durch das Übersetzen einstellt, zu steigern, sind die Texte länger als im „*Cicero*".

Ob man als Kursleiter oder -leiterin alle Lektionen in einem Semester tatsächlich bewältigt, hängt natürlich von der Zusammensetzung der Teilnehmer und der zur Verfügung stehenden Zeit ab. Ein vorzeitiger Ausstieg aus dem Buch, etwa nach Lektion 16 oder 17, ist möglich, wenn man auf den inhaltlichen Abschluss des Buches weniger Gewicht legt und den fehlenden Stoff während der Lektüre nachholen will.

3) Der Verfasser ist sich bewusst, wie viele Anstrengungen nötig sind, um innerhalb eines kurzen Semesters das zu erlernen, wofür man auf dem Gymnasium drei Jahre (oder mehr) Zeit hat. Dies ist nicht nebenbei zu leisten, sondern erfordert die ganze Energie und Aufmerksamkeit. Ein so konzentriertes Vorgehen, das durchaus Zumutungen mit sich bringt, erscheint aber, auch angesichts immer knapper werdender Studienzeiten, als nicht abwegig. Im Selbststudium Lernende werden ihr eigenes Tempo finden.

4) Auf jeden Lektionstext folgen, wie beim „*Cicero*", Erläuterungen zu Formenlehre und Syntax; zur Vertiefung und zum weiteren Einüben findet sich im Anhang eine Behandlung wichtiger Themen der Grammatik. Neben dieser Darstellung werden auch Lösungen für die Übungen des Lektionsteils und des Anhangs geboten.

5) Auch wenn das Lernen der lateinischen Sprache immer mehr aus der Mode zu kommen scheint, so ist der Verfasser fest davon überzeugt, dass die Beschäftigung mit der lateinischen Sprache ein Gewinn ist, der sich nicht nur in der besseren Beherrschung der „europäischen" Grammatik, der größeren Kenntnis von Fremdwörtern, dem leichteren Zugang zu den romanischen Sprachen etc. niederschlägt, sondern auch seine Wirkung entfaltet in einem gründlicheren Verständnis von Texten aller Art, einer größeren Allgemeinbildung und einem weiteren Horizont in philosophischer, kultureller, historischer und politischer Hinsicht kurz: in einem Bewusstsein für Zusammenhänge, die für eine europäische Identität konstitutiv sein können. Mit diesem Buch soll ein Beitrag dazu geleistet werden, das Nachlernen der lateinischen Sprache als ein Angebot zu verstehen, von dem man in vielen Studienfächern und darüber hinaus profitieren kann.

Bemerkung zur zweiten Auflage

Die Gelegenheit, die eine Neuauflage bietet, wurde zur Verbesserung genutzt: Fehler wurden korrigiert, etliche Ergänzungen hinzugefügt und manches umformuliert.

Da (leider) die Grammatik von Hermann Throm nicht mehr ohne weiteres im Handel erhältlich ist, wurde auf eine andere Grammatik zurückgegriffen. So beziehen sich nun die in dem Verzeichnis zum Grammatikstoff (S. 15 f.) angeführten Ziffern auf das Werk *Forma. Lateinische Grammatik* (W. Pfaffel und C. Braun, Buchner, Bamberg 2018).

Roland Glaesser, Heidelberg 2010 / Mai 2020

Ein Zeugnis aus der römischen Kaiserzeit:

Caesar war erst sechsundfünfzigjährig, als er starb, und überlebte Pompeius um kaum mehr als vier Jahre. Das ganze Leben hindurch hatte er unter zahllosen Gefahren der Herrschaft und Macht nachgejagt, aber als der Erfolg seine Mühen krönte, erntete er nichts weiter als den bloßen Namen der Herrschaft und einen Ruhm, den ihm der Neid der Mitbürger vergällte.
(Plutarch, Caesar 69, 1; übersetzt von Walter Wuhrmann, 1980)

Eine Stimme aus der Forschung:

Der Ruhm und die Unsterblichkeit, die er wie jeder Römer in der Erinnerung der Menschen zu finden hoffte, fielen ihm spät zu. Erst der Tote wurde zu einem Gott und einem Mythos, der in einem wechselvollen Nachleben durch die Jahrhunderte getragen wurde. Dazu musste er aus dem Reich der Geschichte in das Reich der Literatur und Legende eingehen. Erst hier entfalteten seine reiche Begabung, der sprachliche Glanz seiner Schriften, sein vornehmer Adel und seine unvergleichliche Energie ihre Leuchtkraft.
(Werner Dahlheim: Julius Caesar. Die Ehre des Kriegers und die Not des Staates, Paderborn 2005, S. 256 f.)

Divus Iulius, 1. Jh. n. Chr.

Kurzinformation zu Caesar

C. Iulius Caesar wurde, wie Cicero, in eine Zeit des politischen Umbruchs hineingeboren. Seine Familie, die *gēns Iūlia*, war eine der ältesten Adelsfamilien Roms, die sich letztlich auf Aeneas, den Sohn der Venus und des Anchises, zurückführte. Caesar propagierte diesen göttlichen Ursprung seiner Familie, woraus später auch sein Adoptivsohn, der spätere Kaiser Augustus, Nutzen zog. Caesars Vater war früh gestorben, so dass der junge Mann sehr schnell selbstständig wurde. Sein verwandtschaftliches Verhältnis zu C. Marius brachte ihn bald in die Nähe der Popularen, einer „Partei", die die Belange des Volkes auf ihre Fahnen geschrieben hatte, ohne die eigenen Machtinteressen aus den Augen zu verlieren. So geriet er bald in Konflikt mit L. Cornelius Sulla, dem Gegner des Marius; Sulla hatte ab 82 v. Chr. ein Schreckensregime errichtet und forderte Caesar unter massiven Drohungen auf, sich von Cornelia, der Tochter eines Popularen, scheiden zu lassen, was dieser ablehnte. Caesar entkam mit Mühe der Hinrichtung; Sulla warnte bei seiner Begnadigung den Senat vor dem jungen Mann, in dem mehr als nur ein Marius *(Sullas ehemaliger Gegner)* stecke. In der Folgezeit wich Caesar Sulla aus, bewährte sich militärisch im Osten und kehrte nach dessen Tod nach Rom zurück (77), um politisch aktiv zu werden. Seine Karriere begann aber erst richtig in den sechziger Jahren: Nach der Quästur in Spanien (68) wurde er überraschend 63 zum *pontifex maximus* und zum *praetor* gewählt. In diesem Jahr war Cicero Konsul. Sein Gegner Catilina plante nach mehreren misslungenen Versuchen, Konsul zu werden, einen Staatsstreich mit einem Anschlag auf Cicero. Dieser konnte ihn durch markige Worte aus der Stadt treiben. Als der Senat seine verhafteten Anhänger hinrichten lassen wollte, sprach sich Caesar gegen die Todesstrafe zu Gunsten einer lebenslangen Haft aus. Diese Rede, die leider nicht erhalten ist – der Historiker Sallust hat sie in seinem Werk De coniuratione Catilinae, 51, frei gestaltet –, muss auf viele Senatoren Eindruck gemacht haben; man wollte sich schon Caesars Antrag anschließen, als Cato (Urenkel des berühmten Cato *censorius*) in die Debatte eingriff. Er beschuldigte Caesar der Beteiligung an der Verschwörung und erreichte so einen Stimmungsumschwung: Die Verhafteten wurden sofort hingerichtet. Diese Tat aber barg Sprengstoff: Caesar hatte wohl in seiner Rede betont, dass die Verurteilung römischer Bürger durch die Volksversammlung bestätigt werden müsse; hierauf beriefen sich die Popularen später bei ihrer Agitation gegen den Senat und besonders gegen Cicero.

Die politische Situation änderte sich schlagartig mit der Gründung des so genannten ersten Triumvirats, eines Bündnisses zwischen dem vom Senat enttäuschten Cn. Pompeius und den Popularen Crassus und Caesar (60). Man vereinbarte, dass nichts im Staat geschehen solle, was gegen die Interessen eines der drei verstieße. Dies war der Anfang vom Ende der freien Republik. Caesar wurde Konsul (59) und machte sich durch mehrere volksfreundliche Gesetze und sein Verhalten beim Senat verhasst. Sein Werben um Cicero blieb erfolglos; als dieser gegen Caesars Gesetze eine Rede hielt, sorgte er indirekt (durch die Anträge des P. Clodius, man solle diejenigen bestrafen, die ohne Bestätigung des Volkes römische Bürger zum Tode verurteilt hätten (was gegen Cicero zielte), für dessen Verbannung (58–57). Er selbst ließ sich die Statthalterschaft in Gallien für zunächst fünf Jahre geben und eroberte ab April 58 bis 50 das freie Gallien in einem für die Römer untypischen Angriffskrieg. In seinem Werk *De bello Gallico* versucht Caesar, diesen Krieg als eine notwendige Verteidigungsmaßnahme, also als *bellum iustum*, darzustellen. Dies mag für die erste Phase zutreffen. Unterdessen wurde Caesar seinen politischen Gegnern in Rom zu mächtig, und man wollte ihn seines Kommandos entheben. Die Situation entspannte sich auch dann nicht, als (mit Ciceros Unterstützung) Caesars Kommando verlängert wurde. Im Jahr 50 spitzte sich der Konflikt zu: Man verbot Caesar, sich in Abwesenheit um den Konsulat zu bewerben, und erklärte ihn nach seiner Weigerung, das Kommando niederzulegen, zum Staatsfeind. Darauf überschritt er den Rubico und eröffnete so den Bürgerkrieg, der sich in mehreren Etappen bis 45 hinzog. Berühmt in dieser Zeit seine Affäre mit der ägyptischen Königin Kleopatra (47). Als Diktator zeigte Caesar gegenüber seinen ehemaligen Gegnern eine Milde, die auch Cicero beeindruckte. Zahlreiche Gesetze zeugen von einer rastlosen Tätigkeit; dennoch konnte Caesar seine Standesgenossen mit den neuen Verhältnissen nicht versöhnen; am 15. März 44 v. Chr. wurde er, kurz vor dem Feldzug gegen die Parther, im Senat ermordet.

INHALT

Vorwort – Einleitung – Kurzinformation zu Caesar 5

Inhalt 9

Zeittafel *(Caesar / Cicero)* 10

Hintergrundinformationen zu den Lektionstexten 12

Zum Nachlesen *(Literatur; Grammatiken)* 14

Lektionen / Grammatik im Überblick 15

Lektionen mit Begleitgrammatik 17

Vokabeln zu den Lektionen 145

Vokabeln, alphabetisch geordnet 188

Anhang

Einige systematische Erweiterungen zur Grammatik
und zusätzliche Übungssätze 2
Register (Formenlehre, Syntax,) 36
Lösungen zu den Übungen und Übungssätzen 38
Der Blick in die Zukunft – ein Originaltext 57

ZEITTAFEL*

CAESAR		CICERO	
100 v. Chr.	Caesar in Rom geboren	106 v.	Cicero in Arpinum geboren
(91–89)	(Bundesgenossenkrieg)	91	Cicero in Rom, Ausbildung
(88–84)	*(1. Krieg gegen Mithridates)*		
84; 83	Caesar heiratet Cornelia; Julia geb.		
82	Sulla marschiert in Rom ein, Proskriptionen – Weigerung Caesars, sich von Cornelia scheiden zu lassen		
81–78	Caesars Kriegsdienst im Osten, während Sullas Diktatur; Aufenthalt bei Nikomedes von Bithynien *(78 Tod Sullas)*	80	Frühe Rede Ciceros: *Pro Sexto Roscio* (unter Sullas Diktatur)
		79–77	Bildungsaufenthalt in Griechenland (Ausweichen vor Sulla?)
77 / 76	Anklage gegen Dolabella u. a.		
75	wieder im Osten; Piratenepisode *(oder 78)*	75	Quästor in Sizilien
74 / 73	Rückkehr nach Rom, erste Ämter		
(70)	*(Konsulat des Pompeius und Crassus, Revidierung der sullanischen Politik)*	70	Prozess gegen C. Verres – Cicero bedeutendster Redner Roms
68	Tod Cornelias und der Tante Iulia (Leichenrede Caesars auf Iulia) Caesar Quästor in Spanien		
67	*(Pompeius beseitigt das Seeräuberunwesen)* – Caesar heiratet Pompeia		
(66)	*(Pompeius beendet 3. Mithridat. Krieg)*	66	Prätor
63	designierter Prätor; Pontifex maximus *(versuchter Staatsstreich Catilinas)* Rede vor dem Senat; erfolgloser Antrag auf lebenslange Haft für die Catilinarier	63	Konsul; Aufdeckung der Catilinarischen Verschwörung; Erwirkung des Todesurteils gegen die Anhänger Catilinas – vier Reden gegen Catilina
62	Prätor; Bona-Dea-Skandal, Scheidung von Pompeia (Clodiusaffäre)	62	*(Niederlage des Catilina)*; Bona-Dea-Skandal (Cicero sagt gegen Clodius aus; fortan Feindschaft)
61	*(Rückkehr des Pompeius aus dem Osten)*; Caesar *propraetor* in Spanien	61	Agitation gegen Cicero wegen der Verurteilung der Catilinarier
60	so genanntes 1. Triumvirat (Bündnis von Pompeius, Crassus und Caesar), schwindender Einfluss des Senats		
59	Caesar Konsul (mit Bibulus); Ackergesetze; Heirat mit Calpurnia Pisonia; Pompeius heiratet Caesars Tochter Iulia	59	Cicero verschließt sich dem Werben Caesars, will unabhängig bleiben; sein Intimfeind P. Clodius wird Volkstribun – Gefahr für Cicero
58(–50)	Caesar *proconsul* in Gallien; Gallien wird bis 50 in langen Kriegen erobert	58	Clodius lässt Cicero ächten
		58–57	Cicero in der Verbannung
58 / 57	Krieg gegen die Helvetier, Ariovist und die Belger	57	triumphale Rückkehr nach Rom im September
56	Erneuerung des Triumvirats in Lucca	56	Rede *Pro Sestio* (Entwurf eines politischen Programms)

CAESAR		CICERO	
55	*(Konsulat des Pompeius und Crassus)*; Rheinübergang, Expedition nach Britannien	55	Ciceros erste schriftstellerische Phase als Philosoph angesichts politischer Bedeutungslosigkeit, z. B. *De re publica, De legibus*
54	zweite Expedition nach Britannien; Tod von Caesars Mutter und Tochter		
53	Niederlage und Tod von Vater und Sohn Crassus in der Schlacht von Carrhae; Risse im Bündnis mit Pompeius; *(Terror des Clodius in Rom)*	53	Cicero zum Augur gewählt
52	*(Pompeius consul sine collega)*; *(Ermordung des Clodius)*; gesamtgallischer Aufstand des Vercingetorix und dessen Niederschlagung	52	Cicero verteidigt Clodius' Mörder Milo *(Rede Pro Milone)*
51	Abschluss der Unterwerfung Galliens; Herausgabe der Schrift *De bello Gallico*	51	Cicero veröffentlicht *De re publica*; Statthalter in Kilikien, Ausrufung zum *Imperator* (dadurch Anrecht auf einen Triumphzug in Rom)
50	Verhandlungen über Caesars Wahl zum Konsul und die Ablösung von seinem Kommando		
49	Konflikt mit dem Senat verschärft sich; Scheitern der Verhandlungen; Überschreiten des Rubico; Ausbruch des Bürgerkriegs, Eroberung von Norditalien, Einmarsch in Rom, Senatssitzung, Fortführung des Kriegs (u. a. in Spanien)	50 / 49	Cicero setzt sich für den Frieden ein – vergeblich: Bürgerkrieg Cicero wartet zunächst in Rom ab, begibt sich dann aber am 7. Juni nach Griechenland ins Lager des Pompeius, dessen Taktik er kritisiert
48 / 47	Schlacht bei Pharsalus, Niederlage und Flucht des Pompeius nach Ägypten, dort Ermordung; Caesars Landung in Ägypten, Alexandrinischer Krieg, Affäre mit Kleopatra	48	Nach der Schlacht bei Pharsalus, an der Cicero nicht teilgenommen hat, kehrt er nach Italien zurück – längerer Aufenthalt in Brundisium
47	Nach dem Krieg Rückkehr nach Rom - Diktator	47	Begnadigung Ciceros
46	Sieg bei Thapsos (Africa); Selbstmord Catos; Rückkehr nach Rom	46(–43)	Zweite schriftstellerische Phase: philosophische Schriften *(De finibus, De natura deorum, De officiis u. a.)* und Reden *(z. B. Pro Marcello)*, in denen er sich für die Begnadigung von Caesars Gegnern einsetzt
45	Sieg bei Munda (Spanien) gegen die Söhne des Pompeius, Rückkehr nach Rom und Triumphzug		
44	Diktator auf Lebenszeit; Ermordung am 15. März 44 – Chaos in der Stadt; Einsetzen des Kampfs um die Macht	44	in den Verschwörerplan nicht eingeweiht, begrüßt die Tat; Übernahme der Führung des Senats im Kampf gegen Antonius
		43	7. Dez.: Ermordung durch Schergen des Antonius

* Nach Hans Oppermann und Marion Giebel *(s. Literaturangaben, S. 14)*

Hintergrundinformationen zu den Lektionstexten

Um Ihnen den inhaltlichen Zugang zu den einzelnen Lektionstexten zu erleichtern, folgen einige Informationen; dafür wird auf einen Index der Eigennamen verzichtet.

Lektion 1–4: Wir befinden uns im Jahr 54 v. Chr. Der Krieg in Gallien ist in vollem Gang (vgl. a. o. Zeittafel); Caesar ist zum zweiten Mal in Britannien gelandet; seine Truppen in Nordgallien haben unter den Legaten Sabinus und Cotta eine vernichtende Niederlage gegen die Eburonen unter Ambiorix erlitten; dessen Ziel ist die Beseitigung der Winterlager, die Caesar zur Kontrolle über das Land verteilt hat. Quintus Cicero, der Bruder des berühmten Cicero, kehrt während eines (fiktiven) Urlaubs bei seinem Freund Helvius Cinna ein. Quintus Cicero diente als Legat („General") im Gallischen Krieg bei Caesar, der ihn in seiner Schrift *De bello Gallico* lobend erwähnt (b. G. 5, 52). Er hatte sich im Gegensatz zu den beiden Kollegen während des Aufstands des Ambiorix bewährt. Helvius Cinna war ein Dichter, vielleicht ein Freund des berühmten Catull. Er ist eventuell identisch mit dem Volkstribunen Helvius Cinna, einem Freund Caesars, der in Folge einer Verwechslung von der wütenden Menge im März 44 nach der Ermordung Caesars getötet wurde **(vgl. Lekt. 18 C)**. Das Jahr 54 v. Chr. ist weiterhin die Zeit der politischen Freundschaft zwischen Caesar und dem großen Redner und Philosophen Cicero, der sogar für den abwesenden Feldherrn Geschäfte in Rom übernimmt, wie die Aufsicht über den Bau der *Basilica Iulia* auf dem *Forum* **(vgl. Lekt. 5)**. Diese „Freundschaft" war die Folge der Isolierung Ciceros. Die Optimaten, also die „Konservativen", zu denen er sich hingezogen fühlte, hatten ihm übel genommen, dass er sich in einer Rede im Sommer 56 für die Verlängerung von Caesars Kommando in Gallien ausgesprochen hatte – wollte man ihn doch seines Oberbefehls entheben und ihm wegen illegaler Amtsführung während seines Konsulats und seiner Statthalterschaft in Gallien den Prozess machen. Man verstand Ciceros politischen Stellungswechsel umso weniger, als Caesar der Hauptverantwortliche für seine Verbannung 58 / 57 gewesen war. Aber da er auch seiner Rückkehr nach Rom zugestimmt hatte, fühlte sich Cicero ihm zwar zu Dank verpflichtet, gleichzeitig aber unter Druck gesetzt, sich bei den Optimaten zu rechtfertigen **(vgl. Lekt. 12 B u. 13 A)**.

Die Charakterisierung des Quintus Cicero als Lobredner eigener Taten **(Lekt. 5)** ist nicht historisch. Quintus (geb. 102 v. Chr.) begleitete seinen Bruder auf seinen Bildungsreisen durch Griechenland (79–77 v. Chr.). 62 war er Amtskollege Caesars als Prätor; er verfasste für seinen Bruder eine Schrift mit Ratschlägen für die Bewerbung um den Konsulat. Nach der uneigennützigen Verwaltung der Provinz Asia (61–58), der darauf folgenden Bemühung um die Rückberufung seines Bruders aus der Verbannung und dem Dienst als Legat bei Pompeius (57), dem Triumviratskollegen und späteren Gegner Caesars, trat er in die Dienste Caesars. 51 ging er mit Cicero nach Kilikien, wo dieser mit seiner Hilfe einen Sieg errang, auf Grund dessen er glaubte, einen Anspruch auf den Triumphzug in Rom zu besitzen. Bei Ausbruch des Bürgerkriegs (49) begaben sich beide, nach längerem Zögern, zu Pompeius. Nach der Schlacht von Pharsalus (48) stritten sie sich, weil Quintus dem Bruder die Schuld an seinem Stellungswechsel gab. Nach ihrer Versöhnung und der Begnadigung durch Caesar (46) lebten beide auf ihren Gütern. Wie sein Bruder wurde Quintus nach Caesars Ermordung Opfer der Proskriptionen des neuen Triumvirats (Octavianus, Antonius, Lepidus), das im Zuge der Rache an den Caesarmördern auch weitere missliebige Personen beseitigen ließ.

Lektion 9 A: Caesars allzu großen Hunger auf Liebesabenteuer aller Art bestätigen die antiken Quellen (z. B. Suet. *div. Iul.* 49 ff.); man sagte ihm sogar eine Affäre in seiner Jugend mit König Nikomedes von Bithynien nach, worüber sich die Soldaten auf seinem Triumphzug lustig machten *(vgl. a. L. 13 A).*

Lektion 9 B: Im Jahr 68 hielt Caesar eine Rede auf seine verstorbene Tante Iulia und betonte dabei die halbgöttlichen Ursprünge seiner Familie (Venus, Mutter des Aeneas). In solchen Lobreden zu Ehren der Toten wird der Wunsch der einzelnen Adelsgeschlechter *(gentes)* deutlich, sich im gentilizischen Konkurrenzkampf eine möglichst herausragende Stellung zu sichern. Caesar ließ später als Diktator einen Tempel zu Ehren der Venus, der Stammmutter der Julier, mit seiner Reiterstatue davor, errichten. So brachte er sich in die Nähe des Göttlichen *(vgl. L. 10 A).*

Lektion 11 B: Nur wenige Briefe Caesars an Cicero sind erhalten. In dieser Lektion wird die zu Beginn angedeutete Katastrophe durch Ambiorix *(in Briefform)* geschildert.

Lektion 13: M. C. Marcellus war als Angehöriger einer bedeutenden Familie ein entschlossener Feind Caesars von Anfang an. Er selbst war 51 Konsul und zählte mit seinem Freund Cato (Urenkel des alten Cato aus dem 2. Jahrhundert) und seinem Vetter C. C. Marcellus zum Kreis der Kompromisslosen, die sich zu Beginn des Bürgerkriegs jeder friedlichen Einigung mit Caesar verschlossen. Einen Einwohner der Transpadaner (Bewohner des Gebiets jenseits des Po), denen Caesar während seiner Statthalterschaft das römische Bürgerrecht verliehen hatte, ließ er nach Sklavenart auspeitschen. Damit machte er deutlich, was er von Caesars Maßnahmen hielt (Plut. *Caes.* 28, 3.) Die Marceller übergaben auch Pompeius den Oberbefehl in diesem Krieg **(vgl. 16 B)**. Nach dem Bürgerkrieg lebte er in freiwilligem Exil auf Lesbos; auf Betreiben vieler Freunde wurde ihm die Rückkehr nach Rom gestattet; aber während dieser Reise wurde er ermordet.

Lektion 14 A / B: Hier werden bezeichnende Episoden aus Caesars Jugend erzählt.

Lektion 15A: Der in dieser Lektion erwähnte Cato ist der berühmte Cato, der Zeit seines Lebens die moralische Instanz in Rom war. Als Zensor (184) setzte er unnachgiebig die Belange des Staates gegen Einzelinteressen durch und hatte dabei das Recht auf seiner Seite: Von 44 gegen ihn angestrengten Prozessen gewann er alle. Bedeutung hat er auch als erster Prosaschriftsteller Roms und als Kriegstreiber; „Ceterum censeo Carthaginem esse delendam" soll er häufig am Ende seiner Reden gesagt haben, um seine Mitbürger zum entscheidenden Schlag gegen den als Gefahr und wirtschaftlichen Rivalen verhassten Gegner Roms zu animieren. Dies gelang ihm schließlich mit dem dritten Punischen Krieg (149–146 v. Chr.), dessen Ende er selbst nicht mehr erlebte.

Lektion 16B–18: Hier tritt Caesar endgültig in den Vordergrund. Es werden Ereignisse vom Ausbruch des Bürgerkriegs (Jan. 49) bis zu seiner Ermordung als Diktator behandelt. Mit den Reden, die der Autor Caesar in den Mund legt, wird eine indirekte Charakterisierung versucht. Natürlich kann man dieser Gestalt in einem kleinen Lehrbuch nicht gerecht werden, wie überhaupt Caesar, mit seinen Facetten und Widersprüchen, als Mensch und historische Größe umstritten bleiben wird – so wie es Cicero in der Rede *Pro Marcello,* 29, prophezeit hat: „*Es wird sich unter denen, die nach uns geboren werden, ein großer Streit erheben, genau wie es bei uns war. Während die einen deine Taten rühmend in den Himmel heben, vermissen andere vielleicht etwas, und zwar das Wichtigste, wenn du nicht den Brand des Bürgerkriegs durch die Rettung des Vaterlandes (also die Wiederherstellung der Republik, Anm. Verf.) auslöschst.*" (Übers. Marion Giebel, Cicero, Drei Reden vor Caesar, Reclam, Stuttgart 1999).

Vielleicht bieten diese wenigen und oberflächlichen Bemerkungen einen Anlass zur weiteren Beschäftigung; deshalb im Folgenden einige Literatur:

Zum Nachlesen

Allgemein

1) M. Beard: SPQR. Die Tausendjährige Geschichte Roms. Fischer, Frankfurt 2018.
2) K. Bringmann: Krise und Ende der römischen Republik (133–42 v. Chr.), (Hg. K. Bringmann), Akademie-Verlag, Berlin 2003.
3) W. Dahlheim: Die griechisch-römische Antike, Bd. 2, Rom. Paderborn 1994.
4) G. Fink: Who's who in der antiken Mythologie, dtv, München 1993.
5) H. J. Gehrke / H. Schneider (Hg.): Geschichte der Antike. Ein Studienbuch, Metzler, Stuttgart 2000.
6) I. König: Vita Romana. Vom täglichen Leben im alten Rom, Theiss, Stuttgart 2004.
7) H. Krefeld (Hg.): Res Romanae, Begleitbuch für die lateinische Lektüre, Cornelsen, Berlin 1997.
8) Chr. Neumeister: Das Antike Rom. Ein literarischer Stadtführer. Beck, München 1993.
9) Ph. Matyszak: Geschichte der Römischen Republik, Theiss, Stuttgart 2004.
10) Ph. Matyszak: J. Berry, Who is Who im Alten Rom, Ph. v. Zabern, Mainz 2009.
11) W. Schuller: Das Römische Weltreich, Theiss, Stuttgart 2002.

Spezielles

1) K. Christ: Caesar, Annäherungen an einen Diktator. Beck, München 1994.
2) M. Giebel: Marcus Tullius Cicero, in Selbstzeugnissen und Bilddokumenten, Rowohlts Monographien, Reinbek (1977), überarbeitete Neuauflage 2013.
3) Chr. Meier: Caesar. Severin u. Siedler, Berlin 1982.
4) H. Oppermann: Iulius Caesar, in Selbstzeugnissen und Bilddokumenten, Rowohlts Monographien, Reinbek (1968), 1999[17].

Romane

1) C. McCullough: Günstlinge der Götter (Band I – III) Goldmann, 1997.
2) C. McCullough: Das Erbe Caesars, blanvalet, 2005.
3) R. Harris: Pompeji, Heyne, München 2003 *(aus der römischen Kaiserzeit, Untergang Pompejis)*.
4) R. Harris: Imperium (2006), Titan (2009) und Dictator (2015), Heyne München *(Trilogie aus Ciceros Leben in den Wirren des ersten Jahrhunderts v. Chr.)*.

Grammatiken / Lexikon

1) H. Baumgarten: Compendium Grammaticum. Kurze systematische Grammatik für den Lateinunterricht, Vandenhoeck & Ruprecht, Göttingen 2009[2].
2) M. Blank, W. Fortmann (Hg.): Videte, Lateinische Grammatik, Cornelsen, Berlin 2013
3) W. Pfaffel, C. Braun: Forma, Lateinische Grammatik, Buchner, Bamberg 2018
4) Rubenbauer / Hofmann: Lateinische Grammatik, Buchner, Bamberg.
5) B. Schüman: Vollständiges Lexikon zu Caesars Wortschatz, Buske, Hamburg 2004.
6) C. Utz, K. Westphalen: Grammadux. Die lateinische Kurzgrammatik, Bamberg 2018[3].

Lektionen – Grammatikstoff im Überblick

Lektion	Formenlehre	F	S	Syntax

1
Seite
18–22
	* o-Deklination
	* a-Deklination
	* Indikativ Präsens von esse
	* Ind. Präs. Aktiv u. Imperative
	  der a-, e-, i-Konjugation
		§ 17; 21
		§ 17
		§ 63
		§ 46;
		§ 45,2
			§ 79 ff.; 86	* Aufbau des Satzes
				* Satzglieder (bes.: Attribut,
				  Prädikatsnomen, Adverbiale)
				* Wortarten – Satzglieder
				* Verbbildung

2
Seite
23–26
	* o-Deklination, Fortsetzung
	* Indikativ Imperfekt Aktiv der
	  a-, e-, i-Konjugation und
	  von esse und posse
		§ 17
		§ 46
		
		§ 63
			§ 110	* Infinitiv als notwendige Er-
				  gänzung von Modalverben
				  (posse, debere, properare etc.)

3 Seite 27–28	* Ind. Präsens / Imperfekt von ire * v- und u-Perfekt (Aktiv) Stämme, Personalendungen	§ 65; § 51,2		

4
Seite
29–34
	* Ind. Präsens u. Imperf. Aktiv
	  (konsonantische Konjugation)
	  und -i-Erweiterung)
	* s-Perfekt, Dehnungsperfekt,
	  Perfekt ohne Veränderung des
	  Stammes, Reduplikation
	* Perfekt von ire
	* Konsonantische Deklination:
	  Neutra auf -us, -oris; -us, -eris
		§ 46
		
		§ 51
		
		§ 65
		§ 21
			§ 90 B
			§ 92 A, B
				* *dativus possessivus*
				* Grundfunktionen des Ablativs

5
Seite
35–39
	* Reduplikationsperfekt
	* Futur I Aktiv der a- und e-Kon-
	  jugation und von esse, posse
	  und ire
	* Konsonant. Dekl.: neutra auf
	  -men, -minis;
	  masc. u. fem. (z. B. pater)
		§ 51,3
		§ 51;
		§ 63;
		§ 65
		§ 21
		
		§ 21
			§ 95; 96	* Verbalaspekte / Aktionsarten
				  des Imperfekts und Perfekts
				  (Gegenüberstellung)

6
Seite
40–46
	* Mischgruppe der dritten Dekl.
	* e-Deklination
	* Interrogativpronomen
		§ 18
		§ 20
		§ 33
			§ 33
			§ 89 B
			§ 92 C
			§ 111
			§ 111 F
				* Interrogativpronomen –
				  substantivisch u. adjektivisch
				* *genitivus possessivus*
				* Einige Funktionen des instru-
				  mentalen Ablativs
				* *accusativus cum infinitivo* (AcI),
				  Zeitverhältnisse im AcI

7
Seite
47–53
	* Relativpronomen
	* Reflexivpronomen *(sui, sibi, se)*
	* Ind. Plusquamperfekt Aktiv
	* Partizip + Infinit. Perfekt Passiv
	* Ind. Perf. und Plusqpf. Passiv
	* Bildung der Verben (allgemein)
		§ 34
		§ 30
		§ 51,2
		§ 52,1;3
		§ 52,3
			§ 125 f.
			§ 111 D
			§ 92 B
				* Relativsatz
				* Reflexivität (auch im AcI)
				* *ablativus separativus* zur Bezeich-
				  nung des Ausgangspunkts und
				  als *ablativus auctoris* zur Angabe
				  des Urhebers einer Handlung

8
Seite
54–61
	* Passiv des Präsensstamms
	* is, ea, id
		§ 49
		§ 32,3
			§ 32,2
			§ 89 C, D
			§ 120 A
			§ 84
				* reflexiv – nicht reflexiv *(Forts.)*
				* Verwendung *von is, ea, id*
				* Einige semantische Funktionen
				  des Genitivs: *subiectivus / obiec-
				  tivus* und *partitivus*
				* Part. Perf. Pass. als Attribut;
				  Attribute (Füllungsarten)

Lektion	Formenlehre	F	S	Syntax
9 Seite 62–70;	* Dritte Deklination: i-Gruppe (Substantive u. Adjektive) * *hic, haec, hoc; ipse, ipsa, ipsum*	§ 18; 24 § 32	§ 85 § 120 B	* Das *praedicativum* (einige Füllungsarten) * *participium coniunctum*
10 Seite 71–79	* *ille, illa, illud* * Partizip Präsens Aktiv	§ 32 § 26	§ 121 A § 126 C	* Verwendung von *hic* und *ille* * Passiv: Übersetzungsvarianten * *ablativus absolutus* * relativischer Satzanschluss
11 Seite 80–89	* Superlativ des Adjektivs * Adverbbildung * *quidam* etc. u. *aliquis* etc. * Dekl. der Pronominaladjektive * Konjunktiv Präsens	§ 27 § 71 § 35,1;3 § 37 § 46; 48	§ 121 B § 103–106 (§ 142) § 113	* Nominaler *ablativus absolutus* * Konjunktiv Präsens im Hauptsatz (Verwendungsmöglichkeiten) * Konditionalsatz *(potentialis)* * *abl. separativus* (Besonderheiten) * Indirekte Rede, Einstieg
12 Seite 90–95	* Konjunktiv Imperfekt * Konjunktiv Plusquamperfekt * Deponentien u. Semidepon.	§ 46; 48 § 51; 52 § 54	§ 127 ff. (§ 142)	* Konjunktiv im Nebensatz *(allg.)* * Konditional- und Wunschsätze (Indefinitus, Potentialis, Irrealis)
13 Seite 96–104	* Konj. Perf. Akt. u. Pass. / Fut. II	§ 51,2; § 52,4 § 51,2 § 52,3 § 145 ff.	§ 133 B, C; § 129 § 133 D § 90 D, F § 92 C e	* innerlich abhängige Nebensätze (Begehrs-, Final-, abhängige Fragesätze) * Konsekutivsätze * *consecutio temporum* * *dativus commodi* u. *finalis* * *abl. limitationis*
14 Seite 105–113	* u-Deklination * Infinitiv u. Partizip Futur Aktiv * *ferre* u. Komposita * Nebensätze mit *cum*	§ 19 § 66 § 136 f.	§ 113 D, E	* Konjunktiv in Nebensätzen, Zusammenfassung * Konjunktiv in der *oratio obliqua* * Indirekte Reflexivität
15 Seite 114–120	* Komparativ des Adjektivs und Adverbs * Unregelmäßige Steigerung	§ 27 § 71 § 27,3	§ 91 C § 112 § 92 B	* Doppelter Akkusativ / doppelter Nominativ * *nominativus cum infinitivo* (NcI) * Sondergruppen des *abl. separativus*: *abl. comparationis, abl. originis*
16 Seite 121–128	* *velle, nolle, malle* * Gerundium (Bildung)	§ 67 § 114	§ 115 § 126 C Ad	* *accusativus cum participio* (AcP) * Gerundium (Verwendung) * Verschränkter Relativsatz (AcI
17 Seite 129–134	* Gerundivum (Bildung)	§ 114	§ 116 C	* Unpersönlich konstruierte Verben der Empfindung *(pudet* etc.*)* * Gerundiv – Überblick; Verwendung als Prädikatsnomen
18 Seite 135–143	* *fieri*	§ 76	§ 147 § 116 A, B § 116 D § 127	* *praesens historicum* * *coniugatio periphrastica* * Gerundiv als Attribut, Konkurrenz zum Gerundium * Gerundiv als *praedicativum* * Konjunktiv in Relativsätzen

Die in diesem Verzeichnis aufgeführten Seitenzahlen beziehen sich auf die Grammatik FORMA *(s. S. 14 unter „Grammtiken" Nr. 3); sie sind nach Formenlehre und Syntax (s. Spalten) geordnet.* **F** *verweist auf die Formenlehre,* **S** *auf die Syntax.*

Lektionen mit Begleitgrammatik

Lectio prima 1

Glückliche Heimkehr eines Offiziers aus dem Gallischen Krieg

Polyxena serva est. Patria Polyxenae Graecia est. Patriam suam valde desiderat. Nunc enim in fundo prope Romam sito laborat. Helvius Cinna Romanus fundum possidet et dominus Polyxenae est. Etiam Proclus servus Helvii est. Multi servi et multae servae in
5 fundo Helvii laborant. Hodie cuncti Quintum legatum, amicum bonum domini, exspectant. Nam post multas pugnas e Gallia venit. Itaque stant ad fundi portas et circumspectant. „Quando venis, Quinte? Ubi es? Ubi manes? Iam diu te exspectamus."
Subito Quintum vident, et Helvius amicum salutat: „Salve, mi
10 Quinte! Tandem ades. Valde gaudeo, quod post magnas pugnas salvus nobis ante oculos es. Nunc cuncti laeti sumus. Deis magnam gratiam debemus."
Quintus respondet: „Ego quoque beatus sum, quod mihi licet videre post tantos labores[1] patriam meam. Deis gratias agamus[2]!"
15 Tum Helvius filias suas convocat. Puellae celeriter[3] veniunt et rogant: „Salve, pater[4]; hic sumus! Quid nobis imperas?"
„Videte, puellae: Quintus e multis et periculosis pugnis revertit[5]. Vobis, o filiae, impero: Properate ad sacellum[6]; ibi aram ornate, deis immolate, preces[7] adhibete!" Puellae exclamant: „Gaudemus,
20 Quinte, quod vales. Quid novi in Gallia?" Tum Helvius: „Tacete, puellae, tacete et iussa[8] facite[9]!"

1)	labōrēs	(die) Mühen, Leiden
2)	agāmus!	lasst uns abstatten!
3)	celeriter	*(Adverb)* schnell
4)	pater	Vater
5)	revertit	*(Perfekt)* er, sie, es ist zurückgekehrt
6)	sacellum	(das, ein) kleine(s) Heiligtum
7)	precēs	(die) Bitten, Gebete *(Akkusativ Plural)*
8)	iussa	(die) Anordnungen, Befehle *(Akk. Pl.)*
9)	facite!	*wörtl.:* macht!; *hier:* führt aus!

GRAMMATIK

I FORMENLEHRE

1) Deklinationen

Substantive, Adjektive, Pronomina und Eigennamen *(der Oberbegriff für deklinierbare Wörter lautet Nomen; Pl. Nomina)* werden dekliniert. Es gibt fünf Deklinationsgruppen. Die Unterscheidung in fünf Gruppen beruht auf dem unterschiedlichen Stammauslaut oder Kennlaut. In dieser Lektion lernen Sie die **a-** und die **o-**Deklination kennen.

Tragen Sie die im Text vorkommenden Formen in die Tabelle ein:

	a-Deklination			o-Deklination	
	Singular	*Plural*		*Singular*	*Plural*
Nom.	serva		Nom.	servus	
Gen.			Gen.		
Dat.			Dat.		
Akk.			Akk.		
Abl.			Abl.		
Vok.			Vok.		

Im D. z. B.: *der Sklave – des Sklaven – dem Sklaven – den Sklaven – mit / von dem Sklaven – Sklave
die Sklaven – der Sklaven – den Sklaven – die Sklaven – mit / von den Sklaven - Sklaven*

2) Konjugationen

Verben werden konjugiert; die Personalendungen, die an den Verbstamm angehängt werden, kennzeichnen die einzelnen Personen und machen so die Verwendung eines Personalpronomens im Nominativ (**ego, tu** *etc.*) überflüssig. Diese erscheinen im Nominativ nur bei Betonungen oder zur Bezeichnung von Gegensätzen.
Es gibt im Lateinischen mehrere Konjugationsklassen; benannt werden diese Gruppen nach dem Stammauslaut. Sie lernen jetzt drei Gruppen und das unregelmäßige **esse** *(sein)* kennen. Die Infinitive im Präsens Aktiv lauten: vocāre *(rufen)*, gaudēre *(sich freuen)*, venīre *(kommen)*. Der lateinische Infinitiv von „sein" ist unregelmäßig, er lautet **esse**.

Ergänzen Sie bitte die Formen in der Tabelle

Personen	a-Konjugation		e-Konjugation	i-Konjugation	esse
1. Sing.	voc o	ich rufe	gaude	veni	sum
2. Sing.	voca	du rufst	gaude	veni	es
3. Sing.	voca	er, sie, es ruft	gaude	veni	est
1. Plur.	voca	wir rufen	gaude	veni	sumus
2. Plur.	voca	ihr ruft	gaude	veni	estis
3. Plur.	voca	sie rufen	gaude	veni	sunt

Die Personalendungen lauten: **-o / -m, -s, -t, -mus, -tis, -nt**

-o für die erste Person Singular Aktiv findet sich nur im Indikativ Präsens und Futur 2; außerdem im Futur 1 bei der a- und e-Konjugation; -m im Futur 1 bei den restlichen Konjugationen (Ausnahme ist das Futur von **ire** – *gehen*) und bei allen Konjunktiven und dem Indikativ Imperfekt und Plusquamperfekt.

 Die Imperative *(Befehlsformen)* werden im Singular aus dem Verbstamm gebildet, im Plural wird an den Verbstamm **-te** angehängt, *also*:

Imperativ	a-Konjugation	e-Konjugation	i-Konjugation	esse
Singular	voca	gaude	veni	es
Plural	voca	gaude	veni	es

II SYNTAX

1) Wortarten – Satzglieder

Bestimmte Wortarten kommen für bestimmte Satzglieder in Betracht, sie erfüllen bestimmte Satzgliedfunktionen (= Füllungsart). Ein Substantiv zum Beispiel kann zwar Subjekt, nicht aber Prädikat sein. Hier eine Liste der wichtigsten Füllungsarten:

Wortarten		Satzglieder
1)	Substantiv *(Hauptwort)*	Subjekt, Objekte, Prädikatsnomen, praedicativum, Adverbiale
2)	Verb *(Tätigkeitswort)*	Prädikat *(manchmal Subjekt oder Objekt)*
3)	Adjektiv *(Eigenschaftswort)*	Prädikatsnomen, praedicativum, Attribut
4)	Pronomen *(Fürwort)*	Subjekt, Objekt, Prädikatsnomen, Attribut
5)	Adverb *(Umstandswort)*	Adverbiale *(manchmal Prädikatsnomen)*

Weitere Wortarten:

6) **Konjunktionen** verknüpfen gleichartige Satzglieder oder gleichgeordnete Sätze. (z. B. im Deutschen „und"); sie geben Sätzen aber auch eine logische Verknüpfung (z. B.: „daher", „aber", „dennoch").
7) **Subjunktionen** *(im Deutschen z. B. „nachdem", „weil" etc.)* verknüpfen einen übergeordneten mit einem untergeordneten Satz (z. B. *einen Haupt- mit einem Nebensatz).*
8) **Präpositionen** *(Verhältniswörter)* stehen vor einem Nomen *(vor der Tür; hinter ihr).*
9) **Numeralia** sind Zahlwörter und **Interjektionen** Ausrufe („ach"! „o weh!").

2) Schematische Darstellung der Satzglieder

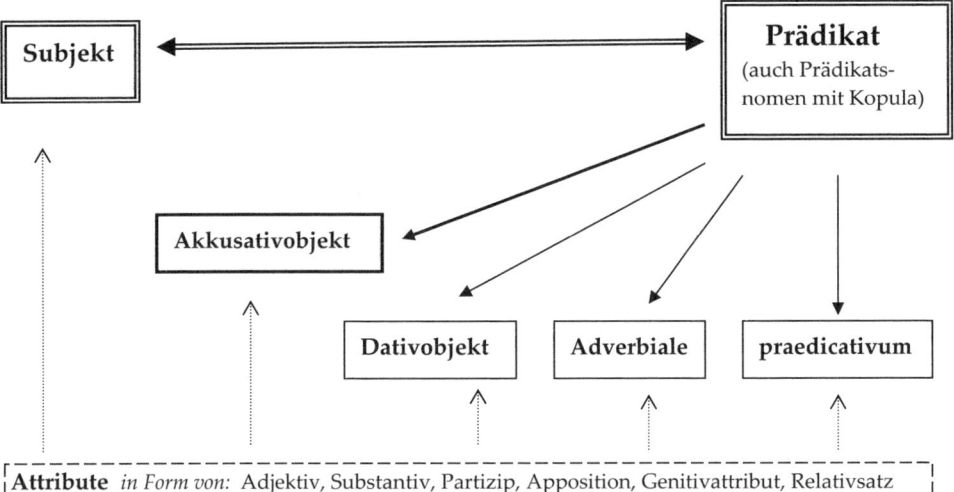

Die vertikale Anordnung dieser Skizze spiegelt die Wichtigkeit der einzelnen Satzglieder wider. Es empfiehlt sich, vor allem bei längeren Sätzen, mit der Übersetzung des Prädikats zu beginnen und sich, von hier ausgehend, „durch den Satz zu fragen":
„WER" oder „WAS?" → „WEN" oder „WAS?" → *dann eventuell:* „Wem" oder „welcher Sache?" → *weiterhin:* „Wo?", „Wie?", „Wann?", „Warum?" *etc.*
Das PRÄDIKATSNOMEN verbindet sich mit einem Hilfsverb (oft **esse**) zum Prädikat. Es ist daher ein syntaktisch notwendiger Bestandteil des Satzes und beschreibt das Subjekt.
Die ATTRIBUTE sind keine eigenständigen Satzglieder, sondern Satzglied<u>teile</u>, die an alle Satzglieder angeschlossen werden können außer an das Prädikat. Sie beschreiben ihr Bezugswort näher. *Zu allen Attributen s. u. L. 8.*
ADVERBIALIA sind Umstands-, Orts- und Zeitangaben, die eine Handlung erläutern auf die Fragen „Wie?", „Womit?", „Warum?", „Wo?", „Wann?", „Wie lange?" *etc.*
ADVERBIALIA werden gestellt durch Adverbien, präpositionale Ausdrücke *(z. B.: im Haus)*, Ablative mit und ohne Präposition *(s. u. S. 22)* und Nebensätze, insofern sie die Handlung des Prädikats des Hauptsatzes erläutern *(z. B. eingeleitet durch:* „als", „weil", „wenn" *etc.).*
Zum Praedicativum s. L. 9.
Die gewöhnliche Wortstellung im Satz lautet: **SUBJEKT – OBJEKT – PRÄDIKAT**. Sie wird aber längst nicht immer eingehalten, da mit der Positionierung der Satzglieder Aussageinhalte und Betonungen verknüpft sind.

Einige Beispiele, auf dem Text basierend:

1)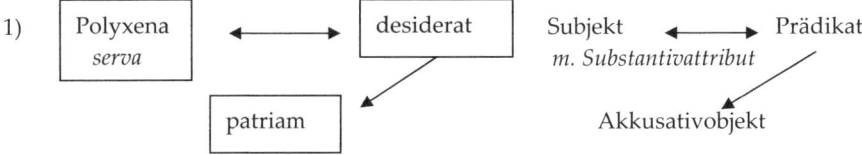

3)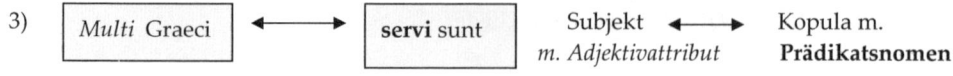

4)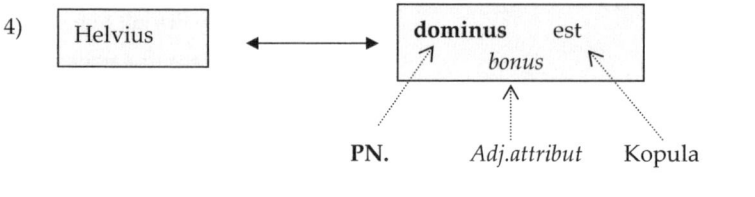

5)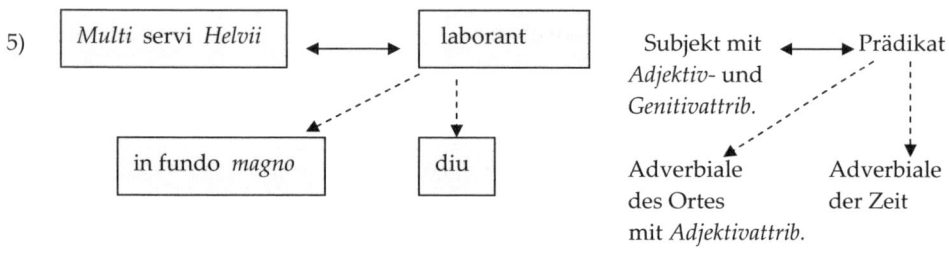

Beachten Sie:

1) **Substantiv und Adjektiv als Prädikatsnomen** in Verbindung mit **esse** richten sich im Allgemeinen in **K**asus, **N**umerus und meistens auch **G**enus nach dem Subjekt *(s. aber Anhang, S. 10).*

2) Das **Adjektivattribut** richtet sich <u>immer</u> in **K**asus, **N**umerus und **G**enus nach seinem Bezugswort → **KNG**-Kongruenz; dadurch wird die Zugehörigkeit des Adjektivs zu seinem Bezugswort formal deutlich:

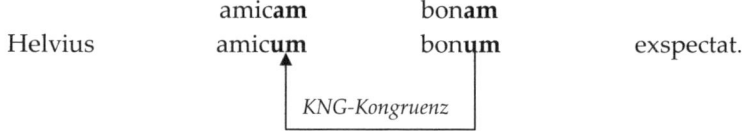

Auch die Possessivpronomina richten sich in **KNG** nach ihren Bezugswörtern:
Helvius amic**um** su**um** exspectat. – Helvius erwartet seinen (eigenen) Freund.

3) Der Kasus **Ablativ** ist ein Mischkasus, der verschiedene Funktionen in sich vereint. Er entspricht im Deutschen häufig einem präpositionalen Ausdruck zur Angabe von Ort, Zeit, Werkzeug, Art und Weise, Ausgangspunkt. *(Dazu erfahren Sie im Laufe der nächsten Lektionen mehr.)* Als Satzglied ist er in der Regel ein Adverbiale *(s. o. S. 21).*

Aufgabe: Suchen Sie aus dem Lektionstext 1 alle Attribute, Prädikatsnomina und Adverbialia heraus.

Lectio secunda 2

Ein Fest zu Ehren des Legaten Quintus

Statim puellae iussum facere[1] properant. Iam ad aram sacelli stant deosque adorant: „O di immortales[2], vos mundum regnatis, vobis cuncti parent, vos nos Romanos adiuvatis, vos homines[3], si vobis placet, e maximis periculis servare potestis. Adsumus et gratias vobis agimus[4], quod Quintus e bello salvus revertit[5]. Libamus igitur vobis bonis deis vinum, fruges[6], far[7]. Este propitii ut adhuc!" Eodem tempore[8] Polyxena et Proclus triclinium ad cenam parant. Tum Helvius cum Quinto et aliis amicis apparet. Magno cum gaudio cuncti accumbunt[9]. Servi servaeque cibos et vina bona apportant. Helvius autem: „Mi Quinte, dei tibi favent, quod tot pericula vitavisti[10]. Narra nobis: Quid novi in Gallia est?" Quintus respondet: „Vita in Gallia dura est. Semper insidiae Gallorum imminebant; semper vigilare, semper cavere debebamus. Saepe Galli nostris copiis insidias parabant et multos viros de nostris vulnerabant aut necabant. Iterum iterumque nova castella collocabamus, quod Caesar noster insidias adversariorum timebat. Bellum minime iucundum, sed periculosum erat. Multis magnisque proeliis[11] Caesar cum Gallis pugnabat et multos populos superare poterat, sed bellum adhuc non est finitum[12]. Nam Caesar, puto, totam Galliam expugnare cogitat. Sed nunc verba mihi desunt. Non iam possum narrare. Defatigatus sum."

1)	iussum facere	den Befehl / die Anordnung ausführen
2)	o dī immortālēs!	o ihr unsterblichen Götter!
3)	hominēs *(Akk. Plur.)*	die Menschen
4)	agimus	*hier:* wir statten ab
5)	revertit *(Perfekt)*	er, sie, es ist zurückgekehrt
6)	frugēs *(Akk. Pl.)*	Früchte
7)	far	Opferkuchen
8)	eōdem tempore	zur gleichen Zeit
9)	accumbunt	sie lagern sich, legen sich (zum Gastmahl)
10)	-visti	*Endung für die zweite Person Singular Perfekt Aktiv*
11)	multīs ... proeliīs	*Ablativ des Mittels; drücken Sie ihn durch eine passende Präposition aus.*
12)	finītus, -a, -um	beendet, zu Ende

Lektion 2

GRAMMATIK

I FORMENLEHRE

1) Deklinationen

> Die meisten Substantive der **o**-Deklination auf **-us** sind masculinum.
> Femininum sind Bäume, Länder, Inseln und Städte auf **-us;** das Adjektivattribut eines solchen Bezugsworts erscheint dann konsequenterweise in den Formen der **a**-Deklination, z. B.: Aegypt**us** magn**a**, Aegypt**i** magn**ae** *etc*. Weiterhin femininum ist **humus** *(der Boden)*, während **vulgus** *(das Volk)* und **virus** *(das Gift)* neutrum sind. Sie lernen jetzt zwei neue Varianten der o-Deklination kennen.

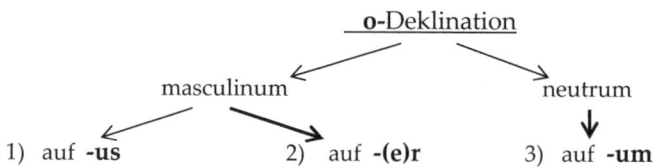

o-Deklination

masculinum → neutrum

1) auf **-us**   2) auf **-(e)r**   3) auf **-um**

Tragen Sie die Endungen in die Tabelle ein:

	o-Deklination auf -(e) r *(masculinum)*		o-Deklination auf -um *(neutrum)*	
	Singular	Plural	Singular	Plural
Nom.	vir noster	viri nostri	vinum bonum	vina bona
Gen.	vir nostr	vir nostr	vin bon	vin bon
Dat.	vir nostr	vir nostr	vin bon	vin bon
Akk.	vir nostr	vir nostr	vin bon	vin bon
Abl.	vir nostr	vir nostr	vin bon	vin bon

z. B.: *unser Mann – unseres Mannes – unserem Mann – unseren Mann – mit / von unserem Mann*
unsere Männer – unserer Männer – unseren Männern – unsere Männer – mit / von unseren Männern

 In der Regel sind die Formen für die Nominative und Vokative identisch; Ausnahme ist der Vok. Sing. der o-Deklination auf -us: **-e;** aber bei Substantiven auf -ius: **-i**, z. B.: filius → fili; *merke besonders:* **mi fili** – mein Sohn!

 Bei den neutra sind jeweils der Nominativ und Akkusativ Singular identisch. Nominativ und Akkusativ Plural neutrum nahezu aller deklinierbaren Wörter enden auf **-a.**

 Dativ und **Ablativ Plural** haben in allen Deklinationen identische Formen.

2) Konjugationen

Das Imperfekt:

Die Tempuskennsilbe des Imperfekts lautet: **-ba**; sie tritt an den Präsensstamm des Verbs.
In der **i**-Konjugation wird nach dem Stammauslaut ein **-e-** als Bindevokal eingefügt, *also*:

> Präsensstamm *(+Bindevokal)* + **ba** + Personalendung = Imperfekt

Beim Imperfekt von **esse** entfällt das **-b-** der Tempuskennsilbe.

Vervollständigen Sie bitte die Tabelle:

Imperf. Aktiv	a-Konj.	e-Konj.	i-Konj.	esse
1. Sing.	vocābam	gaudēba	veniē*	era
2. Sing.	vocā	gaudē	veniē	era
3. Sing.	vocā	gaudē	veniē	era
1. Plur.	vocā	gaudē	veniē	erā
2. Plur.	vocā	gaudē	veniē	erā
3. Plur.	vocā	gaudē	veniē	era

z. B.: *ich rief – du riefst – er, sie es rief usw.*   * -e-: Bindevokal

→ Die Formen von **posse** *(können)* im Präsens und Imperfekt lauten:

> possum, potes, potest, possumus, potestis, possunt
> poteram, poteras, poterat, poterāmus, poterātis, poterant
> *ich kann, du kannst, er, sie, es kann, wir können, ihr könnt, sie können*
> *ich konnte, du konntest, er, sie, es konnte, wir konnten, ihr konntet, sie konnten*

II   SYNTAX

1) Modalverben wie z. B. **properare** *(sich beeilen zu tun)*, **cogitare** *(beabsichtigen zu tun)*, **posse** *(können)* erfordern den Infinitiv. Mit ihm zusammen bilden sie das Prädikat:

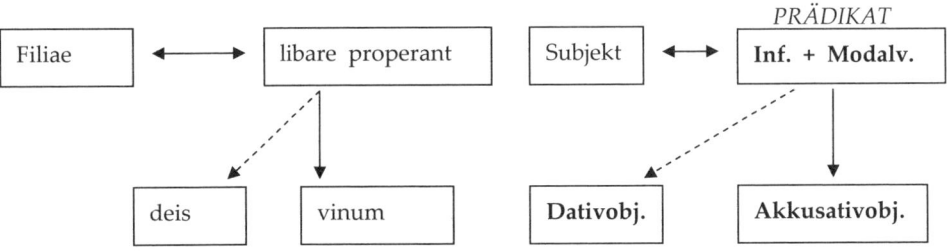

* Bei einem solchen zusammengesetzten Prädikat ist der Infinitiv ein Objekt des Modalverbs.

III ÜBUNGEN

1) Ergänzen Sie die fehlenden Endungen in dem Lückentext:

Puellae ad ar____ templ____ proper____. Cunct____ de____ adora____ cogit____.

Post mult____ proeli____ Quintus patri____ su____ vid____. Helvius amic____ saluta____

et fili____ su____ voc____. Serv____ et serv____ cen____ par____ et cib____ bon____ ap-

port____. Quintus de pericul____ bell____ narr____. Viri semper nov____ castell____ col-

loc____ debeb____. Nunc Quint____ verb____ desunt, quod defatigat____ est.

2) Verwandeln Sie in die angegebenen Formen:

a) properare → 2. Sg. Präs. Akt. → 1. Sg. Präs. Akt. → 1.Sg. Imperf. Akt. → 3. Pl. Imperf. Akt. → 3. Pl. Präs. Akt. → 2. Sg. Präs. Akt.

b) gaudere →

c) esse →

d) posse →

e) venire →

Verfahren Sie entsprechend.

3) Bestimmen Sie die Substantive nach Kasus, Numerus und Geschlecht:

a) filia (3)   b) servae (4)   c) proelii   d) proelia (2)   e) viri (2)

4) Setzen Sie die Formen in den jeweils anderen Numerus:

a) deam magnam   b) proeliis duris   c) viros feros
d) castelli nostri   e) vinum bonum   f) servae nostrae
g) copiarum magnarum   h) adversariis feris

Lectio tertia 3

Ein Brief Caesars an M. Tullius Cicero

Caesar Ciceroni suo salutem dicit[1]
„Si vales, bene est; ego valeo. Nam totam fere Galliam pacavi. Galli fortiter[2] pugnaverunt multasque nobis insidias paraverunt. At nostri semper arma contra adversarios habuerunt et eos[3] superaverunt. Bellum Helveticum primum fuit. Helvetii e patria sua exire
5 cogitabant; itaque Rhodanum fluvium transire non dubitaverunt, sed nostri eos[3] telis gladiisque arcuerunt. Deinde in Sequanos iter facere[4] Helvetiis in animo fuit, sed ego id[5] prohibui. Postquam Romani multos necaverunt, Helvetii in patriam redire debuerunt. Tamen pax[6] nondum est. Galli enim semper cupidi bellandi[7] sunt.
10 Bellum maximum modo gestum est[8]. Sed tibi unum nuntiare possum: Quintus tuus praeclara gessit[9]! Sed nunc vale, mi Cicero!"
Cicero, postquam nuntios audivit, servum advocat: „Polydore, gaude mecum! Quintus pericula belli superavit et in Helvii villa adest." Polydorus: „Domine, si illuc is, ego tecum eo." Tum Cicero:
15 Quamquam puer es, gratum est mihi auxilium tuum."
Itaque Cicero et Polydorus servus cum aliis servis ad stabulum eunt, ubi equos conscendunt[10].

1)	Caesar Cicerōni suo salūtem dicit	Caesar grüßt seinen Cicero
2)	fortiter *(Adv.)*	tapfer
3)	eōs *(Akk. Pl. m.)*	sie
4)	iter facere	*(wörtl.: den Weg machen)* marschieren
5)	id *(Akk. Sing. n.)*	das, dies
6)	pāx	Frieden
7)	cupidus bellandi	kriegslüstern
8)	gestum est	es *(bezieht sich auf* bellum*)* ist geführt worden
9)	gessit *(von gerere – erledigen)*	er, sie, es hat vollbracht, erledigt
10)	conscendunt *(von conscendere – besteigen)*	sie besteigen

GRAMMATIK

I FORMENLEHRE

1) Die Formen von *ire* im Präsens und Imperfekt

	1. Sing.	2. Sing.	3. Sing.	1. Plur.	2. Plur.	3. Plur.
Präsens	eo	is	it	imus	itis	eunt
Imperfekt	i	i	i	i	i	i

Imperf.: ich ging – du gingst – er, sie, es gingen – wir gingen – ihr gingt – sie gingen

⇒ Imperativ: **ī!** *(Sing.)*, **īte!** *(Plur.)*

Das Imperfekt von **ire** wird <u>ohne</u> den Bindevokal -e- gebildet; -**ba**- tritt direkt an den Stamm.

2) Das Perfekt

Zunächst lernen Sie das **v-** und das **u-Perfekt** kennen. An diese und alle anderen Perfektstämme *(s. Lekt. 4)* treten folgende Personalendungen:

> **-i, -isti, -it, -imus, -istis, -ērunt**

	Indikativ Perfekt Aktiv				
	vocare	habere	audire	esse	posse
1. Sing.	vocav	habu	audiv	fu	potu
2. Sing.	vocav	habu			
3. Sing.	vocav	habu			
1. Plur.	vocav	habu			
2. Plur.	vocav	habu			
3. Plur.	vocav	habu			

z. B.: ich habe gehört – du hast gehört – er etc. hat gehört – wir haben gehört – ihr habt gehört usw.

Der **Infinitiv Perfekt Aktiv** endet auf **–isse**, *also*: voca**visse** *(gerufen haben)*; habu**isse** *(gehabt haben).*   → *Der Infinitiv Perfekt Aktiv wird in Lektion 6 in Erscheinung treten!*

II ÜBUNGEN

Bilden Sie von den folgenden Formen die entsprechenden des Imperfekts und Perfekts:

a) narramus   b) possumus   c) possunt   d) sunt   e) sumus   f) salutatis
g) habetis   h) habeo   i) potestis j) habent k) audis   l) audiunt

Lectio quarta 4

Was ist Wahrheit?

Dum in equis sedent et Romae muros relinquunt, Polydorus a domino petit: „Domine, doce me! Cur Caesar de novo bello nihil scribit? De Helvetico tantum bello nonnulla scripsit, sed id[1] bellum iam quattuor annis ante confecit, ut nobis bene notum est. Helvetii in patriam redierunt, postquam Caesar eos[2] vicit. De novo bello magna mihi cura est. Quid re vera Romani in Gallia agunt aut quid egerunt? Non intellego. Fortasse multi vitam amiserunt." Cicero respondet: „Caesarem non scis. Totam fere Galliam subegit, ut ait. Mea sententia id[1] non verum est. Romani bellum non confecerunt, sed intermiserunt. Fortasse barbari nostros etiam vicerunt, quamquam Caesar litteris suis dixit: »Victoria populo Romano est!« Scilicet Romani semper adversarios suos vincunt. Nos Romani, quod pii erga deos et erga patriam sumus, quod iustitiam semper colimus, reliquos populos praecedimus. Equidem gaudeo, quod Quintus meus e bello salvus rediit. Nunc autem Helvium adeamus[3]!"
Nonnullis horis post Helvius Marcum Tullium summo cum gaudio in villa recipit et amicum in triclinium ducit, ubi Quintum salutat: „Salve, Quinte! Quid egistis in Gallia, imprimis tu quid fecisti?" Quintus multis verbis se laudat: „Non solum unum facinus praeclarum, sed etiam multa facinora commisi. Pauci de nostris vulnera acceperunt, ego quoque parvum vulnus accepi. At castra Sabini et Cottae hostes[4] scelere doloque ceperunt, copias Romanorum interfecerunt. Pauci e proelio effugerunt et per silvas ad Labienum legatum pervenerunt. Ita Caesar multos viros amisit." Tum Cicero: „Nuntium sceleris Gallorum non laeto animo accipio, sed reditu[5] tuo valde gaudeo."

1)	id	dies, das *(auf* bellum *zu beziehen; Z. 9:* id – dies, es)
2)	eōs *(Akk. Pl.)*	sie
3)	adeāmus!	wir wollen gehen zu, lasst uns gehen zu!
4)	hostēs *(Nom. Pl.)*	die Feinde
5)	reditū *(Abl. Sg. der u-Deklin.)*	die Rückkehr *(reditus ist masculinum!)*

GRAMMATIK

I FORMENLEHRE

1) Konjugationen

Die Formen der konsonantischen und der kurzvokalischen **i**-Konjugation im Indikativ Präsens und Imperfekt Aktiv: *Vervollständigen Sie diese Tabelle:*

	konsonantische Konjugation		kurzvokalische i-Konjugation	
	Präsens	Imperfekt	Präsens	Imperfekt
	vincere (besiegen)	*vincere*	*capere* (fangen)	*capere*
1. Sing.	vinc	vincē*	capi	capiē*
2. Sing.	vinci*	vincē	capi	capiē
3. Sing.	vinci	vincē	capi	capiē
1. Plur.	vinci	vincē	capi	capiē
2. Plur.	vinci	vincē	capi	capiē
3. Plur.	vincu*	vincē	capi	capiē

* -i- bzw. -u- Bindevokal im Präsens der konsonant. Konjugation   * -e-: Bindevokal im Imperfekt

Die Perfektbildungen – Es gibt **sechs** Perfektstammbildungen im Lateinischen:

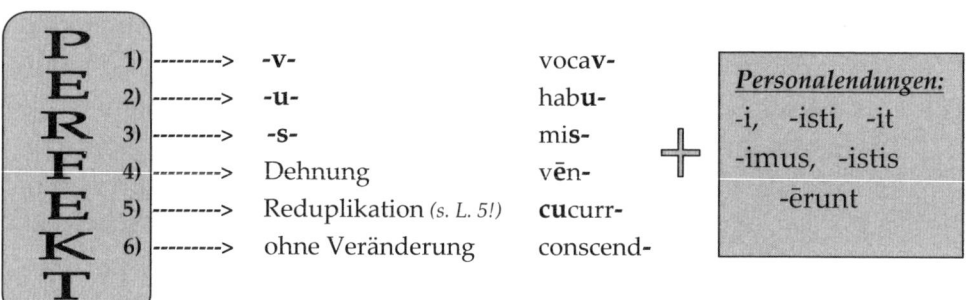

PERFEKT			
1)	--->	-v-	vocav-
2)	--->	-u-	habu-
3)	--->	-s-	mis-
4)	--->	Dehnung	vēn-
5)	--->	Reduplikation (s. L. 5!)	cucurr-
6)	--->	ohne Veränderung	conscend-

Personalendungen:
-i, -isti, -it
-imus, -istis
-ērunt

Die auslautenden Konsonanten des Präsensstamms unterliegen bei Hinzutreten des -s- einem Wandel: g, c + s → x (dic+s → dix)
tt,d + s → s (mitt+s → mīs).

Beim **Dehnungsperfekt** wird der Stammvokal **a** zu **e** (ago → ēgi), Nasallaut im Präsensstamm entfällt beim Perfekt (vinco → vīci).

Das Perfekt von **ire** lautet: **ii, īsti*, iit, iimus, īstis*, iērunt**

* Im Perfektstamm wird -ii- vor -s- in der Regel zu -ī-.

Lektion 4

2) Deklinationen

Die **konsonantische** Deklination ist ein Teil der so genannten **dritten** Deklination:

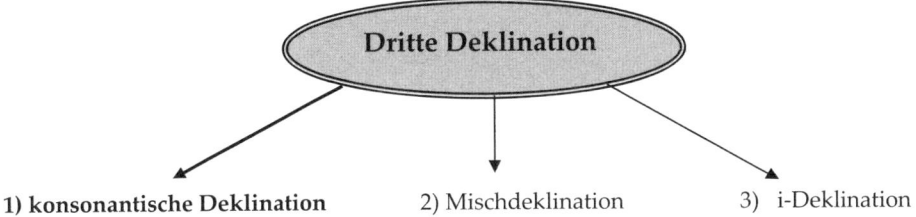

1) **konsonantische Deklination**   2) Mischdeklination   3) i-Deklination

Diese drei Gruppen unterscheiden sich nicht wesentlich voneinander *(s. Anhang, S. 6)*.

Die **konsonantische** Deklination besitzt keine spezielle Kasusendung für den <u>Nominativ Singular</u>. Den Wortstamm gewinnt man durch Bildung des Genitivs Singular und Abstreichen der Genitivendung **-is**. *Also*: vulnus, vulner*is*. Der Stamm dieses Substantivs ist demnach **vulner-**. An ihn treten dann die jeweiligen Kasusendungen.
Alle drei grammatischen Geschlechter sind in dieser Gruppe vertreten.

Die Kasusendungen lauten:

---	-is	-i	-em / ---*	-e	SINGULAR
-ēs / -a*	-um	-ibus	-ēs / -a*	-ibus	PLURAL

* Die Endung **-em** gilt für den Akkusativ Singular <u>masculinum</u> und <u>femininum</u>.
Nominativ und Akkusativ Plural <u>masculinum</u> und <u>femininum</u> enden auf **-ēs**
(s. Lekt. 5); **-a** gilt für die <u>Neutra</u>.

In dieser Lektion lernen Sie die Neutra der konsonantischen Deklination auf **-us** kennen:

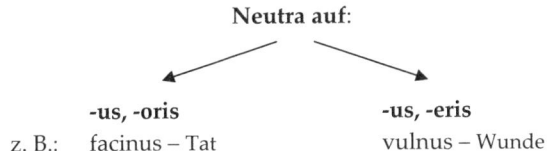

              -us, -oris   **-us, -eris**
z. B.:   facinus – Tat   vulnus – Wunde

<u>Weitere Wörter dieser Gruppe:</u>

corpus, -oris – Körper   tempus, -oris – Zeit(punkt)   → Stamm corpor-; tempor-.
scelus, -eris – Verbrechen munus, -eris – Geschenk; Amt Aufgabe → Stamm: sceler-; muner-.

Füllen Sie diese Tabelle aus:

	facinus (Tat)		scelus (Verbrechen)	
	Singular	*Plural*	*Singular*	*Plural*
Nominativ	facinus		scelus	
Genitiv	facinor		sceler	
Dativ				
Akkusativ				
Ablativ				
Vokativ				

II SYNTAX

☆ Bei der Betrachtung der Kasus unterscheidet man zwischen **syntaktischer** (Funktion als Satzglied) und **semantischer** Funktion (Frage nach der inhaltlichen Ebene).

1) Der Dativ

Neben der syntaktischen Funktion als **Objekt** kann der Dativ auch als **Prädikatsnomen** in Verbindung mit einer Form von **esse** erscheinen.
Für das Verständnis des Satzes ist allerdings die semantische Ebene wichtiger: Als Prädikatsnomen kann der Dativ den Besitzer ausdrücken (= **dativus possessivus**), während dann das Subjekt den Besitz bezeichnet.

    Helvius villam habet / possidet.   Helvius hat / besitzt eine Villa.

    Villa **Helvio** est.   (Dem) Helvius gehört eine Villa.
                                                        = Helvius hat / besitzt eine Villa.

    Non **cuncti Romani** servas habent / possident.

    Servae non **cunctis Romanis** sunt.   Nicht alle Römer besitzen Sklavinnen.

---

* Normalerweise wird bei konkretem Besitz die Konstruktion mit habere, possidere vorgezogen, bei abstrakten Begriffen der dativus possessivus: mihi gaudium est.

Es gibt auch einen **genitivus possessivus in Verbindung mit **esse**: Villa **Helvii** est. – Das Landhaus gehört Helvius. Während beim dativus possessivus der Besitz betont wird, liegt das Gewicht beim **genitivus possessivus** auf dem Besitzer (Helvius gehört die Villa, und nicht Cicero). → Beispiele hierzu s. im Text von Lektion 6.

Weitere Beispiele zum dativus possessivus bei esse:

Mihi multum temporis est. – Ich habe viel Zeit.
Gallis oppida non erant. – Die Gallier hatten keine (befestigten) Städte.
Nobis nullus (kein) aditus (Zugang) ad Caesarem erat. – Wir hatten keinen Zugang zu Caesar.
Vobis magna spes (Hoffnung) victoriae est. – Ihr habt große Hoffnung auf den Sieg.

2) Der Ablativ

Der Ablativ ist in erster Linie der Kasus des Adverbiales. Auf der semantischen Ebene erweist sich der Ablativ als ein Mischkasus. Er vereinigt drei alte Grundfunktionen in sich:

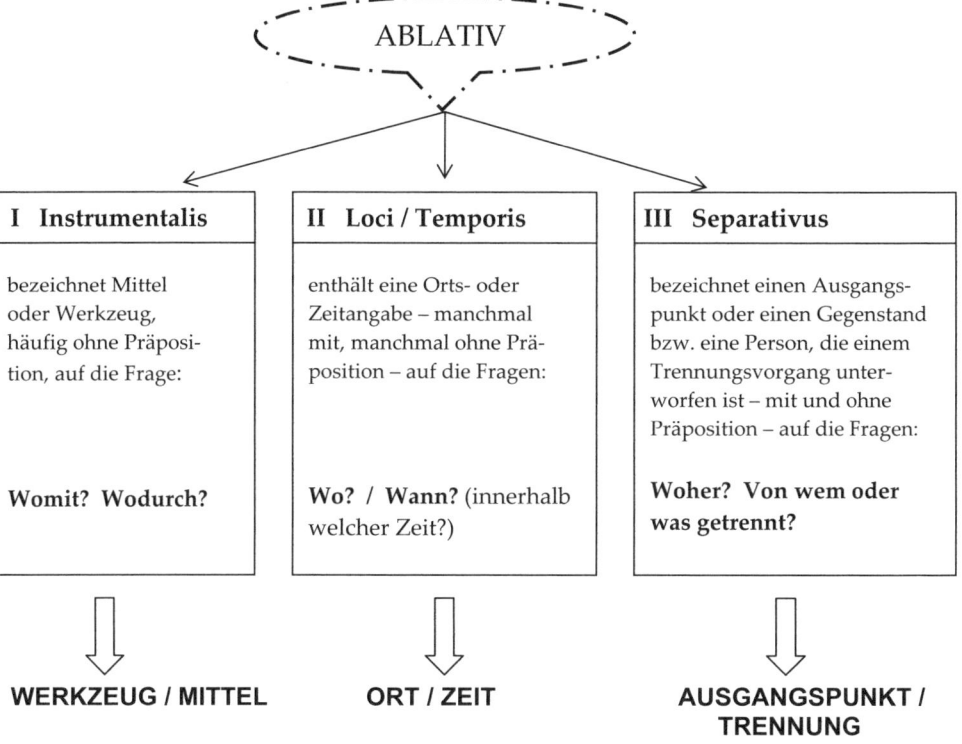

Diese drei Großgruppen lassen sich genauer spezifizieren. Der **Instrumentalis** weist hierbei die meisten Untergruppen auf *(dazu mehr im Verlauf des Kurses).*

Aufgabe:
Die Ablative kamen seit Beginn des Kurses bereits vor: Suchen Sie diese aus den Lektionen heraus und ordnen Sie diese einer der drei semantischen Funktionen zu.

III ÜBUNGEN

1) Ergänzen Sie die passende Endung:

a) scel____ magni b) vuln_____ parvis

c) scel____ magno (2) d) facin_____ praeclarorum

e) facin____ magnum f) facin_____ praeclari

2) Vervollständigen Sie diese Tabelle:

laudare (loben)	mittere (schicken)	habere (haben)	fugere (fliehen)	esse (sein)
laudamus				
laudabatis				
laudaverunt				
laudant				
laudavistis				
laudavi				
laudas				
laudabamus				
laudavit				

3) Bilden Sie die entsprechenden Formen von ire und übersetzen Sie:

	venire (kommen)	ire (gehen)	Übersetzung
a)	veni!		
b)	veniebant		
c)	vēni		
d)	veniunt		
e)	veniebam		
f)	venistis		
g)	venerunt		

Lectio quinta 5

Überstandene Gefahren

Dum hospites vino cibisque gaudent, Quintus pergit: „Aliquando Galli legioni meae insidias paraverunt. Nam postquam iter in Eburones fecimus, castra ad flumen parvum collocare cogitabamus. Nonnulli milites in proximis silvis arbores caedebant, alii materiam
5 colligebant et asportabant, alii locum idoneum vallo fossaque muniebant. Militum gladii, scuta, pila humi iacebant.
Subito clamorem audivimus. Undique hostes[1] in nos cucurrerunt et paucos ceciderunt. Arma cepimus statimque proelium commisimus locumque, ubi stetimus, defendimus. Quamquam hostes[1]
10 summis viribus[2] locum capere studebant, eos[3] loco pepulimus nonnullosque occidimus. Plerique autem effugerunt seque in finitimas regiones abdiderunt. Tunc autem cum militibus castra collocavi ac munivi. Ita officia boni ducis praestiti." Res a fratre gestae[4] Ciceronem maxime delectant. Tum Helvius: „Multa de militum labore
15 audivimus. Sed nunc dormire est tempus. Hospites mei estis. Tradite vos quieti!" – Paulo post, dum cuncti dormiunt, Cicerones fratres inter se sermonem habent. Cicero dicit: „Care frater, facinoribus tuis nomini nostro maximam laudem vero paravisti! Etiam gaudeo, quod apud Caesarem es summo in honore. Mihi quidem,
20 ut scis, Caesar non semper amicus fuit. Sed postquam civitas Romam me revocavit et Caesar quoque a salute[5] mea non abhorruit, amicitia nobis fuit. Sed plura[6] domi disputare poterimus. Cras enim equos conscendemus et Romam redibimus. Familia tua te summo cum gaudio accipiet, cuncti amici laeti erunt. Atque ego ti-
25 bi de temporibus nostris narrabo; fundamenta quoque novae basilicae in foro tibi ostendam."

1)	hostēs *(Nom. u. Akk. Pl.)*	die Feinde
2)	vīrēs	die Kräfte
3)	eōs *(Akk. Pl. m.)*	sie
4)	rēs a fratre gestae	die Taten des Bruders
5)	salūs, -ūtis f.	*Ciceros Rückberufung aus der Verbannung*
6)	plūra *(neutr. Pl.)*	mehr, weiteres

Lektion 5

GRAMMATIK

I FORMENLEHRE

1) Konjugationen

a) Das Reduplikationsperfekt:

Seine Bildung erfolgt meistens durch Verdoppelung der anlautenden Silbe, z. B.:
currere – laufen   → **cú**curri – ich bin gelaufen

In anderen Fällen tritt bei der Bildung des Perfekts die **Vokalabschwächung** (Ablaut) ein:
dare – geben	→ **de**di – ich habe gegeben	(a > e)
abdere – verbergen	→ áb**di**di – ich habe verborgen	(e > i)
pellere – vertreiben	→ pé**pu**li – ich habe vertrieben	(Ablaut)

Die Komposita der meisten Verben bilden keine Reduplikation:
caedere – schlagen   → ce**cī**di   *aber:* occīdi (ohne reduplizierte Silbe!)

b) Das Futur:

In dieser Lektion lernen Sie Formen des Futurs Aktiv kennen. Das Futur bezeichnet eine noch nicht eingetretene oder eine zu erwartende Handlung. Im Lateinischen wird es häufiger als im Deutschen verwendet
(z. B. statt im Deutschen *„ich erzähle dir jetzt"*: *„ich **werde** dir jetzt erzählen"* – nunc tibi narra**bo**).

In der **a-** und **e-**Konjugation und beim Verb **ire** wird das Futur wie folgt gebildet:

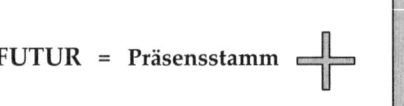

FUTUR = Präsensstamm +
- **-b-** für die 1. Person Sg.
- **-bi-** für die übrigen Personen
- **-bu-** für die 3. Person Pl.

Zur Tempussilbe des Futurs treten die Ihnen bekannten Personalendungen hinzu.

⇒ Bei **esse** und Komposita entfällt in allen Personen das **-b-**
In den restlichen Konjugationsgruppen gelten andere Bildungsgesetze, s. u.

Futur I Aktiv	vocare	habere	esse	posse	ire
1. Pers. Sg.	vocab	habeb	er	poter	ib
2. Pers. Sg.	vocab	habeb	er	poter	ib
3. Pers. Sg.	vocab	habeb	er	poter	ib
1. Pers. Pl.	vocab	habeb	er	poter	ib
2. Pers. Pl.	vocab	habeb	er	poter	ib
3. Pers. Pl.	vocab	habeb	er	poter	ib

z. B: *ich werde rufen – du wirst rufen – er etc. wird rufen. – wir werden rufen usw.*

Die **i-**, die konsonantische und die Konjugation mit **-i-**Erweiterung (kurzvokalische -i-Konjugation) haben statt einer Tempussilbe einen Tempus**vokal**: Dieser lautet für die erste Person Singular **-a** für alle anderen Personen **-e.**

Also: Präsensstamm ┼ | **-am, -ēs, -et, -ēmus, ētis, -ent** | = FUTUR

z. B.: audi**am**, audi**es** *etc.;* ostend**am**, ostend**es** *etc.;* accpi**am**, accipi**es** *etc.*

2) Deklinationen

Kons**o**nantische Deklination, *Fortsetzung*

neutrum auf **-men, -minis**   masculinum *u.* femininum

Füllen Sie die Tabelle aus:

	Singular	Plural	Singular	Plural	Singular	Plural
Nom.	nomen	nomin	frater	fratr	regio	region
Gen.	nomin	nomin	fratr	fratr	region	region
Dat.	nomin	nomin	fratr	fratr	region	region
Akk.	nomen	nomin	fratr	fratr	region	region
Abl.	nomin	nomin	fratr	fratr	region	region
Vok.	nomen	nomin	frater	fratr	regio	region

nomen – *Name*   frater – *Bruder*   regio – *Gegend*

 Etliche Substantive der konsonantischen Deklination sind <u>ungleichsilbig</u>, *d. h.* sie haben im Genitiv eine Silbe mehr als im Nominativ, *z. B.* **miles, militis**. Den Stamm des Substantivs erhält man durch Abstreichen der Genitivendung **-is**.
milit- ist also der Stamm, an den die genannten Kasusendungen treten.

II SYNTAX

In der Lektion 3 hatten Sie das Perfekt kennen gelernt und im Deutschen wörtlich (*d. h.* mit Perfekt) übersetzt. Dieses Tempus besitzt dort den Tempusaspekt oder die Aktionsart einer **Feststellung** oder **Beurteilung** (aus dem Blickwinkel der aktuellen Zeit).
Ein solches Perfekt heißt **konstatives** oder **konstatierendes Perfekt.**
Im Text der Lektion 5 wird das Perfekt in seiner häufigsten Aktionsart vorgestellt:
dem **narrativen** Aspekt. Dieses Perfekt wird verwendet bei Erzählungen einmaliger, abgeschlossener Handlungen in der Vergangenheit, die ohne Bezug zur Gegenwart stehen.
Da auch das **Imperfekt** ein Tempus der Vergangenheit ist, folgt jetzt eine Gegenüberstellung des narrativen Perfekts und der Verwendungsarten des Imperfekts:

IMPERFEKT	PERFEKT
(Situation, Vorgang, Gewohnheiten *etc.*) **linear:** ←——————→ statisch, ohne Anfang und Abschluss; Hintergrundstempus („Was war?") Wird verwendet für: **Situationsbeschreibungen** Zustand, Wiederholung Versuch Andauern ↓ ↓ ↓ *durativ* *iterativ* *konativ* *(Im Deutschen mit Präteritum zu übersetzen, eventuell mit Zusätzen, die den Aspekt verdeutlichen, s. u.)*	Handlung: 1 2 3 4 **punktuell:** ●——●——●——● dynamisch, mit Abschluss der Handlung; Vordergrundstempus („Was geschah dann?") Wird verwendet zur Schilderung von: **Handlungen:** einmalig, abgeschlossen, ohne Bezug zur Gegenwart ↓ *narrativ* *(Im Deutschen mit Präteritum zu übersetzen)*

Übersetzungsmöglichkeiten des Imperfekts:

	Cicero sagte	**gerade, dauernd, gewöhnlich**	*(durativ)*
Cicero dice**bat**	Cicero sagte	**immer wieder**	*(iterativ)*
	Cicero	**versuchte** zu sagen	*(konativ)*

* Im Normalfall reicht die übliche Übersetzung („C. sagte") aus; man sollte jedoch auf das Imperfekt besonders dann achten, wenn es im Wechsel mit dem Perfekt erscheint.

III   ÜBUNGEN

1)   Ordnen Sie die Adjektive den Substantiven formal zu:

duces	bono
duci	boni
ducum	bonum
ducibus	bonus
dux	bono
duce	bonorum
ducem	bonos
ducis	bonis
duces	boni

Lektion 5

2) Vervollständigen Sie bitte die Tabelle:

delectare	studere	occidere	posse	dormire
erfreuen	*sich bemühen*	*niederschlagen*	*können*	*schlafen*
delecto				
	studes			
		occiditis		
			possunt	
				dormiam
			poterit	
		occident		
	studebamus			
delectavistis				

3) Ergänzen Sie den Lückentext und übersetzen Sie:

1) Quintus hospit____ de vita milit____ multa narrav____.

2) Marc____ frat____ fratr____ mult____ verb____ laudat.

3) Quintus narra____ pergit: „Hostes legion____ mea____ insidi____ parab____. Aliquando pericul____ maxim____ fuit. Nam nonnulli arbor____ caedeb____; alii loc____ vallo foss__que munieb____. Subito hostes clamav____ et in nos e proxim____ silv____ cucurr____.

4) At Romani loc____ viribus summ____ defend____ et hostes pepul____. Ego eos *(sie)* laudav____: »Vos officium bon____ milit____ praestit____. Caesar quoque vos laudab____.«

5) Quamquam tunc castra firm____ vallo____ muniv____, quieti nos non tradid____."

6) Cicero, postquam de facin____ audivit, dix____: „Laet____ sum, quod magn____ laud____ nomin____ famili____ nostr____ parav____."

Lectio sexta 6

Fragen über Fragen – Die graue Vorzeit

Postero die Cicerones fratres villam amici reliquerunt. Aliquot horis post ad urbis moenia accesserunt. Quod fratribus multa negotia in urbe sunt, statim in forum contendunt et res gerunt. Etiam Polyxena et Proclus servi iussu Helvii Romae sunt. Cum iis[1] Polydorus
5 puer plenus admirationis monumenta templaque Romae, reginae urbium, spectat. Subito Saturni templum conspicit et e comitibus quaerit: „Dic mihi, Polyxena: Cuius templum est hic aut quae numina Romani sacrificiis colunt?" „Id[2] templum Saturni est." „Quis autem est Saturnus?" „Nos Graeci existimamus Saturnum Iovis es-
10 se patrem." „Saturnus pater Iovis est? Nonne Saturnus improbus deus fuit?" „Recte, Polydore, dixisti Saturnum improbum fuisse deum. Antiquis temporibus Saturnus rex magna crudelitate erat. Nulla fides rerum et verborum Saturno erat. Saturnum etiam liberos suos devoravisse poetae Graeci carminibus narrant. Sed Iuppi-
15 ter eum[3] dolo vicit et post longa bella regnum occupavit.
Hesiodus[4] poeta nos docet Iovem orbem terrarum iustitia prudentiaque regnare. Romanis autem constat Iovem Optimum Maximum conservatorem esse rei publicae. Nam Iovem sibi[5] imperium sine fine dedisse putant." Tum Polydorus: „Intellego, sed quo in monte
20 Romani Iovi templum aedificaverunt? Quis vel potius qui deus aut quae dea praeter summum deum urbes potestate sua servant?"
„Iovis templum in Capitolio monte situm esse vides, si videre potes. Minervam quoque urbes civium servare cunctis hominibus notum est. Sed cui id[2] dico? Tu Romae vivis, te eas[6] res scire necesse
25 est." „Intellego me vero multarum rerum esse ignarum."

1)	iis	ihnen
2)	id *(Nom. u. Akk. Sg. n.)*	dieses, dies
3)	eum *(Akk. Sg. m.)*	ihn
4)	Hesiodus, -i m.	Hesiod(os), *griechischer Epiker*
5)	sibi	*hier:* ihnen
6)	eās *(Akk. Pl. f.)*	diese

GRAMMATIK

I FORMENLEHRE

1) Deklinationen

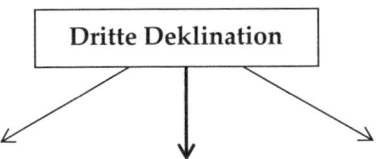

1) konsonantische Deklin.   **2) Mischgruppe**   3) i-Deklination

Nach einigen Beispielen der konsonantischen Deklination lernen Sie in dieser Lektion die **Mischgruppe** (*oder* Mischdeklination) kennen:

- Die Mischgruppe unterscheidet sich von der konsonantischen nur durch ein zusätzliches **-i-** im Genitiv Plural; dieser endet also auf **-ium** (statt auf -um):

  urb**ium** – *der Städte*   civ**ium** – *der Bürger*

  Zur Mischgruppe gehören:

  > a) **gleichsilbige Substantive**, die im Nominativ auf **-ēs** oder **-is** enden:
  > cīv**is**, civis m. – *der Bürger*; clad**ēs**, cladis f. – *die Niederlage*
  > b) **ungleichsilbige**, deren Stamm auf zwei Konsonanten endet,
  > mōns, mon**tis** m. – *der Berg*; urbs, urb**is** f. – *die Stadt*

- *Ausnahmen:* Zur konsonantischen Gruppe gehören (im Gegensatz zu der obigen Regel) iuvenis, iuvenis m. *(junger Mann)*; senex, senis m. *(alter Mann)*; canis, canis m. / f. *(Hund / Hündin)*; sedes, -is f. *(Wohnsitz)*
  (Darüber hinaus gibt es bei einigen anderen Substantiven einzelne Abweichungen, s. RUBENBAUER / HOFMANN, § 40.)

- *Genus-Regel:* Die Substantive der Mischgruppe sind im Allgemeinen <u>femininum</u>.

  Ausnahmen: finis, -is *(Grenze, Ende)*, collis, -is *(Hügel)*, mensis, -is *(Monat)*, orbis, -is *(Kreis)*, mons, -ntis *(Berg)*, fons, -ntis *(Quelle)*, pons, -ntis *(Brücke)*, piscis, -is *(Fisch)*, dens, -ntis *(Zahn)*, fascis, -is *(Rutenbündel)*, ensis, -is *(Schwert)*, civis, -is *(Bürger)*, hostis, -is *(Feind)* sind **masculinum!**

  Weiterhin: Es gibt nur sehr wenige Substantive, die neutrum sind, z. B.:
  os, ossis *Knochen; Nom./Akk. Pl.:* ossa), cor, cordis (*Herz; Nom./Akk. Pl.* corda).

Die e-Deklination:

- Sie behält das **-e-** durchgehend im Stamm. Alle Substantive dieser relativ kleinen Gruppe sind femininum außer **diēs, ēi m.** *der Tag*. Im femininum bedeutet **diēs** *der Termin*. Die meisten mehrsilbigen Substantive enden auf **-iēs,** *Gen.:* **-iei**.
- Die Substantive der **e**-Deklination haben selten Pluralformen, abgesehen von z. B. **rēs** (*Sache, Ding*) und **diēs** (*Tag, Termin*).

SING.: rēs, rei, rei, rem, rē   *PLUR.:* rēs, rērum, rēbus, rēs, rēbus

---

* Das Substantiv **res** lässt sich häufig, je nach Kontext, übersetzen als: „Tat", „Plan" „Ereignis" u. ä.

Das Interrogativpronomen:

a) substantivisch:

quis? quid?	wer? was?
cuius?	wessen?
cui?	wem?
quem? quid?	wen? was?
a quō? quōcum?	von, mit wem?
quō?	wodurch?

b) adjektivisch:

„Adjektivisch" bedeutet, dass sich das Interrogativpronomen wie ein Adjektiv auf ein Bezugswort bezieht und zu diesem in KNG-Kongruenz steht.
Dieses **adjektivische** Interrogativpronomen wird genau wie das Relativpronomen dekliniert (*s. dazu Grammatikteil L. 7*):

      qui vir – *welcher Mann*, quae civitas – *welche Bürgerschaft*, quod facinus – *welche Tat*,
      quae (!) facinora – *welche Taten*, quem hominem – *welchen Menschen*.

II SYNTAX

1) Der genitivus possessivus

Wie in Lektion 4 gesagt, betont der **genitivus possessivus** den Besitzer; wenn Polyxena im Text feststellt: Id templum **Saturni** est, dann macht sie deutlich, dass es sich um den Saturn- und nicht um den Iuppitertempel handelt, der Tempel also dem Saturn „gehört".

2) Einige Details des Ablativs

Der **ablativus Instrumentalis**, einer der drei großen Kategorien *(vgl. L. 4)*, weist acht Untergruppen auf; hier erscheinen die fünf, aufgelistet nach semantischer und syntaktischer Funktion *(zum Ablativ insgesamt s. Anhang, S. 20 f.)*:

semantische Funktion	Charakterisierung	Frage	syntaktische Funktion
1) **abl. instrumenti** (ohne Präposition)	Bezeichnung des Werkzeugs oder Mittels	Womit? Wodurch?	Adverbiale
2) **abl. sociativus** (Präp.: cum)	Bezeichnung der Person in Begleitung oder Gemeinschaft	Mit wem?	Adverbiale
3) **abl. modi** (Präp. cum oder ohne Präposition)	zur Bezeichnung der Art und Weise oder des Begleitumstands	Wie? Auf welche Weise? Was geschieht dabei?	Adverbiale
4) **abl. qualitatis** (ohne Präposition)	zur Bezeichnung der Eigenschaft einer Person oder Sache	Wie beschaffen?	Attribut / Prädikatsnomen
5) **abl. causae** (ohne Präposition)	zur Bezeichnung des Grundes oder des Anlasses bei Ausdrücken des inneren und äußeren Zustands	Warum? Wodurch? Woran? Worüber? Worauf?	Adverbiale / Attribut

*Nach Ausdrücken des Anfüllens, Beladens, Versehens mit steht der abl. instrumenti.

Einige Beispiele:

1)	gladio vulnerare	mit dem Schwert verletzen
2)	cum Cicerone Romam redire	mit Cicero nach Rom zurückkehren
3a)	iustitiā regnare	mit Gerechtigkeit herrschen
3b)	summo (cum) gaudio redire	mit höchster Freude zurückkehren
4)	magna crudelitate esse	von großer Grausamkeit sein
5)	victoriā laetus esse	über den Sieg froh sein

3) Der Akkusativ mit Infinitiv (Accusativus cum Infinitivo = AcI)

- Der AcI ist eine satzwertige Konstruktion; er entspricht im Deutschen einem mit „dass" eingeleiteten Behauptungs-, seltener einem Aufforderungssatz.

- Dieser satzwertige Teil steht als Subjekt, häufiger als Objekt, in Abhängigkeit von Verben, die mit der menschlichen Sinnestätigkeit zusammenhängen („Verben, die aus dem Kopf kommen"), es handelt sich um:

> Verben des Sagens, Mitteilens   (verba dicendi)
> Verben der Wahrnehmung und des Denkens   (verba sentiendi)
> Verben der Gemütsbewegung   (verba affectūs)
> manche Verben der Willensäußerung   (z. B. verhindern, veranlassen,
                                       befehlen, wollen, begehren)**
> unpersönliche Ausdrücke   (es steht fest, es ist nötig, es ziemt sich *etc.*)

- Zwei ursprünglich selbstständig zu denkende Sätze werden zu einem Satz mit einer AcI-Konstruktion vereint:

  Video: Amicus redit.   Ich sehe: Der Freund kommt zurück.

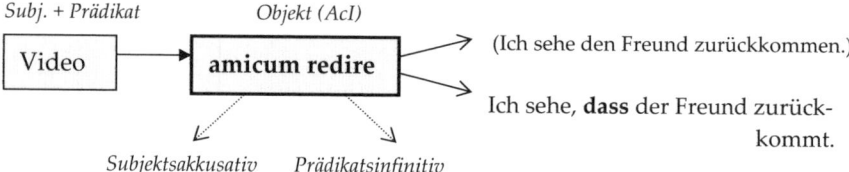

Subj. + Prädikat   *Objekt (AcI)*

Video → amicum redire → (Ich sehe den Freund zurückkommen.)

Ich sehe, **dass** der Freund zurückkommt.

Subjektsakkusativ   Prädikatsinfinitiv

**** Ausblick:**

Verben der Willensäußerung wie z. B. velle *(wollen)* stehen dann im AcI, wenn der Wunsch an eine andere Person gerichtet ist, *also:* Volo te me adiuvare. – **Ich** will, dass **du** mir hilfst.
Ansonsten, bei Subjektsgleichheit, steht der Infinitiv: Volo te adiuvare. – Ich will dir helfen.

Wenn bei **iubēre** die Person nicht genannt wird, von der etwas verlangt wird, dann tritt der AcI ins Passiv, *also:*   Caesar iubet milites castra **collocare** *(AcI im Aktiv).* – Caesar befiehlt, dass
                      die Soldaten ein Lager aufbauen *(oder:* ... den Soldaten, ein Lager aufzubauen).
aber: Caesar castra **collocari** *(Inf. Präs. Pass.)* iubet. – Caesar befiehlt, dass ein
                      Lager aufgebaut wird *oder:* Caesar lässt ein Lager aufbauen.

- Ein AcI besteht mindestens aus einem Subjektsakkusativ, d. h. dem Satzglied, das das Subjekt des AcI ist, und einem Prädikatsinfinitiv.

Untersuchen Sie, ob folgender Satz einen AcI enthält oder nicht:

Caesar Galliam pacare cogitat.

- Erscheint innerhalb des AcI ein Prädikatsnomen, so richtet sich dieses (meistens) in Kasus, Numerus, und Genus nach dem Subjektsakkusativ:

Scimus	Saturn**um** de**um** esse.	Wir wissen, dass Saturn ein Gott ist.
Scimus	urb**em** magn**am** esse.	Wir wissen, dass die Stadt groß ist.
Scimus	Saturn**um** improb**um** esse.	Wir wissen, dass Saturn bösartig ist.
Scimus	fili**as** laet**as** esse.	Wir wissen, dass die Töchter froh sind.

- Häufig erscheint die AcI-Konstruktion mit Subjekts- **und** Objektsakkusativ. So wie Ersterer das Subjekt des AcI ist, so erfüllt der Objektsakkusativ die Funktion eines Objekts innerhalb des AcI. In der Regel nach steht der Subjektsakkusativ **vor** dem Objektsakkusativ *(gewöhnliche Wortstellung)*:

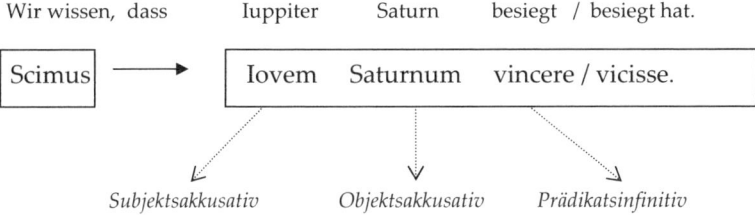

- Die Infinitive besitzen hierbei **keine** eigene **Zeitstufe**, sondern kennzeichnen ein **Zeitverhältnis** zu dem den AcI regierenden Prädikat. Man muss dies bei der Übersetzung entsprechend berücksichtigen. Es gibt Vor-, Gleich- und Nachzeitigkeit:

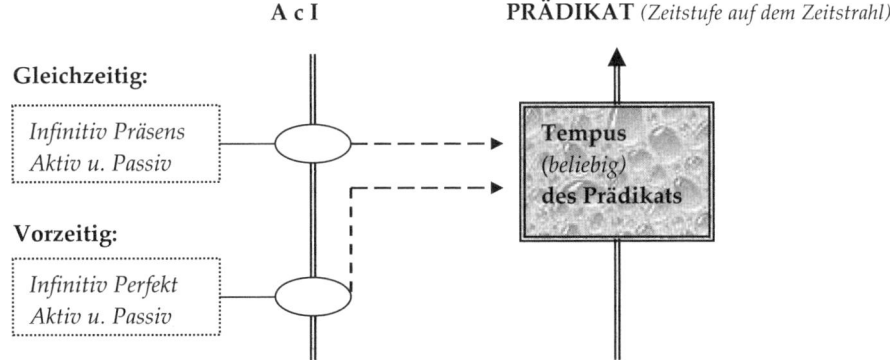

* *Zur Nachzeitigkeit s. u. Lektion 14*

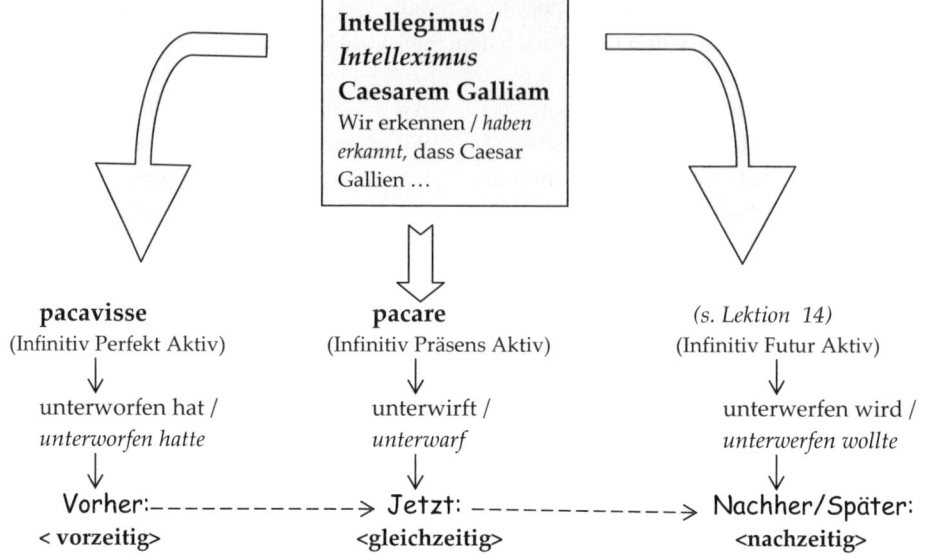

{ * Zum Infinitiv Futur als Infinitiv der Nachzeitigkeit s. Lektion 14, Grammatikteil, S. 107 f.
** Eine Übersicht über alle Infinitive (und Partizipien) finden Sie im Anhang 4. }

III ÜBUNGEN

Übersetzen Sie folgende Sätze:

1 a)   Quintus hostes e silvis currere videt / vidit.
1 b)   Quintus hostes e silvis cucurisse videt / vidit.
2)   Scimus Quintum fratrem Ciceronis fuisse.
3)   Cicero gaudebat fratrem tantas res gessisse.
4)   Polyxena narrat Romanos multos deos coluisse.
5)   Audimus quoque Polydorum ignarum esse multarum rerum.
6)   Audivimus Polydorum multarum rerum fuisse ignarum.
7)   Notum erat Iovem dolo Saturnum vicisse.
8)   Iovem iustitia orbem terrarum regnare intellexistis.

 Achten Sie auf die Akkusative: Sind sie Subjekts- oder Objektsakkusativ? Denken Sie daran, die durch die Prädikatsinfinitive signalisierten Zeitverhältnisse auch im Deutschen entsprechend wiederzugeben. Steht das Prädikat in einem Tempus der Vergangenheit, müssen Sie den Infinitiv Präsens mit Präteritum, den Infinitiv Perfekt mit Plusquamperfekt übersetzen.

Lectio septima 7

Eine Götterspeise mit Folgen

Postea servi, qui otio gaudebant, collem Palatinum ascendebant. At Polydorus, qui concesserat se pauca rerum Romanarum novisse, dolebat se ab amicis irrisum esse. Tamen denuo coepit dicere: „Bene – Saturnus a Iove pulsus erat; etiam socii eius[1] victi erant.
5 Sed Iovis potestas nondum erat confirmata. Nam Terra[2] ei[3] praedixerat: »O Iuppiter, regno, quo nunc tam insolenter superbus es, filia olim te privabit. Cave igitur posteros tuos, a quibus pernicies tibi imminet!« Itaque Iuppiter primam coniugem, deam prudentiae, quacum amore iunctus erat quaeque gravida[4] erat, cepit atque
10 devoravit. Quo modo Iuppiter prudentiam sibi adiunxit. Sed die constituta filia, cuius nomen Minerva erat, ascendere ad lucem debuit. Ita e summi dei capite exstitit, quod Vulcanus[5] paulo ante uno ictu[6] securis[7] aperuerat. Minerva, quam ceteri timebant, a Iove comiter[8] est accepta. Primum paulum dubitavit, sed deinde:
15 »Salve, mea filia, cui totus mundus patet! Tu dea et belli et artium eris. Tuae sapientiae memoriam homines numquam deponent.« His verbis Iuppiter Minervam sibi conciliavit; Minerva autem arma, quae secum habebat, ad patris pedes deposuit et ita nuntiavit se Iovi semper cedere." Polyxena Proclusque, ubi id[9] audiverunt,
20 riserunt: „O Graecule[10], qui semper antiqua de Graecis deis memoras. Nunc tempus est res Romanas cognoscere."

1)	eius	sein, dessen
2)	Terra	hier: die Erde *(als Gottheit, griech.: Gaia)*
3)	ei	ihm
4)	gravidus, -a, -um	schwanger
5)	Vulcānus	Vulcanus *(griech.: Hephaistos; der göttliche Schmied)*
6)	ictus ūs m. *(u-Dekl)*	Schlag, Wurf *(ictu ist Ablativ!)*
7)	securis, -is f.	Beil
8)	comiter *(Adv.)*	freundlich
9)	id	es, das, dies
10)	Graeculus	kleiner Grieche, Griechlein *(oft abwertend)*

GRAMMATIK

I   FORMENLEHRE
1) Deklinationen

Das Relativpronomen:

Nom. Sg.	qui *(der)*	quae *(die)*	quod *(das)*	Nom. Pl.	qui	quae	quae (!)
Gen. Sg.	cuius			Gen. Pl.	quōrum	quārum	quōrum
Dat. Sg.	cui			Dat. Pl.	quibus	
Akk. Sg.	quem	quam	quod	Akk. Pl.	quōs	quās	quae (!)
Abl. Sg.	(a) quō, quōcum	(a) quā, quācum	quō, quōcum	Abl. Pl.	(a) quibus, quibuscum	

Das reflexive Personalpronomen der dritten Person Singular und Plural:

> --   **sui** *(Gen.)*   **sibi** *(Dativ)*   **sē** *(Akk.)*   **a sē, sēcum, sē** *(Abl.)*

sui *(Gen.)* wird meistens mit „*seiner*", „*sich*", „*an sich*", **sibi** mit „*sich*", „*für sich*", **se** mit „*sich*", die Ablative **secum** „*mit, bei sich*" und **a se** „*von sich*" übersetzt, wenn sie im gleichen Satzabschnitt wie das zu ihnen inhaltlich gehörige Subjekt erscheinen:

⟹   Eine solche Verwendung heißt **direkt reflexiv**, z. B.:

Dea arma **secum** habebat.	– Die Göttin hatte Waffen **bei sich**.
Quintus **se** laudat.	– Quintus lobt **sich**.
Quintus laudem **sibi** paravit.	– Quintus hat **sich** Ruhm erworben.
Romani laudem **sibi** paraverunt.	– Die Römer haben **sich** Ruhm erworben.

2) Konjugationen

Das Plusquamperfekt Aktiv:

Das Plusquamperfekt **Aktiv** gehört, wie das Perfekt Aktiv, zu den Tempora, die mit dem Perfektstamm gebildet werden. Man erhält das Plusquamperfekt, indem man die Personalendungen des Perfekts (-i, -isti, -it, -imus, -istis, -ērunt) durch folgende ersetzt:

> **-eram, -eras, -erat, -erāmus, -erātis, -erant**

Füllen Sie bitte die Tabelle aus:

	(Indikativ) Plusquamperfekt Aktiv				
	vocare	habere	dicere	facere	esse
1. Sg.					
2. Sg.					
3. Sg.					
1. Pl.					
2. Pl.					
3. Pl.					

z. B.: ich hatte gerufen, du hattest gerufen, er, sie, es hatte gerufen usw.

Perfekt und Plusquamperfekt Passiv:

- Die Passivformen der Verben des Perfektstamms (*Perfekt, Plusquamperfekt, Futur II***) sind, wie im Deutschen, zusammengesetzt, nämlich aus dem **Partizip Perfekt Passiv** (= **P. P. P.**) und einer Form von esse *(Beispiele s. u.)*.
  ** *Die Formen des Futur II werden hier noch nicht genannt.*

- Diese Partizipien des Perfekt Passiv, z. B. irrīsus – *verspottet*, haben – im Gegensatz zum Deutschen! – immer **passivische** Bedeutung.

- Sie gehören der o- und a-Deklination an (irrīsus, -a, -um) und enden im Nominativ Singular auf **-tus**, -a, -um, **-sus**, -a, -um oder **-xus**, -a, -um, z. B.:

  vocāre → vocātus *etc.* gerufen *oder* einer *etc.*, der gerufen worden ist / war
  audīre → audītus *etc.* gehört *oder* einer *etc.*, der gehört worden ist / war
  defendere → defēnsus *etc.* verteidigt *oder* einer, der verteidigt worden **ist / war**

Bei den Formen des Passivs der Tempora des Perfektstamms (Perfekt, Plusquamperfekt und Futur II) richtet sich das Partizip in Kasus, Numerus und Genus nach dem Subjekt *(im Gegensatz zum Deutschen, wo das Partizip unverändert bleibt)*, also:

Polydor**us** irrīs**us** est / erat.	Polydorus ist / war ausgelacht worden.
Amic**i** salutat**i** sunt / erant.	Die Freunde sind / waren begrüßt worden.
Matr**es** ira implet**ae** sunt / erant.	Die Mütter sind / waren von Zorn erfüllt worden.
Bell**um** finit**um** est / erat.	Der Krieg ist / war beendet worden.
Bell**a** finit**a** sunt / erant.	Die Kriege sind / waren beendet worden.

{ *Der <u>narrative</u> Aspekt des Perfekts wird mit <u>Präteritum</u> wiedergegeben: Die Kriege <u>wurden</u> beendet.* }

Die Formen im Einzelnen:

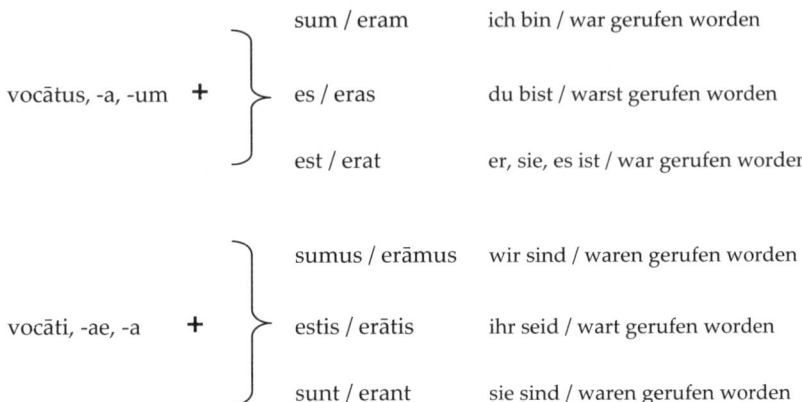

- Der **Infinitiv Perfekt Passiv** setzt sich zusammen aus dem **P.P.P.** und **esse**.
  Im AcI richtet sich das P.P.P. dabei in KNG-Kongruenz nach dem Subjektsakkusativ:

Galli**am** pacat**am** esse audimus. – Wir hören, dass Gallien unterworfen worden ist.
Not**um** erat Saturn**um** regno puls**um** esse. – Es war bekannt, dass Saturn von der
                                                                  Herrschaft vertrieben worden war.
(Zu den Zeitverhältnissen der Infinitive s. a. Syntax zu L. 6, S. 46.)

Aufgabe: *Verwandeln Sie die Beispielsätze auf S. 49 (unten) in einen AcI, indem Sie sie von einem notum est – „es ist bekannt" abhängig machen.*

Die Bildung der Verben im Lateinischen:

1) **PRÄSENSSTAMM**
(Präs., Imperf., Fut. I)

Aktiv
Passiv
    ein Wort: Stamm + (Tempussilbe) + Personalendung

2) **PERFEKTSTAMM**
(Perf., Plusqpf., Fut. II)

Aktiv → **ein** Wort: Stamm + (Tempussilbe) + Personalendung
Passiv → **zwei** Wörter: Part. Perf. Pass. + Form von **esse**

zum Beispiel:
1) voco, vocor*; vocābam, vocābar*; vocābo, vocabor*.
    ich werde gerufen (Pr.) – ich wurde gerufen (Imp.) – ich werde gerufen werden (Fut. I) * s. L. 8
2) vocāvi, vocātus, -a, -um sum; vocāveram, vocātus *etc.* eram; vocāvero, vocātus *etc.* ero.

II   SYNTAX

1) Der Relativsatz

Das einen Relativsatz einleitende Relativpronomen richtet sich immer in Numerus und Genus nach seinem im übergeordneten Satz stehenden Bezugswort; der **Kasus** ist, wie im Deutschen, von der syntaktischen Funktion dieses Pronomens im Relativsatz abhängig:

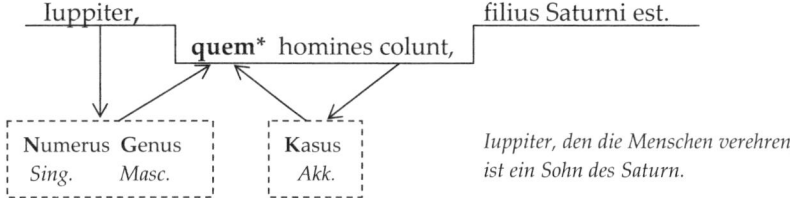

| Numerus Genus | Kasus |
| Sing.   Masc. | Akk. |

Iuppiter, den die Menschen verehren, ist ein Sohn des Saturn.

* Quem nimmt hier die syntaktische Funktion des Objekts (zu colunt) ein.

2) Das reflexive Personal- und Possessivpronomen

Das reflexive Personal- (**sē** *etc.*) *bzw.* Possessivpronomen (**suus, a, um**) weist auf das Subjekt des gleichen Satzes *bzw.* Satzabschnitts zurück. Es wiederholt inhaltlich dieses Subjekt *(s. o. S. 48)*. Z. B.: Caesar milites **suos** laudat. – Caesar lobt **seine** *(näml. die eigenen)* Soldaten.

Das Reflexivpronomen *(sowohl als Possessiv- als auch als Personalpronomen)* erscheint häufig auch im AcI, mit inhaltlichem Bezug zum Subjekt des Satzes, in den der AcI eingebettet ist → „**AcI-Reflexivität**". In diesem Fall wird das reflexive Personalpronomen, unter Angleichung an das Subjekt des Verbs, das den AcI regiert, mit *er, sie, es etc.* übersetzt; das Possessivpronomen **suus, a, um** (KNG-Kongruenz zum Bezugswort) bleibt in der Übersetzung unverändert = „*sein, ihr*" (inhaltliche Wiederaufnahme des Subjekts).

    Se kann sowohl Subjekts- als auch Objektsakkusativ im AcI sein!

Caesar scripsit **se** milites **suos** laudavisse.   *(Subjektsakkusativ)*
Caesar schrieb, dass **er seine** Soldaten gelobt habe.

Minerva **se** a Iove bene acceptam esse vidit.   *(Subjektsakkusativ)*
Minerva sah, dass **sie** von Iuppiter gut aufgenommen worden war.

Helvetii Caesarem **se** vicisse intellexerunt.
Die Helvetier erkannten, dass Caesar **sie** besiegt hatte.   *(Objektsakkusativ)*

Polydorus **se** ab amicis irrisum esse dolet / dolebat.   *(Subjektsakkusativ)*
Polydorus ärgert/e sich, dass **er** von den Freunden ausgelacht
worden ist / worden war.

Romani hostes **sibi** appropinquare vident
Die Römer sehen, dass sich die Feinde **ihnen** nähern. *(Dativobjekt)*

Saturnus Iovem **se** vicisse dolebat.
Saturn ärgerte sich, dass Iuppiter **ihn** besiegt hatte. *(Objektsakkusativ)*

(* zur Reflexivität weiterhin L. 8)

3) Zum ablativus separativus

- Der abl. separativus bezeichnet nicht nur den Ausgangspunkt im örtlichen oder zeitlichen Sinne, *also etwa:*
  Helvetii **de / e finibus** suis exierunt. – Die Helvetier verließen ihr Gebiet.
  Ab initio anni – seit Beginn des Jahres.

- Er findet sich auch in übertragener Bedeutung bei Passivkonstruktionen zur Bezeichnung der Person, von der die Handlung ausgeht, verbunden mit der Präposition **a** bzw. **ab** + Ablativ. Dieser Ablativ ist ein Sonderfall des abl. sep. und wird **ablativus auctoris** *(Ablativ des Urhebers)* genannt. Er entspricht dem Subjekt des im Aktiv formulierten Satzes; das Akkusativ-Objekt wird dabei zum Subjekt:

  AKTIV: PASSIV:

  Amici *(Subjekt)*   <---------->   Polydorus *(Subjekt)*
  Polydorum *(Objekt)*   <---------->   **ab amicis** *(abl. auctoris)*
  irriserunt *(Prädikat)*   <---------->   irrisus est. *(Prädikat)*

  <u>Aktiv:</u> *Die Freunde haben Polydorus ausgelacht.* <u>Passiv:</u> *P. ist von den Freunden ausgelacht worden.*

- Ist nicht eine Person, sondern eine „Sache" für die Handlung im Passiv ursächlich, wird der **bloße** Ablativ *(Ablativ <u>ohne</u> Präposition)* verwendet. In diesem Fall hat der Ablativ instrumentalen Charakter, z. B.:

  Minerva **verbis** Iovis conciliata est. – Min. ist **durch die Worte** ... gewonnen worden.

- Der ablativus **separativus** enthält auch die Vorstellung des Getrenntseins, Nichthabens oder Trennens und Befreiens von etwas. Dazu gehört auch das im Lektionstext erscheinende **privare** – *jmd. einer Sache berauben.*
  Weitere Verben sind z. B.:
  liberāre – befreien, egēre – nötig haben, carēre – nicht haben, vacāre – frei sein *von*.
  Dazu kommen entsprechende Adjektive wie liber, -a, -um, vacuus *(frei von)* u. a.
  Die Präposition **a, ab** kann, muss aber nicht dabei stehen:

  Romanos **regno** liberare   die Römer von der Königsherrschaft befreien **aber:**
  Romanos **a regibus** liberare   die Römer von den Königen befreien

III ÜBUNGEN

1) Ergänzen Sie in das Relativpronomen und übersetzen Sie:

1) Polydorus servus, _____ amici semper irrident, dolet se irrisum esse.

2) Iuppiter, _____ dea prudentiae amore iuncta erat, pater Minervae fuit.

3) Minerva, _____ Iuppiter timebat, patri semper paruit.

4) Iuppiter, _____ regnum nunc confirmatum est, mundum iustitia regnavit.

5) Omnia, _____ Polydorus de Iove narraverat, ab amicis audita sunt.

2) Verwandeln Sie folgende Sätze ins Passiv und übersetzen Sie:

1) Iuppiter Saturnum vicit. →

2) Iuppiter deam prudentiae cepit et devoravit. →

3) Iuppiter Minervam verbis conciliavit. →

4) Tum dei regnum Iovis confirmaverunt. →

3) Ergänzen Sie die Tabelle:

despicere	salutare	colere	tradere	vincere
	salutaverant			
	salutari			
	saluta			
	salutati erant			
	salutatum esse			
	salutaris			

Lektion 7

Lectio octava 8

Belehrung oder Unterhaltung?

Servi de loco superiore in forum despiciebant, cum Proclus eos docere coepit: „Viā sacrā, quam in valle fori videtis, ab initio urbis triumphi a Romanis agebantur. In iis triumphis non solum praeda multitudini monstratur, sed etiam capti hostium duces ducuntur.
5 Decernitur a senatu[1] triumphus solum iis ducibus Romanis, quorum milites maximo proelio hostes vicerunt magnamque eorum partem occiderunt. Ita milites, quorum spes praemii magna est, ducem suum celebrant et eum „imperatorem" vocant. Duces in triumphis tamquam dei coluntur; nam Romani se a deis, imprimis
10 a Iove, adiuvari putant. Itaque veneratio et deorum et imperatorum praecipua est. Imperator ipse[2] in curru[3] stat, dum multitudo eum crebris gratulationibus salutat. Sed milites, quod eo tempore abest timor imperatoris, laudem eius minuunt, cum eludunt eum carminibus audacibus[4]". Polydorus: „Tuis verbis doceor, sed non
15 delector, nam imperatores a militibus eludi non oportet." „Scio: Rebus Romanis non delectaris, quod semper moveris Graecis fabulis. Sed de Romanis te doceri oportere credo. Doceberis igitur de Romanis, de eorum victoriis aut calamitatibus – imprimis de Caesaris vita tibi narrabitur. Vitam eius cognoscere te necesse est,
20 si mores Romanorum vitamque eorum intellegere studes. Romanis quoque fabulae sunt, quibus homines aut delectabantur aut docebantur; dum imperium Romanum stat, homines eis delectabuntur." Polydorus autem: „Sed fabulae a Graecis traditae a plerisque Romanorum etiam libenter audiuntur, quod eis multum de
25 amoribus aut deorum aut hominum dicitur."

1) senātus *(u-Dekl., s. u. L. 14)* — der Senat (senatu *ist Ablativ.*)
2) ipse — selbst, persönlich
3) currus *(u-Dekl.)* — Wagen *(Kasus s. o. Anm. 1)*
4) audāx, -ācis *(Adjektiv der 3. Dekl.)* — *hier:* frech, unverschämt

GRAMMATIK

I   FORMENLEHRE

1)   Konjugationen – Das Passiv des Präsensstamms

Sie kennen bereits das Aktiv der Tempora des Präsensstamms. Um das **Passiv** zu bilden, werden die Personalendungen (-o/-m, -s, -t, -mus, -tis, -nt) durch die Personalendungen des Passivs ersetzt. Sie lauten:

> **-(o)r, -ris, -tur, -mur, -mini, -ntur**

In der zweiten Person Singular Präsens ändert sich bei der konsonantischen und kurzvokalischen i-Konjugation der Bindevokal (-i- wird **-e-**).

Ergänzen Sie folgende Tabelle:

	(Indikativ) Präsens Passiv				
	vocare	*habere*	*audire*	*dicere*	*capere*
1.Sg.	voco	habe	audio	dico	capio
2.Sg.	voca	habe	audi	dic**e**	cap**e**
3.Sg.	voca	habe	audi	dici	capi
1.Pl.	voca	habe	audi	dici	capi
2.Pl.	voca	habe	audi	dici	capi
3.Pl.	voca	habe	audiu	dicu	capiu
	(Indikativ) Imperfekt Passiv				
1.Sg.	vocaba	habeba	audieba	diceba	capieba
2.Sg.	vocaba				
3.Sg.	vocaba				
1.Pl.	vocaba				
2.Pl.	vocaba				
3.Pl.	vocaba				
	Futur I Passiv				
1. Sg.	vocabo	habebo	audia	dica	capia
2.Sg.	vocabe	habebe	audiē	dicē	capiē
3.Sg.	vocabi	habebi	audiē	dicē	capiē
1.Pl.	vocabi				
2.Pl.	vocabi				
3.Pl.	vocabu				

Im Futur der konsonantischen und der beiden i-Konjugationen entfällt die Tempussilbe -b-; dafür tritt in der ersten Person Singular **-a-**, in den übrigen **-e-** vor die Personalendungen! Also: Fut. Akt.: **-am, -ēs, -et, -ēmus, -ētis, -ent**; Fut. Pass.: **-ar, -ēris, -ētur, -ēmur, -ēmini, -entur**.

Der **Infinitiv Präsens Passiv** wird gebildet, indem man bei der **a-, e-** und **i-**Konjugation den letzten Buchstaben des Infinitivs Präsens Aktiv (das **-e**) durch ein **-i** ersetzt, während bei den übrigen beiden Konjugationen das **-i** direkt an den Stamm tritt, *also*:

vocāre → vocāri (gerufen werden)   dicere → dici (genannt werden)
docēre → docēri (gelehrt werden)   capere → capi (gefangen werden)
audīre → audīri (gehört werden)

{ Im AcI bezeichnen die Infinitive des Präsens Aktiv und Passiv die **Gleichzeitigkeit** zum Prädikat. }

{ Im AcI bezeichnen die Infinitive des Perfekts Aktiv und Passiv die **Vorzeitigkeit** zum Prädikat.
(zu den Zeitverhältnissen der Infinitive s. o. Syntax zu L. 6). }

2) Deklinationen – Das Pronomen *is, ea, id*

Das Pronomen **is, ea, id** gehört zur Pronominaldeklination und hat deshalb im Genitiv Singular für alle drei Genera die Endung **-ius** und im Dativ Singular entsprechend **-i** *(vgl. das Interrogativpronomen Quis, Quid).* Die Formen lauten:

SINGULAR			PLURAL		
masc.	*fem.*	*neutr.*	*masc.*	*fem.*	*neutr.*
is	ea	id	ii (ei)	eae	ea
eius			eōrum	eārum	eōrum
ei			eis (iis)		
eum	eam	id	eōs	eās	ea
eō	eā	eō	eīs (iīs)		

II SYNTAX

1) Die reflexiven und nicht reflexiven Pronomina als Besitzanzeiger

Im Folgenden geht es um die Verwendungsmöglichkeiten von **is, ea, id**. Hierbei werden zunächst noch einmal die Begriffe „reflexiv" und „nicht reflexiv" geklärt und zwar an Hand der Formen **eius, eorum, earum** *(Genitiv Sg. u. Pl. von* is, ea, id*)*, die besitzanzeigend sein können. Das reflexive Possessivpronomen **suus, a, um** wird dem gegenübergestellt.
Danach finden Sie eine tabellarische Übersicht der Verwendungsmöglichkeiten von **is, ea, id**. Zunächst eine schematische Darstellung; der Begriff „Pronomen" meint hier sowohl das Personal- als auch das Possessivpronomen:

Reflexivität:

Hauptsatz	Nebensatz
Subjekt 1 — Pronomen — Prädikat reflexiv	Subjunktion — Subjekt 2 — Pronomen — Prädikat reflexiv

- Das **reflexive** Personal- *bzw.* Possessivpronomen weist auf das Subjekt des gleichen Satzes *bzw.* Satzabschnitts zurück. Es wiederholt inhaltlich dieses Subjekt. Das Possessivpronomen **suus, a, um** richtet sich zudem in KNG-Kongruenz nach seinem Bezugswort, weist aber ebenfalls auf das Subjekt zurück.

- Das **nicht reflexive** Personal- *bzw.* Possessivpronomen weist **nicht** auf das Subjekt des gleichen Satzabschnitts zurück.

BEISPIELE:

a) **Milites** duc**em suum** laudant; sed laus **eorum** etiam carminibus minuitur.

reflexiv   *keine Reflexivität*

Die Soldaten loben **ihren** Feldherrn; *(nämlich ihren eigenen Feldherrn.)*

→ **suum** steht als **reflexives** Possessivpronomen in KNG-Kongruenz zu seinen Bezugswort (*hier:* ducem) und weist inhaltlich auf das Subjekt des gleichen Satzes (= milites) zurück.

aber **deren** (ihr) Lob / wird durch Gesänge geschmälert.

→ **eorum** weist nicht auf das Subjekt des gleichen Satzabschnitts (= laus) zurück. Der Genitiv von is, ea, id ist ein **nicht reflexiver** „Besitzanzeiger".

b) Caesar litteris Quintum laudavit, quod virtus **eius** magna fuerat.   →*nicht reflexiv*
Caesar lobte in einem Brief **Quintus**, weil **dessen** (seine) Tapferkeit groß gewesen war.

→ **eius** als Genitiv Sg. des nicht reflexiven Personalpronomens weist auf **Quintum** zurück, nicht etwa auf das Subjekt des gleichen Satzabschnitts **virtus**.

c) Libris de bello Gallico Caesar virtut**em suam** non saepe laudat.   →*reflexiv*
In den Büchern über den Gallischen Krieg lobt Caesar **seine** Tapferkeit nicht oft.

Die Verwendungsarten und Bedeutungen von *is, ea, id*

Hier die schematische Übersicht über die Möglichkeiten der Verwendung von **is, ea, id**:

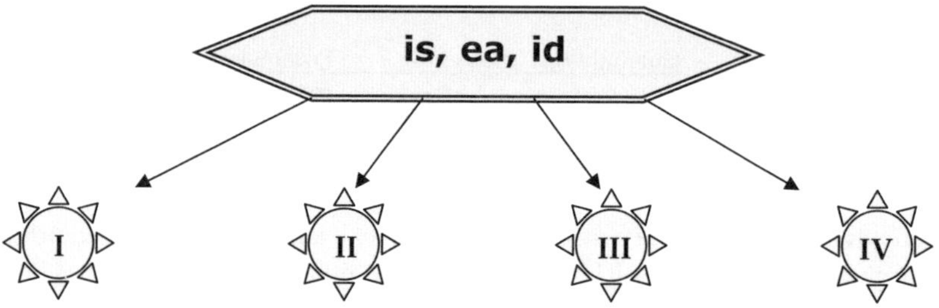

```
                              is, ea, id
              ┌──────────┬────────┴─────────┬──────────┐
              I          II                 III        IV
       Personal-   Demonstrativ-      Possessiv-   Determinativ-
       pronomen    pronomen           pronomen     pronomen
    (nicht reflexiv)                (nicht reflexiv)
```

Steht allein, ohne Bezugswort; wird als Personalpronomen übersetzt.	Hat ein Bezugswort in KNG-Kongruenz und wird als Demonstrativpronomen übersetzt:	Steht <u>immer</u> im Genitiv zur Bezeichnung eines Besitzers, der <u>nicht</u> mit dem Subjekt des Satzes identisch ist:	Deutet auf einen folgenden Relativsatz voraus:
er, sie, es	**dieser, diese, dieses**	**dessen, deren, deren** *(sein, ihr)*	**der-, die-, dasjenige, der, die, das**
Helvius filias exspectat. Subito **eas** videt.	Romani Poenos adhuc timebant, quamquam **eam gentem** vicerant.	Romani Poenos vicerunt et urbem **eorum** deleverunt.	**Ii** populi, quos Romani maxime timebant, Germani erant.
Helvius erwartet seine Töchter. Plötzlich sieht er **sie**.	Die Römer fürchteten die Punier immer noch, obwohl sie **dieses** Volk besiegt hatten.	Die Römer besiegten die Punier und zerstörten **deren / ihre** Stadt.	**Die(jenigen)** Völker, die die Römer am meisten fürchteten, waren die Germanen.

⇨ Merke besonders die Verbindung **ea ..., quae** *(neutr. Plur.)* – das(jenige), was ... *oder* die(jenigen) Dinge, die...

Übersetzung von *is, ea, id* als nicht reflexives Possessivpronomen:

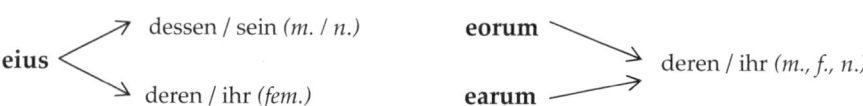

Abschließende Übersicht

nicht reflexiv		reflexiv	
Personal-	Possessivpronomen	Personal-	Possessivpronomen
Formen von **is, ea, id**	Genitive von *is, ea, id*: **eius, eōrum, eārum**	**sui, sibi, sē, a sē, sēcum, sē**	Formen von **suus, a, um**

Das nicht reflexive Personalpronomen **is, ea, id** wird auch im AcI verwendet; dort bezieht es sich dann <u>nicht</u>, im Gegensatz zum reflexiven Personalpronomen *(s. Syntax zu L. 7, S. 51)* auf das Subjekt des Prädikats, das den AcI regiert, z. B.:

> Caesar Germanos timebat; nam intellegebat **eos** Romanis periculosos esse.
> Caesar fürchtete die Germanen; denn er erkannte, dass **sie** für die Römer gefährlich waren.

→ Hier bezieht sich der Subjektsakkusativ **eos** inhaltlich <u>nicht</u> auf das Subjekt, das in **intellegebat** *(also*: Caesar) steckt.

2) Der Genitiv – Einige syntaktische und semantische Funktionen

Der Genitiv besitzt in den meisten Fällen die syntaktische Funktion eines Attributs, d. h. er beschreibt ein Substantiv. Wichtiger für die Übersetzung ins Deutsche ist die Frage nach der semantischen, also nach der inhaltlichen Funktion. Neben dem genitivus possessivus *(Anzeige des Besitzers, der Zugehörigkeit)* stellt der Genitiv die semantischen Funktionen des **genitivus subiectivus** und **genitivus obiectivus** nach Substantiven der Gemütsbewegung (und einigen Adjektiven, die im weiteren Sinne eine Gemütsbewegung ausdrücken).
Es entstehen häufig doppeldeutige Verbindungen, über deren Übersetzung der Kontext entscheidet.
So kann amor **puellae** *„die Liebe des Mädchens"* *(gen. subiectivus)* oder *„die Liebe zum Mädchen"* *(gen. obiectivus)* bedeuten.

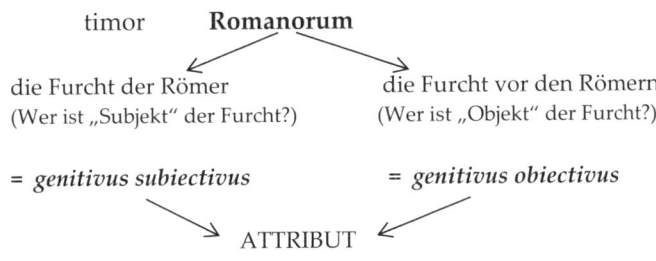

Der genitivus obiectivus wird in den meisten Fällen mit Präpositionen *(„auf", „gegen", „über", „zu")* zum Ausdruck gebracht.

Zum genitivus partitivus:

Dieser erscheint nach Mengenangaben, Quantitätsadjektiven im neutrum (z. B. **multum**), Quantitätsadverbien (z. B. **satis** – *genug*), nach Superlativen, aber auch nach Pronomina, um den <u>Gesamtbereich</u> zu bezeichnen, aus dem ein Teil hervorgehoben wird.
(s. dazu vollständig RUBENBAUER / HOFMANN, § 130)

Satis / multum **vini** bibi.	Ich habe genug / viel **Wein** getrunken.
quis **Romanorum**?	wer **von den Römern**?
nemo **Romanorum**	niemand **von den Römern**
magna copia **frumenti**	eine große Menge **(an) Getreide**
Wichtig:	Quid **novi** (est)? – Was gibt es **Neues**?

Häufig erscheint der genitivus partitivus nach Superlativen:
maximum **cunctorum templorum** – der größte **aller Tempel**

> **Sonderformen der Personalpronomina der 1. u. 2. Pers. Plural:**
> **nostrum:** quis nostrum? – wer von uns?
> **vestrum:** quis vestrum? – wer von euch?

3) Besonderheiten des Ablativus instrumenti

In einigen Fällen sind unterschiedliche Auffassungen zwischen dem Lateinischen und dem Deutschen zu beobachten:

Instrumentale Auffassung	*Lokale Auffassung*
viā ire *(Straße als Mittel)*	<u>auf</u> der Straße gehen
litteris scribere *(Brief als Mittel)*	<u>im</u> Brief schreiben
proelio vincere *(Schlacht als Mittel)*	<u>im</u> Kampf siegen

4) Das P. P. P. als Attribut – Die Attribute im Überblick

Das Partizip als Attribut:

Das Partizip Perfekt Passiv kann als Attribut verwendet werden; es beschreibt dann sein Bezugswort, zu dem es in KNG-Kongruenz steht. Deshalb kann es wörtlich oder mit einem Relativsatz übersetzt werden *(vgl. a. Grammatik zu L. 7, S. 49)*, z. B.:

Hostes **victi** in triumpho aguntur / agebantur.
a) Die **besiegten** Feinde werden / wurden im Triumphzug mitgeführt. (→ *wörtlich*)
b) Die Feinde, **die besiegt worden sind / waren**, werden / wurden im Triumphzug mitgeführt. (→ *Übersetzung mit einem Relativsatz ; im Deutschen auf das Zeitverhältnis achten!*)

Übersicht über die Füllungsarten des Attributs:

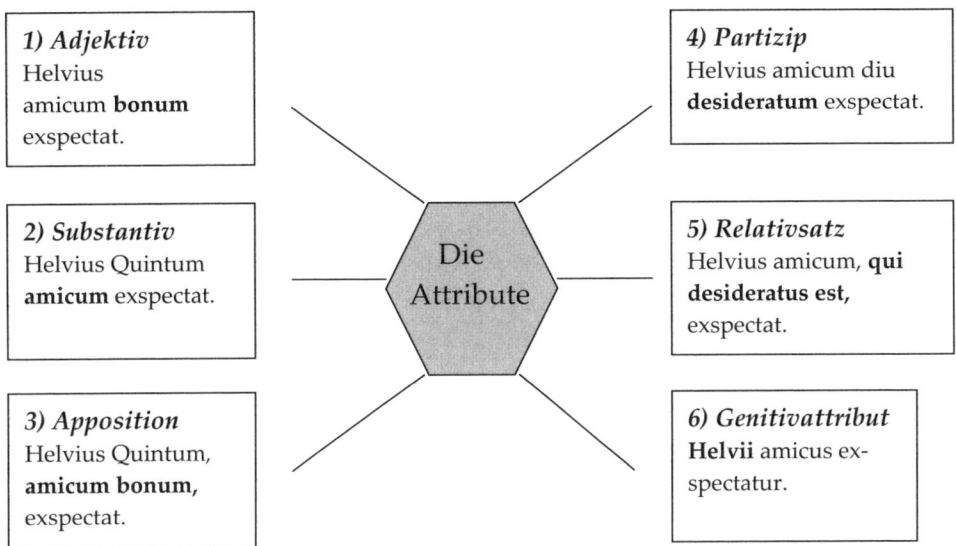

1) Helvius erwartet einen **guten** Freund.
2) Helvius erwartet **seinen Freund** Quintus.
3) Helvius erwartet Quintus, **einen guten Freund.**
4) Helvius erwartet seinen lang **ersehnten** Freund *(oder: ... der lang ersehnt wurde / worden ist)*.
5) Helvius erwartet seinen Freund, **der ersehnt worden ist.**
6) Der Freund **des Helvius** wird erwartet.

III ÜBUNG

Tragen Sie die Formen des Futur in die Tabelle ein:

PRÄSENS	FUTUR I	PRÄSENS	FUTUR I
delectatur		delectat	
rideris		rides	
vincuntur		vincunt	
monemini		monetis	
conspiceris		conspicis	
videris		vides	
audior		audio	
audimur		audimus	
diceris		dicis	
vincor		vinco	

Lectio nona 9

Liebeleien – allzu Privates

A Dum ceteri tacent, Polydorus audax hoc dixit: „Nunc tandem vobis de amoribus Iovis narrabo. Audite diligenter! Nam pleraque de hoc deo tradita vos ignoratis." At ceteri his pueri audacibus verbis lacessiti responderunt: „O quanta arrogantia es! Nobis qui-
5 dem iniuriam ingentem fecisti, quod nos harum rerum imperitos esse ducis. Sed, credo, hunc puerum supplicio crudeli afficiemus. Comprehensus a nobis ingentibus circumventus est difficultatibus. Iterum scelus tam grave non committet. Tua te audacia verba perdent." Nunc Polydorus trepidus nihil respondit. Polyxena autem:
10 „Et enim facile persuadebimus huic puero nos scire omnia de moribus amoribusque et deorum et hominum. Cognosce etiam Caesarem pulchritudine feminarum incensum multos maximosque amores habuisse et corrupisse hoc modo mores feminarum nobilium. Etiam in provincia eum feminas nobiles arcessere fama
15 est. Milites Caesaris, ut dicitur, de vehementi libidine huius rident: »A Caesare vi amoris capto nulla femina in tuto est. Invictus igitur Caesar est et amator et imperator, qui vicit prope omnia. Triumphat enim Caesar, qui Galliam subegit, sed Nicomedes[1], qui subegerat Caesarem, non triumphavit.«
20 Ducem Caesarem laudo, sed amatorem reprehendo. Nam tales amores fortem virum non decent. Ita inimicus orationibus Caesarem omnium mulierum virum et omnium virorum mulierem appellabat."

---

1) Nicomēdēs, -is m.   Nikomedes *(König von Pontos in Kleinasien, mit dem Caesar ein Verhältnis gehabt haben soll)*

Wer oder was ist Caesar? – Genug der Albernheiten!

9 B Polydorus his verbis timore liberatus respondere audet: „Sed Iuppiter quoque amore Ganymedis[1] incensus adulescentem raptum in Olympum[2] abduxit, ubi servus deis pocula apportat. Quod autem summus deus facit, crimen esse non potest." Proclus ridet:
5 „Immo vero, Polydore, nam quod licet Iovi, non licet bovi." „Quid? Num tu Caesarem in animalium numero habes?", puer admiratione impletus interrogavit. Ad haec Polyxena: „Magis taurum quam bovem esse eum existimo." Proclus: „Desinamus[3] denique tempus terere ineptiis[4] ridiculis! Caesar animalia hominesque longe prae-
10 cedit, ut ipse quindecim circiter annis ante demonstravit oratione, qua amitam[5] mortuam more nobilium laudavit. Nam de origine gentis suae haec fere dixit: »Meae amitae Iuliae[5] genus maternum[6] a regibus ortum, paternum[6] cum dis immortalibus coniunctum est. Matri enim ab Anco Marcio[7] rege, Iuliis[8] autem, familiae meae, a
15 Venere dea nomen est. Est igitur in genere nostro et sanctitas[9] regum, qui potentissimi[10] sunt inter homines, et caerimonia[11] deorum, quorum in potestate sunt ipsi reges.« Polydorus: „Caesarem ipsum verba sua nobis explicare necesse est. Nam si docet coniunctam esse gentem suam cum deis, ostendit nihil aliud nisi se
20 ipsum similem esse deis. Suppliciter eum adire debemus! Aut aliter: Homo aut mente captus[12] aut superbia incitatus talia de se dicere audet." Polyxena autem: „Caesar quidem his verbis probat vero se Veneri coniunctum vel potius ab ea subactum esse."

1)	Ganymēdēs, -is m.	Ganymed *(Junge, der von Zeus entführt wurde)*
2)	Olympus, -i m.	der Olymp *(Wohnsitz der Götter)*
3)	desināmus! *(Konj. Präs.)*	lasst uns aufhören!
4)	ineptiae, -ārum f.	Albernheiten
5)	amita (-ae f.) Iūlia (-ae f.)	(meine) Tante Julia
6)	maternus, -a, -um; paternus, -a, -um	mütterlicherseits; väterlicherseits
7)	Ancus Marcius	*einer der sieben sagenhaften Könige Roms*
8)	Iūlii, -ōrum m.	die Julier *(Caesars Familie, die gens Iulia)*
9)	sanctitās, -ātis f.	Heiligkeit, Unverletzlichkeit
10)	-issimus, -a, -um	*Endung des Superlativs*
11)	caerimōnia, -ae f.	Verehrung, Heiligkeit
12)	mente captus	verrückt

GRAMMATIK

I   FORMENLEHRE

1)   Die i-Deklination

In Lektion 6 hatten Sie die Mischdeklination, d. h. die zweite Gruppe der dritten Deklination, kennen gelernt; in diesem Text finden sich nun einige Formen der **i-Deklination**; doch zunächst ein Überblick mit den Abweichungen innerhalb der dritten Deklination
(** *Zur dritten Deklination s. a. Übersicht im Anhang, S. 5 u. 6)*:

Dritte Deklination	Ablativ Singular *aller drei Genera*	Genitiv Plural *aller drei Genera*	Nom. u. Akk. Plural *nur neutrum*
konsonantische Deklination	-e (z. B. milite)	-um (z. B. militum)	-a (z. B. scelera)
Mischgruppe	-e (z. B. hoste)	-ium (z. B. hostium)	-a* (z. B. ossa) -ia*
i-Deklination	-i (z. B. animali)	-ium (z. B. animalium)	-a (z. B. animalia)

* Es gibt sehr wenige Substantive der Mischgruppe im neutrum. Das Partizip Präsens Aktiv *(s. L. 10)* gehört ebenfalls zur Mischgruppe, hat aber **-ia** im Nominativ und Akkusativ Plural neutrum.

i-Deklination – Besonderheiten:

Die **i**-Deklination besteht aus wenigen **Substantiven**, die zumeist femininum sind, einigen Neutra und zahlreichen **Adjektiven**.
Eine weitere Besonderheit der **i**-Deklination ist der **Akkusativ Singular** bei maskulinen und femininen Substantiven: Er endet auf **-im**.
Im Gegensatz zu diesen Substantiven der **i**-Deklination behalten die **Adjektive** die Endung **-em** für masculinum und femininum *(analog zur konsonantischen Deklination)*.

Adjektive der i-Deklination:

Es gibt drei-, zwei- und einendige Adjektive.

DREIendig:	ZWEIendig:	EINendig:
celer, celeris, celere**	immortālis, immortāle	audāx *(Gen.* audācis*)*
↓ ↓ ↓	↙︎‾↘︎ ↓	↙ ↓ ↘
Masc. Fem. Neutr.	M F N	M F N

** <u>Dreiendige</u> *Adjektive kamen in dieser Lektion noch nicht vor, sind aber der Vollständigkeit halber schon hier genannt. Sie enden im Nominativ Singular masculinum auf* **-er**.
(Zur Deklination dieser Adjektive s. S. 166.)

Die i-Deklination, *Übersicht*

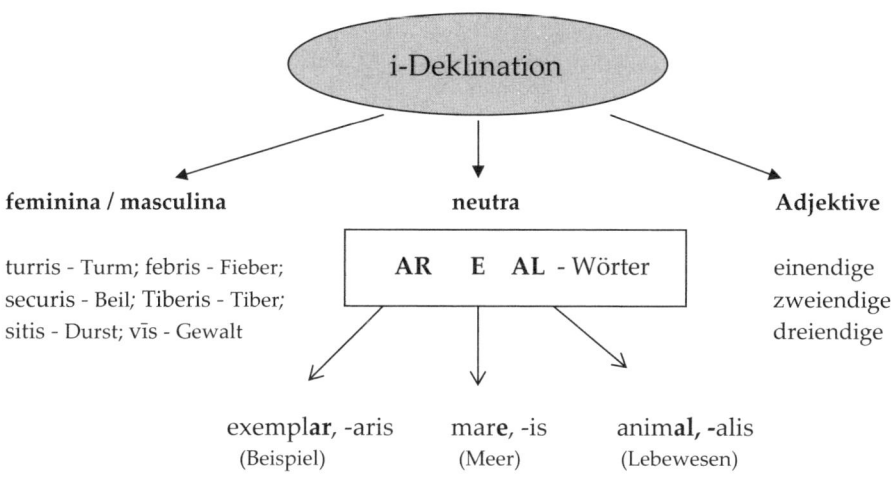

feminina / masculina	neutra	Adjektive
turris - Turm; febris - Fieber; securis - Beil; Tiberis - Tiber; sitis - Durst; vīs - Gewalt		einendige zweiendige dreiendige

Füllen Sie diese Tabelle zur i-Deklination aus:

Nom. Sg.	animal	magnum	Nom. Sg.	turris	magna
Gen. Sg.	animal	magn	Gen. Sg.	turr	magn
Dat. Sg.	animal	magn	Dat. Sg.	turr	magn
Akk. Sg.	animal	magnum	Akk. Sg.	turr	magn
Abl. Sg.	animal	magn	Abl. Sg.	turr	magn
Nom. Pl.	animal	magn	Nom. Pl.	turrēs	magn
Gen. Pl.	animal	magn	Gen. Pl.	turr	magn
Dat. Pl.	animal	magn	Dat. Pl.	turr	magn
Akk. Pl.	animal	magn	Akk. Pl.	turrēs /īs	magn
Abl. Pl.	animal	magn	Abl. Pl.	turr	magn

Aufgabe – *Ergänzen Sie die Endungen und bestimmen Sie die Kasus:*

1) multi milit____   2) multorum animal____   3) magnam sit____

4) servi auda____ (2)   5) oratione vehement____   6) militum fort____

7) servae audac____ (3)   8) puerum audac____   9) servis audac____

2) Das Demonstrativpronomen *hic, haec, hoc*

In diesem Text finden Sie das Demonstrativpronomen **hic, haec, hoc** – *dieser, diese, dieses*. Es gehört, wie **is, ea, id**, der Pronominaldeklination an (Genitiv auf **-ius** und Dativ auf **-i**). Die Formen lauten:

Nom. Sg.	hīc	haec	hoc	Nom. Pl.	hi	hae	**haec**
Gen. Sg.	huius			Gen. Pl.	hōrum	hārum	hōrum
Dat. Sg..	huic			Dat. Pl.	hīs		
Akk. Sg.	hunc	hanc	hoc	Akk. Pl.	hōs	hās	**haec**
Abl. Sg.	hōc	hāc	hōc	Abl. Pl.	hīs		

 Dieses Demonstrativpronomen kann allein, ohne Bezugswort (= **substantivisch**), und mit Bezugswort (= **adjektivisch**) erscheinen, *also:* hic vir – dieser Mann; hic – dieser.
Hic, haec, hoc bezieht sich auf die erste Person, *also:*
    hic vir – (ich) dieser Mann
    haec facinora – diese (meine) Taten

Weiterhin weist dieses Pronomen entweder voraus oder auf das unmittelbar Genannte zurück:
    Haec dixit: – Er sagte Folgendes:
    Hoc mihi non placet. – Dies (soeben Genannte) gefällt mir nicht.

Außerdem zielt es auf die Gegenwart:
    haec tempora – diese (jetzigen) Zeiten

** *Das Gegenteil wird mit dem Demonstrativpronomen* ille, illa illud *bezeichnet (dazu s. u. L. 10, Synt.)*

3) Das Demonstrativpronomen *ipse, ipsa, ipsum*

Das Pronomen ipse, ipsa, ipsum hat die Bedeutung „selbst", „persönlich", „in eigener Verantwortung", „eigenhändig", „gerade", „ausgerechnet", aber **nie**: „derselbe".

z. B. : Rex **ipse** id nuntiavit. – Der König hat dies **persönlich** verkündet.
    Dominus **ipse** servum cecidit. – Der Herr hat den Sklaven **eigenhändig** geschlagen.

Deklination von *ipse, ipsa, ipsum:*

Sing.				Plural			
Nominativ	ipse	ipsa	ipsum	Nominativ	ipsi	ipsae	ipsa
Genitiv	ipsīus	ipsīus	ipsīus	Genitiv	ipsōrum	ipsārum	ipsōrum
Dativ	ipsi	ipsi	ipsi	Dativ	ipsīs	ipsīs	ipsīs
Akkusativ	ipsum	ipsam	ipsam	Akkusativ	ipsōs	ipsās	ipsa
Ablativ	ipsō	ipsā	ipsō	Ablativ	ipsīs	ipsīs	ipsīs

II SYNTAX

1) Das Satzglied *praedicativum* (s. a. Anhang, S. 11, 12, 14)

- Das Satzglied **praedicativum** wird gestellt von Adjektiven, Substantiven, Partizipien, seltener von anderen Nomina.
- Im Gegensatz zum Prädikatsnomen ist es eine nicht notwendige, also weglassbare Ergänzung: Der Satz bleibt ohne praedicativum als syntaktische Einheit bestehen.
- Das praedicativum vereinigt in sich die Eigenschaften von Attribut und Adverbiale: In **formaler** Hinsicht verhält es sich wie ein Adjektivattribut (mit KNG-Kongruenz), **inhaltlich** hat es die gleiche Funktion wie das Adverbiale, nämlich die Erläuterung der durch eine Verbform ausgedrückten Handlung:

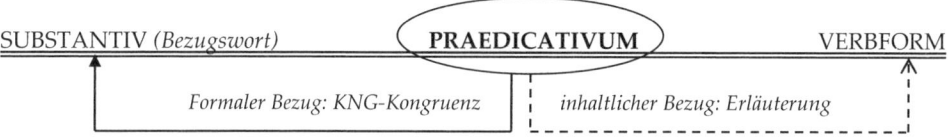

A) Das Adjektiv als praedicativum:

Beispiel: Polydorus **trepidus** verba amicorum audivit.

In diesem Satz ist **trepidus**, auf syntaktischer Ebene betrachtet, doppeldeutig. Es könnte sowohl Attribut als auch praedicativum sein. Diese Doppeldeutigkeit trifft auf alle praedicativa zu. Es entscheidet der inhaltliche Zusammenhang.

attributive Übersetzung: Der furchtsame Polydorus hörte die Worte der Freunde.

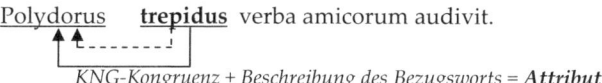

(Es besteht **kein** inhaltlicher Zusammenhang zwischen der Stimmung des Polydorus und seiner Tätigkeit des Zuhörens. Man könnte sagen, die Furcht sei eine bleibende Eigenschaft des Polydorus.)

prädikative Übersetzung: Polydorus hörte *(als furchtsamer)* furchtsam die Worte der Freunde.

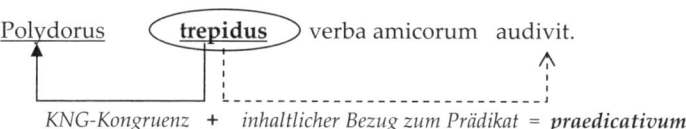

(Es besteht ein inhaltlicher Zusammenhang zwischen der Stimmung des Polydorus und seinem Zuhören: Im Augenblick des Zuhörens ist Polydorus furchtsam.)

Prädikativ gebraucht werden häufig Adjektive, die eine Gemütsbewegung ausdrücken, und Ordinalzahlen *(primus, secundus etc.)*; Übersetzung mit „als" + X oder mit einem Adverb.

   Caesar **primus** equum conscendit. Caesar bestieg **als** erster (zuerst) das Pferd.
                  (<u>Und nicht</u>: Der erste Caesar bestieg das Pferd!)

Ein adjektivisches praedicativum steht – das als Indiz – häufig näher an der Verbform, *also*:
Polydorus verba amicorum **trepidus** audivit. – Caesar equum **primus** conscendit.

B) Das Substantiv als praedicativum:

Hier zwei Beispiele für das substantivische praedicativum:

  Milites Caesarem **ducem** laudant, sed **amatorem** eludunt.
   Die Soldaten loben Caesar **als Feldherrn**, aber **als Liebhaber** verspotten sie ihn.
  Puer multa feci, quae **senex** *(alter Mann)* non probo.
   Als Junge habe ich viel getan, was ich als alter Mann nicht gutheiße.

C) Das Partizip (Perfekt Passiv) als praedicativum:

Dies ist die häufigste Erscheinungsform des praedicativum. Wird ein Partizip prädikativ gebraucht, nennt man diese Konstruktion **participium coniunctum.**

Während das **attributive** Partizip mit einem Relativsatz (der ja ein Attribut ist) übersetzt werden kann *(s. o. L. 8)*, muss das **prädikative** Partizip seiner inhaltlichen Funktion als Adverbiale entsprechend mit einem adverbialen Nebensatz wiedergegeben werden.
(zu anderen Übersetzungsmöglichkeiten später mehr)

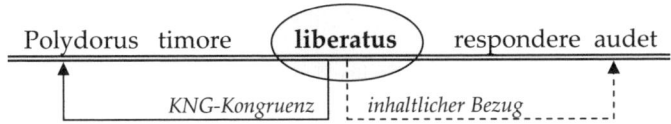

Auch diesen Satz könnte man zunächst attributiv auffassen und übersetzen:
"Der von Furcht befreite Polydorus" *oder*: „Polydorus, der von Furcht befreit worden ist, wagt zu antworten."

Bei genauerem Hinsehen erweist sich der Abschnitt **timore liberatus** als der inhaltliche Hintergrund, vor dem Polydorus zu antworten wagt: **liberatus** ist die Ursache für **audet** oder das Motiv, durch das seine Antwort hervorgerufen wird, *also*:
  „Weil Polydorus von der Furcht befreit worden ist, wagt er zu antworten".
   („Polydorus wagt, weil er von Furcht befreit worden ist, zu antworten".)

Allgemein formuliert: Das participium coniunctum *(= das prädikativ verwendete Partizip)* vertritt einen adverbialen Nebensatz; es dient im Lateinischen der Ersparnis und Prägnanz:

	Polydorus, quod timore liberatus est,	respondere audet.
=	Polydorus timore liberatus	respondere audet.

⟹ Das Partizip Perfekt Passiv ist das Partizip der **Vorzeitigkeit**; das von ihm bezeichnete Ereignis geschieht **vor** der Handlung des Prädikats desselben Satzabschnitts.

Nun noch einen Schritt weiter: Wie festgestellt, haben wir es bei einem Satz, der ein participium coniunctum enthält, mit **zwei** Handlungen oder Zuständen zu tun.
Das Prädikat liefert die Haupthandlung, während das Partizip die Nebenhandlung beiträgt. Prädikat und Partizip sind gewissermaßen Pole, sie bilden Bezirke, denen die übrigen Ergänzungen zuzuordnen sind. So ist bei unserem Beispiel **timore** eine Erläuterung zu **liberatus**, nicht aber zu **respondere audet**.

Das Bezugswort des Partizips, in unserem Fall Polydorus, ist immer Teil **beider** Bezirke, es verbindet beide Bezirke (= „**Bindewort**"):

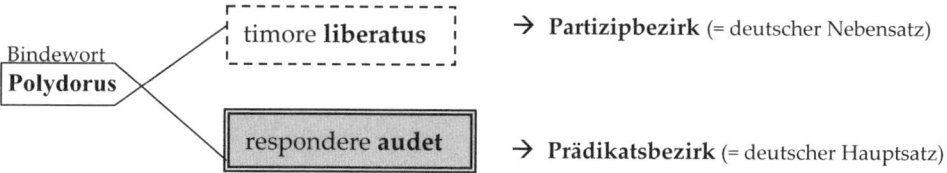

Das **Bindewort** wird, gleichgültig, in welchem Kasus es im Satz erscheint, immer als **Subjekt** des deutschen Nebensatzes übersetzt. Im deutschen Hauptsatz wird es seiner syntaktischen Funktion entsprechend wiedergegeben.

<u>Die Sinnrichtungen des participium coniunctum – Übersetzungsmöglichkeiten</u>:

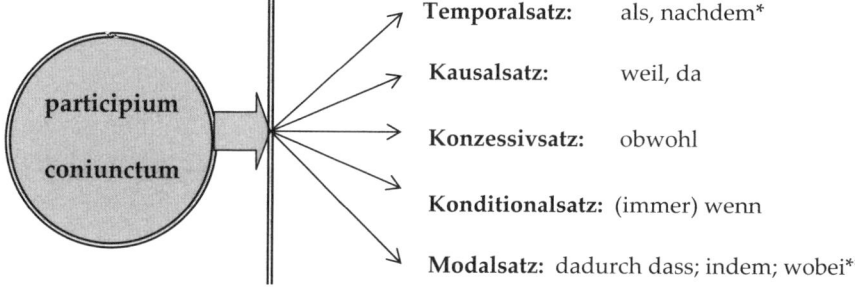

* *Diese Übersetzung gilt nur für das P.P.P.; „während" kann beim Partizip Präsens Aktiv verwendet werden.*
** *Der Modalsatz kommt als Übersetzungsmöglichkeit eher für das Partizip Präsens Aktiv in Frage, s. u. L. 10.*

III   ÜBUNGEN

1) Übersetzen Sie die Partizipbezirke mit adverbialen Nebensätzen:

1) Helvetii a Caesare victi in patriam redire coacti sunt.

2) Amici verbis pueri audacis lacessiti narrationem audiverunt.

3) Scimus Iovem amore incensum Ganymedem rapuisse.

4) Hostes timore liberati castra Romanorum oppugnaverunt / oppugnabunt.

5) Polydorus amicis narrationibus non delectatis narrare perrexit.

(Weitere Übungssätze s. Anhang, S. 14)

Übersetzungsmethode bei Sätzen mit participium coniunctum

1) PRÄDIKAT finden (markieren) – Subjekt finden (markieren).
2) PARTIZIP finden (markieren).
3) PARTIZIP in **K**asus, **N**umerus und **G**enus bestimmen.
4) BEZUGSWORT des PARTIZIPS finden (KNG-Kongruenz!). Dieses Bezugswort ist das BINDEWORT und wird zwei Mal übersetzt; im deutschen Nebensatz ist es immer Subjekt.
5) PARTIZIPBEZIRK und PRÄDIKATSBEZIRK abtrennen. PRÄDIKATSBEZIRK übersetzen.
6) PARTIZIPBEZIRK übersetzen; erst mit einem *(Relativ- oder)* Temporalsatz, dann nach anderen Möglichkeiten *(s. o.)* suchen (Das Bindewort ist immer Subjekt im deutschen Nebensatz!).

---

2) Ergänzen Sie das Relativpronomen und übersetzten Sie:

1) Polydorus, _____ amici lacessuntur, novam narrationem incipit.

2) Ganymedes, _____ Iuppiter valde amavit, ad Olympum montem abductus est.

3) Proclus, _____ verba pueri non placent, de Caesaris oratione narrat.

4) Milites, _____ virtute Galli victi erant, a Caesare praemia acceperunt.

5) Non omnia, _____ Caesar fecit, laudamus.

6) Cicero, _____ eloquentia *(Beredsamkeit)* ingens erat, suo anno consul fuit.

Lectio decima 10

Auch Caesar ist nicht Iuppiter

A His dictis Proclus ridens: „Caesarem", inquit, „cum Iove comparari alienum est. Iuppiter enim omnes fratres sororesque a Saturno devoratos liberavit et patrem regno expulit, Caesar autem sextum decimum annum agens patrem amisit.
5 Ille hostibus victis iustitia legibusque mundum regnavit, at hic paucis Gallorum gentibus domitis provinciam non rex, sed populi Romani proconsul administrat. Praeterea bello non confecto hunc nova proelia committere necesse est. Deinde illius imperiis ceteri dei parere solebant, at huius consiliis eo tempore, cum consul erat,
10 inimici vehementer obstabant. Denique hoc unum memoria tene: Caesar bella tanta gerens et novas regiones, de quibus numquam antea audivimus, in potestatem populi Romani redigens homo tantum mortalis, non deus est." Brevi tempore intermisso Polyxena, quae tacuerat, tandem: „Iure ea omnia commemoravisti, ami-
15 ce. Sed unum te fefellit: Uterque non solum in bello virtute ingenti, sed etiam in amoribus felix est. Fortasse multis annis post Caesar templum Veneri, matri gentis Iuliae, construet."

participium coniunctum:		ablativus absolutus:	
Bindewort: Caesar		*kein Bindewort:*	
Partizipbezirk	*Prädikatsbezirk*	*Partizipbezirk*	*Prädikatsbezirk*
tantum bellum gerens et novas regiones in potestatem redigens	homo tantum mortalis, non deus est.	hostibus victis	Hic iustitia legibusque mundum regnavit.
Sinnrichtung		*Sinnrichtung*	

Iuppiter darf alles!

10 B Amicis ridentibus Polydorus occasionem sibi esse datam putans subito: „Vobis resistentibus", inquit, „de alio Iovis amore nunc narrabo: Aliquando Iuppiter de Olympo monte virginem quandam conspiciens pulchritudine eius motus est. Statim furore amoris
5 captus secum cogitavit: »O quam puellam forma singulari! Te habere cupio! Haec virgo a me amabitur, ut postea a nullo iam diligetur. – Sed quo modo hanc sitim sedare possum? Qua ratione possum ei appropinquare nihil timenti? Timida enim est et facile terretur. Dolum adhibebo. At ... quem dolum? Detegi a Iunone
10 nolo[1]. Cui non grati sunt mei amores. Semper mihi molestiae parantur hac mea consilia sentiente. – Nunc in mentem mihi venit: Formam meam mutari necesse est. Qua enim mutata facile hanc virginem expugnabo Iunone non sentiente.«

Ita in formam tauri mutatus incredibili celeritate terram petivit
15 Asiaeque ad litora pervenit. Ibi Europam pila ludere[2] cum amicis taurus videbat. Quem inter alios tauros conspicientes puellae magnitudine eius eximia territae sunt. Is autem grege relicto eis appropinquavit. Ceteris comitibus salutem fuga petentibus Europa sola remansit et ipsa propius accessit. Animali non territa paulum du-
20 bitabat, deinde tergum animalis ascendit nihil timens. At eheu, ea, quae putabat modo hoc animal sibi non nocere, celeriter in mare rapta atroci animali se abduci sensit. In tergo eius sedens et in mari alto ingentibus circumventa undis lacrimas fundebat. Exclamabat: »O me miseram! Quo invita vi abducor? Quod monstrum me
25 secum rapit? Quae pericula mihi imminent? Quam mortem obibo? Me servate, o dei!« At ei frustra deos imploranti nulla spes salutis fuit. Nam a quibus deis auxilium petere potuisset[3]? Precibus non commotus taurus iter per mare fecit in Cretam, ubi deus tauri forma deposita ..."

1) nōlo — ich will nicht
2) pila lūdere — Ball spielen
3) potuisset *(Konj. Plusqpf.)* — er, sie, es hätte ... können

GRAMMATIK

I   FORMENLEHRE

1)   Das Demonstrativpronomen *ille, illa, illud* (jener, jene, jenes)

Nom. Sg.	ille	illa	illud*	Nom. Pl.	illi	illae	illa
Gen. Sg.		illīus		Gen. Pl.	illōrum	illārum	illōrum
Dat. Sg.		illi		Dat. Pl.		illīs	
Akk. Sg.	illum	illam	illud*	Akk. Pl.	illōs	illās	illa
Abl. Sg.	illō	illā	illō	Abl. Pl.		illīs	

*illud vgl. aliu**d**, i**d**, qui**d**, quo**d**

2)   Das Partizip Präsens Aktiv

- Das Partizip Präsens Aktiv gehört zur **Mischgruppe** der dritten Deklination (*vgl. L. 6, Grammatikteil*).
- Es ist **ein**endig (*aber:* Nominativ und Akkusativ Plural neutrum auf **-ia**).
- Die Bildung erfolgt durch Hinzufügen eines **-ns** (*Gen.* **-ntis**) an den Präsensstamm des Verbs (**-e-** ist Bindevokal bei der i-, der konsonantischen und kurzvokalischen i-Konjugation):

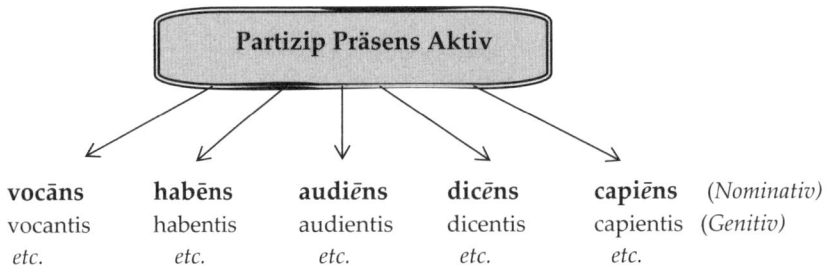

* *Die vollständige Deklination des Partizips Präsens Aktiv s. Anh. S. 5.*

- (*wörtliche Übersetzung:* vocāns – rufend *oder* einer, der ruft /rief = *attributiv*)
- **esse** hat im Klassischen Latein kein Partizip.
- **ire** bildet iēns, **euntis** (e- bleibt in den restlichen Kasus erhalten).

Lektion 10

II SYNTAX

1) Verwendung von *hic* und *ille*

Die Funktion von **ille** wird anhand eines Vergleich mit **hic** deutlich, das bereits in der vorigen Lektion behandelt wurde:

- **Hic, haec, hoc** (dieser, diese, dieses) bezeichnet im örtlichen und zeitlichen Sinne etwas, das in unmittelbarer Beziehung zum Sprecher steht:

hic vir	dieser Mann (hier)
haec uxor	diese (meine) Frau
haec	diese Dinge (hier bei mir)
haec tempora	diese (meine, unsere, jetzigen) Zeiten

- **Ille, illa, illud** bezieht sich sowohl örtlich als auch zeitlich auf etwas weit Entferntes, nicht Anwesendes:

ille vir	jener (jetzt und hier nicht anwesende) Mann
illa tempora	jene (vergangenen) Zeiten

    ⟹ *In diesem Zusammenhang kann **ille** etc. eine positive Konnotation annehmen:*
    ille Homerus – jener (berühmte) Homer
    illa tempora – jene (guten alten) Zeiten

- In einem fortlaufenden Text kann **hic, haec, hoc** sowohl vorausdeutende als auch zurückweisende Funktion haben:

    a) zur Einleitung direkter und indirekter Reden:
    Hoc / haec dixit: ... – Er sagte **Folgendes**: ...

    b) auf etwas vorher Genanntes zurückweisend:
    Roma a **Romulo** condita est. **Hic** primus rex Romanorum fuit.
    Rom wurde **von Romulus** gegründet. **Dieser** war der erste König der Römer.

- Erscheinen Formen von **hic** und **ille** nebeneinander im Text, so bezieht sich **hic** auf das zuletzt Genannte, während **ille**, seiner oben skizzierten Eigenart gemäß, weiter zurückgreift, *also*:

Romulus et **Remus** fratres erant; **hic** ab **illo** necatus est.

Romulus und Remus waren Brüder; **dieser** (Remus) wurde von **jenem** (Romulus) getötet.

2) Übersetzungsmöglichkeiten des Passivs

Neben der üblichen (wörtlichen) Übersetzung des Passivs sind, je nach Kontext, auch andere möglich:

Europa puella terretur.

Das Mädchen Europa wird erschreckt.	*(wörtlich)*
Man erschreckt das M. Europa.	*(man + Aktiv)*
Das M. Europa erschreckt sich.	*(reflexiv)*
Das M. Europa lässt sich erschrecken.	*(fakultativ)*
Das M. Europa erschrickt.	*(intransitiv, frei)*

3) Das Partizip Präsens Aktiv als participium coniunctum

- Das Partizip Präsens Aktiv (**P.P.A.**) wird ebenfalls häufig für die Partizipialkonstruktion des participium coniunctum verwendet; es signalisiert dann nicht, wie das P.P.P., die Vorzeitigkeit, sondern die **Gleichzeitigkeit** zum Prädikat desselben Satzabschnitts (**P.P.A. = Partizip der Gleichzeitigkeit**).

- Bei der Übersetzung des durch ein P.P.A. gebildeten Partizipbezirks kann man auf die gleichen Nebensatzarten wie beim P.P.P. zurückgreifen.
Temporalsätze werden allerdings dann nicht mehr mit „*nachdem*", sondern mit „*als*" oder „*während*" eingeleitet.

Helvius Quintum villam **intrantem salutat.**   Helvius **begrüßt** Quintus, **während** dieser das Landhaus betritt.

- Steht das Prädikat in einem Tempus der <u>Vergangenheit</u>, muss der Partizipbezirk mit Präteritum übersetzt werden, um die Gleichzeitigkeit zum Ausdruck zu bringen.

Helvius Quintum villam **intrantem salutavit.**   Helvius **begrüßte** Quintus, **während** *oder:* **als** dieser das Landhaus **betrat**.

Weitere Beispiele:

P.P.P
Servus iterum atque iterum **advocatus** non apparet.   ↳   vorzeitig, Passiv
Obwohl der Sklave immer wieder gerufen worden ist, erscheint er nicht.

P.P.A.
Helvius servum frustra **advocans** ira incenditur.   ↳   gleichzeitig, Aktiv
Weil Helvius seinen Sklaven vergeblich herbeiruft, wird er zornig.

4) Die zweite Partizipialkonstruktion – Der ablativus absolutus

- Wie das participium coniunctum bezeichnet auch der **ablativus absolutus** eine Nebenhandlung; deshalb kann man ihn mit den gleichen Nebensätzen wie das participium coniunctum wiedergeben.

- Der ablativus absolutus hat zwei notwendige Bestandteile:
  a) ein Partizip im Ablativ (P.P.P. oder P.P.A.),
  b) ein Nomen im Ablativ (als Bezugswort des Partizips).

- Wie beim participium coniunctum bilden Nomen und Partizip den Partizipbezirk. Im Unterschied zum participium coniunctum ist beim ablativus absolutus das Bezugswort des Partizips **nicht** gleichzeitig Bestandteil des Prädikatsbezirks; deshalb wird es nur **einmal** übersetzt und zwar als **Subjekt** des deutschen Nebensatzes, dem der lateinische Partizipbezirk entspricht.

Beispiele:

1) participium coniunctum:

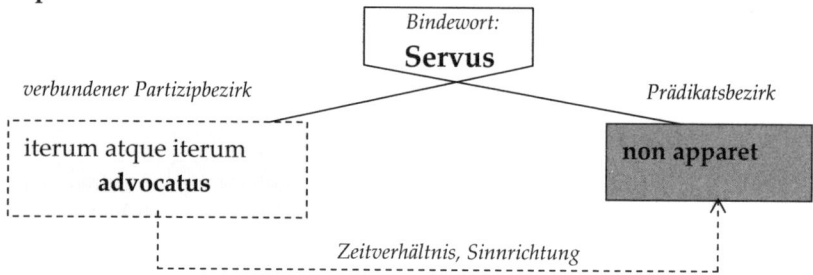

2) ablativus absolutus:

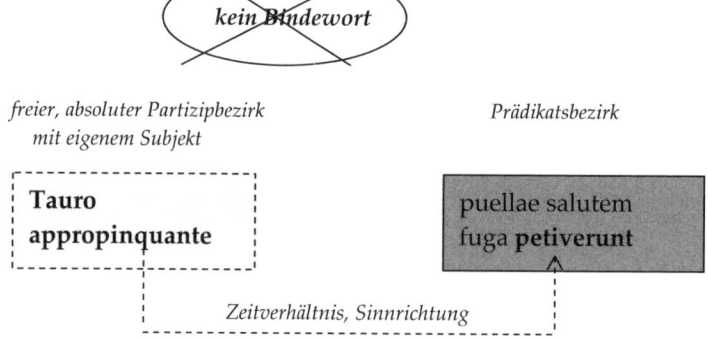

zu 1)   Obwohl der Sklave immer wieder gerufen worden ist / wurde, erscheint er nicht.
zu 2)   Als / weil der Stier sich näherte, suchten die Mädchen ihr Heil in der Flucht.

Weitere Beispiele:

1) **Gallia subacta** Caesar iterum consul creari voluit. (creare – wählen)
   Nachdem Gallien unterworfen worden war, wollte Caesar wiederum zum Konsul gewählt werden (*oder:* Nach der Unterwerfung Galliens ...   *zu dieser Möglichkeit s. Anhang, S. 14*)
2) **Hannibale** apud Zamam **devicto** Romani Carthaginienses timebant.
   Obwohl Hannibal bei Zama völlig besiegt worden war, fürchteten die Römer die Karthager.
4) **Servis** officia **neglegentibus** labores non aguntur.
   Weil / Wenn die Sklaven ihre Pflichten vernachlässigen, werden die Arbeiten nicht erledigt.
5) **Servis** cibos **apportantibus** convivae vinum bibunt.
   Während die Sklaven Speisen herbeibringen, trinken die Gäste Wein.
6) **Europa** in Cretam **abducta** Iuppiter formam tauri deposuit.
   Nachdem Europa nach Kreta entführt worden war, legte Iuppiter die Gestalt des Stieres ab.

> Wird der ablativus absolutus mit einem **Partizip Perfekt Passiv** gebildet, so ist, wie man an den Beispielen 1) und 6) gut erkennen kann, auch eine Übersetzung im Aktiv möglich, bei der das Subjekt des Prädikatsbezirks als Subjekt des deutschen Nebensatzes wiedergegeben wird, *also*: „Nachdem Caesar Gallien unterworfen hatte, wollte er ..."
> und: „Nachdem Iuppiter Europa nach Kreta entführt hatte, legte er ..."
> Man sollte aber hierbei vorsichtig sein, da diese Verwandlung ins Aktiv den Sinn verfälschen kann: Caesare necato populus in forum concurrit. – „Nachdem Caesar ermordet worden war, strömte das Volk auf dem Forum zusammen". Es war nicht das Volk, das Caesar ermordet hatte, deshalb passt nur die wörtliche passive oder auch präpositionale Wendung: „Nachdem Caesar ermordet worden war .../ Nach der Ermordung Caesars ..."

5) Der relativische Satzanschluss

Das Pronomen **qui, quae, quod** leitet nicht nur einen Relativsatz ein, sondern kann auch zwei voneinander unabhängige Sätze in eine enge Beziehung zueinander setzen, ohne den einen dem anderen unterzuordnen. In einem solchen Fall wird das Relativpronomen als **Demonstrativpronomen** *(dieser, diese, dieses)* übersetzt, z. B.:

> Taurus gregem reliquit. **Quem** puellae conspexerunt et fugerunt.
> Der Stier verließ seine Herde. Die Mädchen erblickten **diesen** und flüchteten.

Beliebt im Lateinischen ist auch die Verknüpfung des Relativpronomens mit einer Partizipialkonstruktion oder einem adverbialen Nebensatz:

> Taurus gregem reliquit; **Quem** conspicientes   *oder:* **Quem** ubi conspexerunt, ...
> ... Als sie diesen erblickten, ... *oder:* ... Sobald sie diesen erblickten ...

Übersetzen Sie bitte:

Caesar multos annos bellum gessit in Gallia; **qua** pacata magnam gloriam sibi paravit.
Galli castra Romanorum oppugnabant; **qui** autem fortiter hostibus restiterunt.
Milites Cottae legati occisi sunt; **quae** ubi nuntiata sunt, Caesar magno dolore afficiebatur.

III   ÜBUNGEN

1) Ergänzen Sie die Endungen der Partizipien und übersetzen Sie:

Proclo rident___ Polydorus narrare incipit: „Iuppiter pulchritudine Europae mot___ exclamavit: »Quo modo huic puellae appropinquare possum nihil sentient___? Dolum adhibebo formam meam mut_____.« Itaque deus in formam tauri mutat_____ ad Asiae litus pervenit. Ibi amicae Europae eum conspicient_____ territae sunt. Amicis territis Europa sola remansit et nihil tim___ propius accessit."

2) Ordnen Sie die Adjektive den entsprechenden Substantiven zu:

1)	hostium	a)	felicem
2)	fabulae	b)	felici
3)	virum	c)	crudelium
4)	cum rege	d)	incredibilis
5)	legum	e)	celeribus
6)	dominarum	f)	grato
7)	amicis	g)	atrocium
8)	cum homine	h)	laetorum

3) Ergänzen Sie die Tabelle:

amare	terrere	rapere	subigere	deponere
amari				
amatur				
amavisse				
amabimini				
amati erant				
amaveras				

4) Bestimmen und übersetzen Sie folgende Formen:

1) mutant   2) mutantes (2)   3) mutanti   4) mutate
5) mutatis (3)   6) mutantis   7) mutantium   8) mutas
9) mutans   10) mutantibus (2)   11) mutaberis   12) muta

5) Verwandeln Sie die vorgegebenen Formen in die folgenden Tempora:

Präsens	Imperfekt	Perfekt	Futur I	Plusquampf.
raperis				
subigunt				
movetur				
doces				
domas				
habemini				
dicimus				
amatis				
incendis				
coniungor				
do				

6) Polydorus beherrscht das Lateinische nicht perfekt: Welche Fehler finden Sie?

1) diligi - diliga - diliges - diliger - deligeris - diligunt - diligent
2) maris - mari - marem - mare - marum - mara - maribus - maria - mares
3) salutem - saluta - saluto - saluti - salutam - salute - salutas - salutis - salutos
4) incredibile - incredibilo - increbili - incredibilia - incredibiles - incredibilis
5) coniungi - possi - posso - ama - possa - potueras - accipi - accepi - posse

Lektion 10

Lectio undecima 11

Was soll nur mit Polydorus geschehen?

A Amici narrationem Polydori interruperunt ac vetuerunt eum pergere: „Taceas aliquando de antiquis fabulis Graecorum! Finem facias narrationibus tuis! Narremus et audiamus res his temporibus gestas! Nunc enim vivimus, nunc proinde vivamus! Puer prudens sis, sed prudentissimus puer taceat, cum alii eum iusserunt[1]. Num nescis nobis in animo fuisse te punire? Quid igitur faciamus? Utrum puniamus an incolumem te dimittamus? O puer audacissime, dei tibi adsint dentque tibi auxilium! Aliqui deus te adiuvet, sed qui deus? Auxilium ab aliquo impetres, si mentem istam tuam mutes. Sed certum est: eadem mente esse tibi non iam licet."
Haec et alia amicis disputantibus nuntius a Cicerone missus apparuit severe dicens: „O pigerrimi, contendite quam celerrime domum, ubi labores durissimos subibitis. Multa enim et difficillima negotia sunt, quae diligenter et bene agi necesse est. Cicero dominus vobis ignoscat!"
Amici his verbis severissimis perterriti responderunt: „Facimus, quod nos iubes. Properemus, amici, et hunc locum relinquamus! Domum eamus vel potius contendamus quam celerrime!"

1) iussērunt *Übersetzen Sie dieses Perfekt mit Präsens.*

Das Indefinitpronomen īdem, éadem, idem – *der-, die- dasselbe:*

Sing.	m.	f.	n.	Plur.	m.	f.	n.
Nom.	īdem	éadem	idem	Nom.	iī(eī)dem	eaedem	éadem
Gen.		eiusdem		Gen.	eōrundem	eārundem	eōrundem
Dat.		eīdem		Dat.		iīs(eīs)dem	
Akk.	eundem	eandem	idem	Akk.	eōsdem	eāsdem	éadem
Abl.	eōdem	eādem	eōdem	Abl.		iīs(eīs)dem	

Noch ein Brief Caesars

11 B Quae dum geruntur, Cicero domi novas litteras a Caesare acceptas legit: „Salve, mi Cicero. Me ipsum rogabam: Diutius taceam? Hoc enim bellum gravissimum nondum confectum esse negare non possum. Veniam mihi des, quod primis litteris quaedam silentio praeterieram. Nunc autem tempus adest me tibi omnia illius calamitatis aperire: Existimans Galliam esse pacatam legiones in hiberna miseram. Sed diebus circiter quindecim, quibus in hiberna ventum est, Eburones[1], qui frumentum comportare solebant, nuntiis quibusdam impulsi repente defecerunt. Ambiorige[2] quodam duce hiberna oppugnaverunt. A nostris, qui celerrime arma ceperant vallumque ascenderant equitesque una ex parte emiserant, hostes proelio equestri repulsi oppugnatione destiterunt. Tum autem insidiose dolum adhibuerunt, cum Ambiorix[2] ad nostros missus haec paene dixit: Sese Caesaris populique Romani amicum esse. Illam oppugnationem non sua voluntate, sed coactum a civitate se fecisse. Esse communem Galliae consilium Gallos hibernis Romanorum liberatos esse cupere. Tamen sese, quod populi Romani amicus esset[3], per fines eis tutum iter esse daturum[4]. Hac oratione habita discessit Ambiorix[2].

At inter nostros exstitit magna controversia. Aliis hiberna relinquere placebat, alii autem existimabant sibi non licere ex hibernis discedere Caesaris iniussu. Tandem vicit sententia peior[5]. Nam hoste auctore consilium ceperunt prima luce e castris discedere. Sed – tristis memoria calamitatis turpissimae pergere me vetat. Alias plura[6] audies. Valeas, mi Cicero!"

---

1) Eburōnēs, -um m. — die Eburonen *(Stamm zwischen Rhein u. Maas)*
2) Ambiorīx, -īgis m. — Ambiorix *(Anführer der Eburonen)*
3) esset *(Konjunktiv Imperfekt)* — *Übersetzen Sie hier mit:* sei
4) datūrum esse — *Infinitiv Futur Aktiv*
5) peior, peius *(Komparativ zu malus)* — schlechter
6) plūra *(Komparativ neutr. Pl.)* — mehr, weiteres

GRAMMATIK

I   FORMENLEHRE

1)   Der Superlativ des Adjektivs

Er ist die höchste Steigerungsform des Adjektivs, kann aber auch als so genannter **Elativ** absolut genommen eine besonders hohe Qualifikation unterstreichen.
   Superlativ: Der fleißigste Sklave   **Elativ:** Ein sehr fleißiger Sklave.

- Gebildet wird der Superlativ (Elativ) zumeist mit dem:

   > **Wortstock + -issimus, -a, -um**

   z. B.:   long**issimus, -a, -um**; sapient**issimus, -a, -um**
   audac**issimus** *etc.*; brev**issimus** *etc.*; nobil**issimus** *etc.*

- **-rimus, -a, -um** haben Adjektive, deren Nominativ Singular masculinum auf **-er** endet, unabhängig davon, ob sie zur o- oder der dritten Deklination gehören:

   z. B.:   pulcher (o-Deklination)   → Superlativ: pulcher**rimus** *etc.*
   celer (dritte Deklination)   → Superlativ: celer**rimus** *etc.*

- Einige wenige Adjektive der dritten Deklination auf **-ilis, -is, -e** enden im Superlativ auf **-limus, -a, -um**

   z. B.:   facilis (leicht)   → facil**limus** *etc.*
   difficilis (schwierig)   → difficil**limus** *etc.*

   In diesem Sinne: humilis (niedrig): humillimus, -a, -um; similis (ähnlich) und dissimilis (unähnlich, ungleich): simillimus, -a, -um; dissimillimus, -a, -um.

- Der Superlativ des Adverbs endet immer auf **-ē**: longissimē, brevissimē, celerrimē, facillimē.

2)   Das Adverb des Adjektivs

Im Verlauf dieses Kurses begegneten Ihnen immer wieder Adverbien. Nun wird deren
Bildung systematisch dargestellt:
Neben solchen, die einfach als Vokabeln gelernt werden oder erstarrte Akkusative *bzw.* Ablative sind (diu, statim, raro *etc.*), gibt es folgende Bildungsregeln:

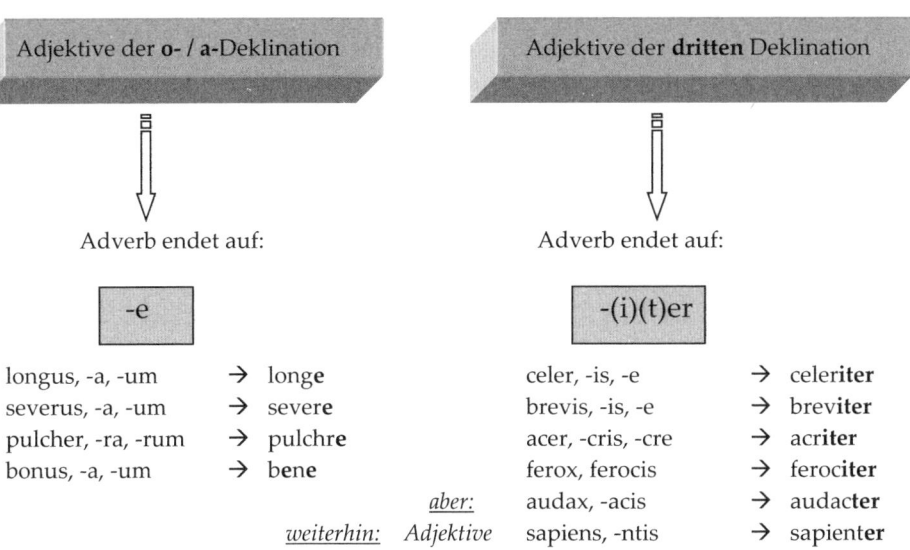

3) Das Indefinitpronomen *quidam, quaedam, quoddam*

- Dekliniert wird es wie das Relativpronomen **qui, quae, quod**; dazu tritt die Endung **-dam**. Aus lautlichen Gründen wird aus **-m** vor der Endung **-dam** **-n**, *also:* quendam, quandam; quorundam, quarundam.
  (Das Pronomen **īdem, eadem, idem** (der-, die- dasselbe) verhält sich eben so: eundem, eandem, eorundem, earundem).

- Dieses Pronomen kann, wie auch das Interrogativpronomen, sowohl substantivisch (quidam, quaedam, quiddam – jemand, etwas) als auch adjektivisch (quidam, quaedam, quoddam – ein gewisser, ein bestimmter ...) gebraucht werden, *also:*

  Quidam ad nostros venit. *(substantivisch)*   Jemand kam zu den Unsrigen.
  Ambiorix quidam ... *(adjektivisch)*   Ein gewisser Ambiorix kam zu den Unsrigen.

- Der Gebrauch dieses Pronomens signalisiert, dass der Sprecher sehr wohl weiß, wovon er spricht, während es dem Zuhörer unklar bleibt:
  Wenn Caesar Cicero schreibt, er habe ihm einiges (quaedam) verschwiegen *(s. L. 11 B, Z. 3)*, dann spielt er auf Geschehnisse an, die er sehr wohl kennt, sein Adressat aber nicht.

- Im Plural kann **quidam** auch die Bedeutung „einige" haben:
  quidam homines – einige Menschen   **qaedam facinora** – einige Untaten
  quidam *(subst.)* – einige   **quaedam** *(subst. n. Pl.)* – einiges

4) Das Indefinitpronomen *aliquis, aliquid*

- Es gibt ebenfalls einen substantivischen und einen adjektivischen Gebrauch:
  substantivisch: aliquis, aliquid
  adjektivisch: aliqui, ali**qua**, aliquod

- Dekliniert wird dieses Pronomen wie **qui, quae, quod**. Ausnahmen sind femininum Singular → ali**qua** und neutrum Plural → ali**qua**.

- Im Gegensatz zu **quidam** *etc.* weiß niemand, von wem die Rede ist:
  Aliqui adulescentes mihi nocuerunt. – Irgendwelche jungen Leute *(ich weiß nicht wer)* haben mir geschadet.

** *Einen Überblick über die wichtigsten Indefinitpronomina finden Sie im Anhang, S. 15.*

5) Ergänzung zur Deklination der Pronominaladjektive

unus, -a, -um; sōlus, -a, -um; tōtus, -a, -um haben (wie die Pronomina) für alle drei Genera im Genitiv Singular **-ius**, im Dativ Singular **-i**,
also: unīus, uni; sōlīus, sōli; tōtīus, tōti.

Dazu kommen noch: alius, alia, aliud – *ein anderer* (aber *Gen.*: **alterīus**, *Dativ*: alii)
ūllus, -a, -um – *irgendein*; nūllus *etc.*– kein; uter, utra, utrum – *wer von beiden*,
alter, -a, -um – *der eine, der andere (von beiden)*; uterque, utraque, utrumque – *jeder (von beiden), beide*; neuter, neutra, neutrum – *keiner (von beiden)*.

6) Der Konjunktiv Präsens – Bildung

Kennvokal des Konjunktivs Präsens für alle Konjugationsgruppen
(**außer** für die **a-Konjugation**) ist: **-a-**

Der Kennvokal **-a-** tritt zwischen Stamm und die Personalendungen
(-m, -s, -t, -mus, -tis, nt ; -r, -ris, -tur, -mur, -mini, -ntur).

In der **a-Konjugation** wird der Stammvokal **-a-** ersetzt durch: **-e-**

Also: voc**e**m (ich möge, mag, soll, könnte rufen), vide**a**m, audi**a**m, capi**a**m, dic**a**m.

Der Konjunktiv Präsens von **esse** lautet: **sim, sis, sit, simus, sitis, sint**
ich möge, soll, könnte sein etc

II SYNTAX

1) Der nominale ablativus absolutus

Der **nominale** ablativus absolutus ist eine Variante des ablativus absolutus.
An die Stelle des Partizips tritt ein Substantiv, Adjektiv oder Pronomen (also ein weiteres Nomen, in der Funktion eines Prädikatsnomens). Es besteht immer **Gleichzeitigkeit** zum Prädikat desselben Satzabschnitts. Das Fehlen eines Partizips erklärt sich damit, dass es im klassischen Latein kein Partizip von **esse** gibt.

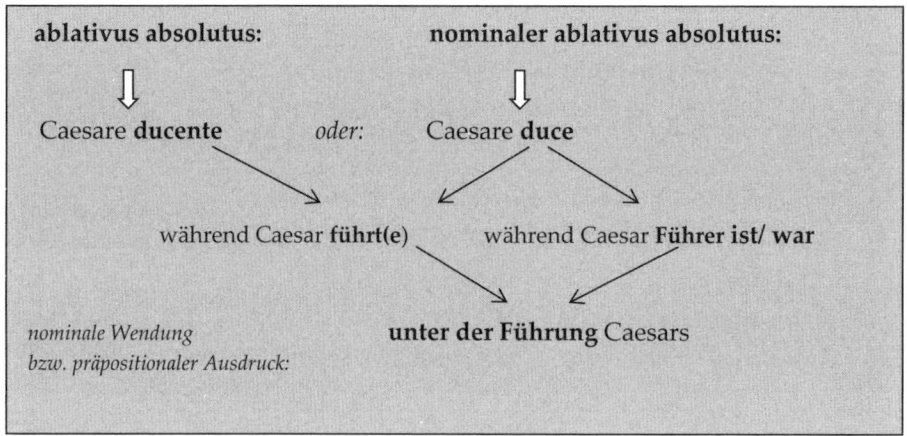

Die nominale Wendung (= präpositionaler Ausdruck) ist häufig die beste Übersetzungsmöglichkeit für den nominalen ablativus absolutus.
Auch als Übersetzung des „normalen" ablativus absolutus und des participium coniunctum ist eine nominale Wendung möglich (s. L. 10). Zunächst jedoch sollte man an den Nebensätzen festhalten, solange man im Umgang mit den Partizipialkonstruktionen noch unsicher ist.

Weitere Beispiele für den nominalen ablativus absolutus:

Cicerone consule	unter dem Konsulat Ciceros
Caesare Bibuloque consulibus	unter dem Konsulat Caesars und des Bibulus
Augusto imperatore	während der Herrschaft des Augustus
matre viva	zu Mutters Lebzeiten
Gallis invitis	gegen den Willen der Gallier
me, te invito	gegen meinen, deinen Willen
me, te auctore	auf meine, deine Veranlassung
amicis auctoribus	auf Veranlassung der Freunde

** Zu participium coniunctum und ablativus absolutus vgl. a. Anhang, S. 14.

2) Der Konjunktiv

Im Gegensatz zum Indikativ, der als Tatsachenbehauptung zur Vollendung gelangende oder vollendete Ereignisse oder auch objektiv erscheinende Wertungen (z. B.: „Du bist ein Schuft!") ausdrückt[1], ist der **Konjunktiv** der Modus des Gedachten, der Vorstellung, des Wollens, des Wunsches, des Möglichen und (im Imperf. u. Plusqpf.) des Nichtwirklichen.

Übersetzung und Gebrauch des Konjunktivs Präsens[2]:
Als Standardübersetzung gilt die Verwendung der Modalverben „mögen" „sollen" oder „können". → dicam – ich soll, möge, mag, könnte sagen.
Der Konjunktiv Präsens kann ausdrücken:

- *Einen abgemilderten Befehl* (an die 3. Person gerichtet):
  Servus **appareat**! – Der Sklave soll erscheinen! (*Negation*: nē)   **iussivus**

- *Eine Aufforderung* (an die 1. Person Plural):
  Domum **eamus**! – Lasst uns nach Hause gehen! (*Negation*: nē)   **hortativus**

- *Einen erfüllbar gedachten Wunsch:*
  (Utinam) dei nos **adiuvent**! – Mögen uns die Götter helfen! (*Neg.*: nē)   **optativus**

- *Eine als möglich gedachte Annahme:*
  Hoc facile **intellegas**. – Dies könntest du leicht erkennen. (*Neg*: nōn)   **potentialis** (*d. Gegenwart*)
  Nonnulli id **dicant** – Einige könnten dies sagen.

- *Eine Überlegung oder einen Zweifel:*
  Quid **dicam**? – Was soll ich sagen? (*Negation*: nōn)   **dubitativus**
  Arma **capiamus**? – Sollen wir zu den Waffen greifen?

- *Ein Verbot:*
  (wird in der Regel mit nē + Konjunktiv Perfekt als <u>verneinter Imperativ</u> gebildet.)   **prohibitivus**

- *Einräumen einer Tatsache, die relativiert wird:*
  (auch im Perfekt, Negation: nē)   **concessivus**
  Caesar bonus imperator **sit**, tamen eum non diligo.
  Caesar mag ein guter Feldherr sein, dennoch schätze ich ihn nicht.

---

1) Die anderen Aspekte des Indikativs bleiben in diesem Kurs unberücksichtigt (dazu RUBENBAUER / HOFMANN, § 214)
2) Zum Gebrauch des Konjunktivs insgesamt s. a. Anhang, S. 24–26.

3) Konditionalsätze – Der Potentialis

Neben dem Bedingungssatz mit Indikativ gibt (= Indefinitus, *dazu s. u. L. 12*) gibt es den so genannten **Potentialis**. Er wird gebildet mit Konjunktiv Präsens (oder Perfekt); derjenige, die Bedingung aufstellt, verdeutlicht mit der Verwendung des Konjunktivs Präsens im Nebensatz, dass er die Erfüllung der Bedingung für möglich hält. Im Deutschen wird dies durch die Verwendung der Modalverben *„können"*, *„sollen"* oder *„dürfen"* ausgedrückt.

z. B.: Si Caesar Galliam totam **pacet**, magnam et gloriam et praedam sibi **paret**.
Wenn / falls Caesar ganz Gallien unterwerfen **sollte** *(ich halte dies für möglich)*, **dürfte** er sich (**wohl**) sowohl großen Ruhm als auch eine große Beute verschaffen.

** *Zu den Konditionalsätzen mit Konjunktiv s. Überblick in L. 12 und Anhang, S. 25 f.*

4) Der ablativus separativus   *(vgl. a. oben L. 4, Syntax, S. 33)*

Dieser Ablativ lässt sich, wie auch der instrumentale Ablativ, unterteilen:

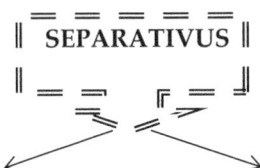

1) **Ausgangspunkt** auf die Frage: 2) **Trennung / Getrenntsein** auf die Frage:

WOHER ? WORAUS ?   **WOVON ?** (VON WAS GETRENNT?)

zu 1) Der **Ausgangspunkt** ist meistens mit Präpositionen versehen (**ex, ab, dē**):
　　　　ex oppido proficisci　　aus der Stadt aufbrechen, losmarschieren

⇒ Städtenamen, kleinere Inseln und *locus* haben in der Regel keine Präposition bei sich:
　　　　Rōmā, Delo proficisci　　von Rom, von Delos aufbrechen
　　　　eo loco cedere　　von diesem Platz weichen

zu 2) Der Ablativ der Trennung oder des Getrenntseins steht in Verbindung mit Verben des **Trennens, Befreiens, Ab-, Fernhaltens, Vertreibens, Freiseins** von etw. *usw.* Nach diesen Verben <u>kann</u> eine Präposition (**ab, dē, ex**) stehen oder auch nicht:
　　　　Hostem (**ex**) Italia pellere　　den Feind aus Italien vertreiben

→ Zum Ablativ der Trennung zählen auch noch der **ablativus comparationis** und der **ablativus originis** *(dazu s. u. L. 15)*.

Es kommen auch Ablative der Trennung vor, die einer <u>lokalen</u> Auffassung im Deutschen entsprechen. Der Römer fragt(e): „Woher?", der Deutsche: „Wo?"

    z. B. :   **a** Gallis stare   **auf** Seiten der Gallier stehen
              ex Alpibus effluere   **in** den Alpen entspringen
              ab umero pendēre   **an** der Schulter hängen

    <u>weiterhin:</u>   **a** latere – **in** der Seite, Flanke; **a** tergo – **im** Rücken; **a** fronte – **vorn**
                      a dextra, **a** sinistra – **zur** Rechten, **zur** Linken
                      altera **ex** parte – **auf** der einen (bzw. anderen) Seite

5)   **Indirekte Rede,** *Einstieg (weitere Ausführungen L. 14, Syntax, S. 111; Anhang, S. 29 f.)*

Die Wiedergabe der Worte oder Gedanken eines Dritten (= **Indirekte Rede**) geschieht im Deutschen *u. a.* mit einem entsprechenden Konjunktiv.

Direkte Rede	*Indirekte Rede*
Der Angeklagte behauptet:	Der Angeklagte behauptet,
„Ich habe mich zum fraglichen Zeitpunkt nicht am Tatort befunden, weil ich genau zu dieser Zeit bei meiner Tante zu Besuch war."	*er habe sich zum fraglichen Zeitpunkt nicht am Tatort befunden, weil er genau zu jener Zeit bei seiner Tante zu Besuch gewesen sei.*

Eine indirekte bzw. abhängige Rede entsteht dann, wenn Worte einer Person nicht direkt wiedergegeben, sondern von einem Verb des Sagens abhängig gemacht werden.
Hierbei erfahren im Lateinischen Haupt- und Nebensätze eine unterschiedliche Behandlung: Der **Hauptsatz**, sofern er ein **Aussagesatz** ist (in unserem Beispiel: *ich habe mich ... befunden;* indir. Rede: *er habe sich ... befunden*), tritt in den **A c I**.
Die **Person**, deren Worte in der indirekten Rede wiedergegeben werden, wird durch das reflexive Personal- und Possessivpronomen zum Ausdruck gebracht, nämlich durch die Formen **sui, sibi, se, a se, secum, se** bzw. **suus, -a, -um**, wie Sie es bereits bei der so genannten AcI-Reflexivität kennen gelernt haben.
In den **Nebensätzen** wird der **Konjunktiv** der fremden Meinung *(coniunctivus obliquus)* verwendet, wenn es sich (wie meistens) um Äußerungen oder Gedanken eben dieser Person (und nicht solchen des Erzählers) handelt.
Ein in der ursprünglich direkten Rede verwendetes Demonstrativpronomen (**hic** *oder* **is**) wird in der indirekten Rede zu **ille**, ein **nunc** zu **tum**.

→ Die indirekte Rede ist bei Caesar ein häufig verwendetes Mittel, um Diskussionen und Gespräche wiederzugeben. Ein plötzlicher Wechsel in die direkte Rede dient der Dramatisierung.

III ÜBUNGEN

1) Bilden Sie die entsprechenden Formen des Konjunktivs Präsens:

a) rogo   b) capior
c) facio   d) audiris
e) ades   f) ducimini
g) oppugnatur   h) solent
i) vincunt   j) dimittit

2) Bilden Sie bitte von folgenden Adjektiven die Adverbien:

a) pulcher   b) bonus
c) certus   d) severus
e) celer   f) sapiens
g) iustus   h) crudelis

3) Ergänzen Sie die Lücken bei den Pronomina:

a) h_____ animalis   b) qu_____dam animalia
c) qu_____dam animalium d) qu_____dam hominem
e) h_____ hominum   f) h_____curarum
g) ill___verba   h) h_____verba
i) ___dem vinum   j) _____dem imperatorem
k) ____dem rex   l) _____dem reges
m) qu____dam reginam   n) _____dem regis
o) ill_____ regis   p) ill_____ regi
q) ill_____ civium   r) ill____ temporibus
s) h_____ civem   t) h_____ sitim

Lektion 11

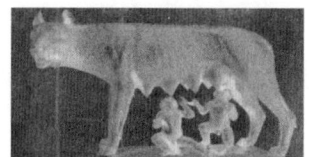

Lectio duodecima 12

Polydorus lernt eine besondere Verbgruppe

A Dum amici ad Ciceronis domum contendunt, Polyxena Polydorum puerum docere studuit: „Nunc tibi, o Graecule[1], quaedam verba explicare paro: Sunt enim verba, quae alterum genus verbi[2] amiserunt vel potius deposuerunt. Qua de causa ea verba deponentia[3]
5 nominantur." Polydorus: „Bene scio, amica. Iterum iterumque me haec eadem verba docere conas." „Non recte Latine loqueris, si istud „conas" dicis. „Con**aris**" recte est. Con**or**, non cono, con**aris**, non conas ..." „ Conatur, conamur, conamini, conantur. Nunc reminisco, Hercle![4], reminisc**or**." „Recte, puer! Reminiscor, reminisceris,
10 reminiscitur ..." „Satis est, nunc enim ea verba didici. Quae utrumque genus non obtinuerunt, sed alterum deposuerunt. Nisi me iterum iterumque moneres, iis verbis recte non uterer." „Bene, puer! Reminiscere horum verborum! Semper recte Latine loquaris!" „Gratias ago tibi maximas; numquam, id polliceor, memo-
15 riam horum verborum deponam!" „Utinam dei tibi adessent! Nam nisi te monuissem, horum verborum iterum oblitus esses."

1)	Graeculus, -i m.	„Griechlein", kleiner Grieche
2)	genus verbi	*grammat. Terminus:* „Wortgeschlecht"
3)	verba deponentia, -ium n.	*grammat. Terminus:* Deponentien *(vgl. deponere)*
4)	Hercle	beim Hercules, verflixt, zum Donnerwetter

Tischgespräch: Cicero verteidigt sich

12 B Cicero amicos ad cenam invitaverat. Ubi hospites bene acceptos esse vidit, de ratione vitae suae dicere coepit: „Neque me fallit, amici carissimi, quosdam vestrum crimini mihi dare, quod ego tot turpissimis incommodis acceptis Caesaris causam susceperim[1]. Partes
5 bonorum me deseruisse vehementer querimini. Itaque defendere me conabor, si hoc sinitis. Aliqui bonorum animi inconstantis infirmique me esse putent – sed, per deos immortales, vosne estis obliti me fuisse illum consulem, qui hanc rem publicam nostram bis servavit? Nam nisi illis rei publicae tempestatibus consul fuissem, Ca-
10 tilina[2], ille homo improbissimus, nobis omnibus interfectis funditus[3] evertisset rem publicam. Nisi tanta diligentia vigilavissem, quanta in hac re publica rarissime reperta est, quis nostrum nunc vita frui posset? Si Catilina[2] e curia pulso Caesarem interfici illo tempore passus essem – quis Gallos, homines barbaros atque
15 ferocissimos, domuisset? Nemo id fecisset! Deinde, aliquot annis post, ego desertus ab omnibus bonis vim Clodii[4] furoremque solus sustinui. Tum mecum cogitabam: »Utrum maneam et pugnem an recipiam me et servem rem publicam sine caede, sine sanguine civium nostrorum?« Nisi scelestissima tela illius tribuni vitavissem
20 Romamque reliquissem, bellum civile ortum esset, quo haec omnia deleta et exstincta essent. Denique, postquam Pompeio[5] auctore, Caesare non invito in urbem reverti, putabam gratiam deberi iis, quorum labore auxilioque pristini illi honores mihi redditi sunt. Etsi Caesari inimicissimus essem, tamen eundem imperatorem in
25 Gallia manere oportere putarem. Nam id bellum solum gestum, nondum confectum est."

1)	suscēperim *(Konj. Perf.)*	dass ich angeblich übernommen habe
2)	L. Sergius Catilīna	*Adliger, der einen Staatsstreich im Jahr 63 v. Chr. versucht hatte*
3)	funditus *(Adv.)*	von Grund auf, völlig
4)	P. Clōdius	*Gegner Ciceros, hatte seine Verbannung erwirkt*
5)	Cn. Pompeius	*Freund Ciceros, bedeutender Feldherr*

GRAMMATIK

I FORMENLEHRE

1) Konjunktiv Imperfekt und Plusquamperfekt – Bildung

Es lassen sich, stark vereinfachend, folgende Merkregeln für alle Verben formulieren:

Konjunktiv Imperfekt Akt. u. Pass.:   **Infinitiv Präsens Aktiv + Personalendungen**

vocare + **-m, -s, -t** *etc.*   = vocarem *etc.*   ich würde rufen *usw.*
vocare + **-r, -ris, -tur** *etc.*   = vocarer *etc.*   ich würde gerufen werden *usw.*
esse + **-m, -s, -t** *etc.*   = essem *etc.*   ich würde sein, ich wäre *usw.*

Konjunktiv Plusquamperfekt Aktiv: **Infinitiv Perfekt Aktiv + Personalendungen**

vocavisse + **-m, -s, -t** *etc.*   = vocavissem *etc.*   ich hätte gerufen *usw.*
dixisse + **-m, -s, -t** *etc.*   = dixissem *etc.*   ich hätte gesagt *usw.*
fuisse + **-m, -s, -t** *etc.*   = fuissem *etc.*   ich wäre gewesen *usw.*

Konjunktiv Plusquamperfekt Passiv: **Partizip Perfekt Passiv + essem, esses** *etc.*

vocātus, -a, -um essem, essēs, esset   ich wäre gerufen worden *usw.*
vocāti, -ae, -a essēmus, essētis, essent   wir wären gerufen worden *usw.*

Bilden Sie die 3. Sg. und 3. Plural der oben behandelten Konjunktive von:

Form	sentire	ducere	vincere	posse
3. Sg. Imp. Akt.				
3. Pl. Imp. Akt.				
3. Sg. Imp. Pass.				XXXXXXX
3. Pl. Imp. Pass.				XXXXXXX
3. Sg. Plus. Akt.				
3. Pl. Plus. Akt.				
3. Sg. Plus. Pass.				XXXXXXX
3. Pl. Plus.Pass.				XXXXXXX

2) Die Deponentien

Deponentien sind Verben, die nur Passivformen besitzen *(sie haben ihre Aktivformen „abgelegt":* **deponere** *– niederlegen, ablegen);* diese Passivformen haben aktive oder intransitive Bedeutung:

conāri	versuchen *(nicht:* versucht werden)
conor	ich versuche *(nicht:* ich werde versucht)
conātus sum	ich habe versucht *(nicht:* ich bin versucht worden)

z. B.: Cicero se defendere conatus est. – Cicero versuchte sich zu verteidigen.

Deponentien sind in **allen** Konjugationsgruppen vertreten, z. B.:

a-Konj.:	imitāri	nachahmen
e-Konj.:	pollicēri	versprechen
i-Konj.:	largīri	schenken
kons. Konj.:	queri	(sich be)klagen
kons. i-Konj.:	pati	erleiden, erdulden, zulassen

Ausnahmen – vorhandene Aktivformen *(die auch so übersetzt werden):*

    conāns, -ntis → Partizip Präsens Aktiv
    conatūrus, -a, -um → Partizip Futur Aktiv*
    (dazu entsprechend der Infinitiv Futur Aktiv)

Achtung: **conāre!** → Imperativ Singular

{
* Diese Ausnahmen gelten für die Deponentien **aller** Konjugationsgruppen.
** Zum Partizip und Infinitiv Futur Aktiv s. u. Lektion 14
}

Als **Semi**deponentien bezeichnet man Verben, die entweder nur im Präsens- oder nur im Perfektstamm ihre Formen wie die Deponentien bilden, z. B.:

gaudēre, -eo, gavisus, -a, -um sum	sich freuen	Perfektstamm
solēre, -eo, solitus, -a, -um sum	gewohnt sein, pflegen	deponential
audēre, -eo, ausus, -a, -um sum	wagen	gebildet
reverti, -or, reverti	zurückkehren	Präsensstamm deponential gebildet

Lektion 12

II SYNTAX

1) Der Konjunktiv im Nebensatz – Überblick

Grundsätzlich lassen sich drei Anwendungsarten des Konjunktivs im Nebensatz erkennen: (*s. a. Anhang, S. 25 f*):

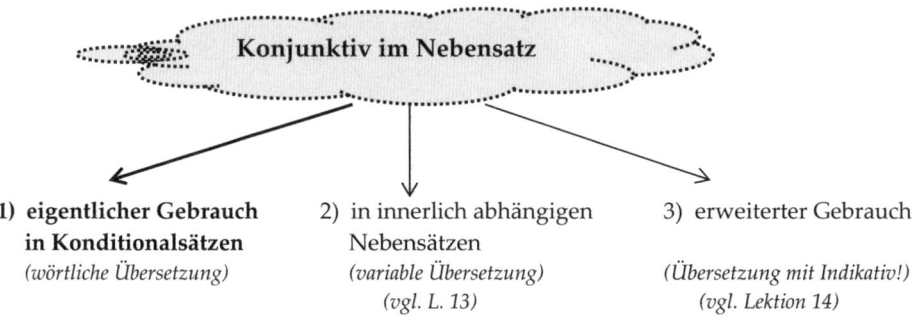

2) Die Konditionalsätze

In einem Konditionalsatzgefüge wird eine Bedingung formuliert, deren Folge im Hauptsatz genannt wird. Für die Bestimmung des Konditionalsatzes ist die Stellungnahme desjenigen, der die Bedingung formuliert, maßgeblich; hierbei gibt es drei Varianten:

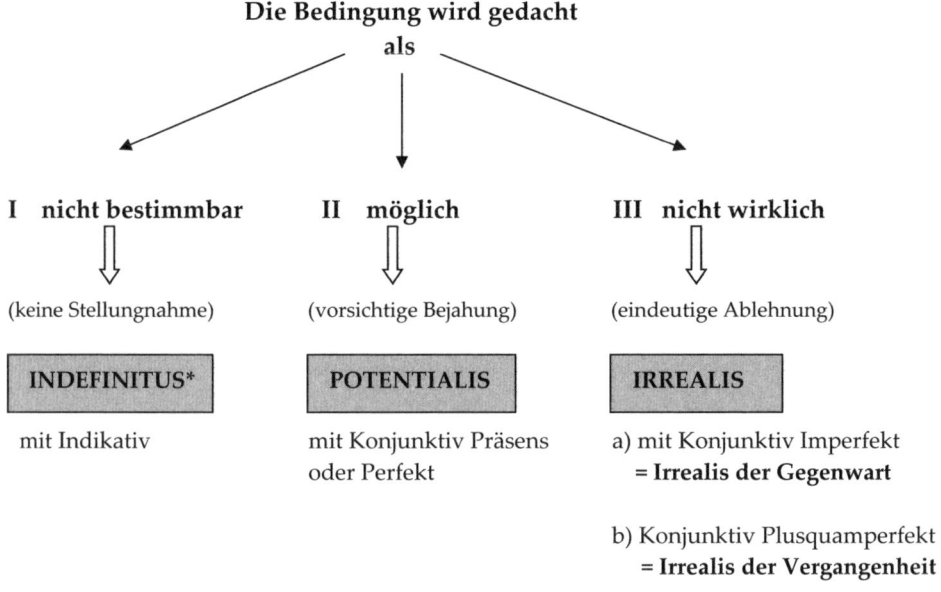

Beispiele:

I) Si tuus avunculus **vivit**, vult esse vos salvos; si **periit**, superstites voluit.

Wenn dein Onkel (noch) lebt (ich weiß es nicht, halte mich mit einem Urteil zurück), dann will er, dass ihr heil davonkommt (wörtl.: gesund bleibt); wenn er aber umgekommen ist (auch das weiß ich nicht, deshalb nehme ich keine Stellung dazu), dann war es sein Wille, dass ihr überlebt.

→ **INDEFINITUS***
(vgl. a. o. L. 9B, Z. 18 f.)

II) Si Caesar Galliam **subigat**, gloriam sibi paret.

Falls Caesar Gallien erobern sollte (ich halte dies für möglich), dann dürfte er sich großen Ruhm erwerben. → **POTENTIALIS** (der Gegenwart)

IIIa) Nisi Cicero Catilinam Roma **pelleret**, nos omnes magno in periculo essemus.

Wenn Cicero Catilina nicht aus Rom vertreiben würde (das ist aber nicht der Fall), dann wären wir alle in großer Gefahr. → **IRREALIS** (der Gegenwart)

IIIb) Si Catilina **vicisset**, nos omnes interfecisset.
Si Caesar illo tempore **interfectus esset**, Gallia numquam pacata esset.

Wenn Catilina gesiegt hätte (das war aber nicht der Fall), dann hätte er uns alle getötet. Wenn Caesar zu diesem Zeitpunkt getötet worden wäre, dann wäre Gallien niemals erobert worden. → **IRREALIS** (der Vergangenheit)

Vom **Irrealis** ausgehend, lassen sich die unerfüllbaren **Wunschsätze** verstehen: Unerfüllbare Wünsche der **Gegenwart** werden analog mit Konjunktiv Imperfekt (+ *utinam*), unerfüllbare Wünsche der **Vergangenheit** mit Konjunktiv Plusquamperfekt (+ *utinam*) gebildet:

Utinam amicus viveret!   Lebte der Freund noch! / Würde der Freund noch leben!
Utinam Romani vicissent!   Hätten doch die Römer gesiegt!

(Negation in beiden Fällen **nē**.)

---

* Statt „Indefinitus" findet sich in den Grammatiken häufiger „Realis". Das obige Beispiel aber zeigt, dass diese Bezeichnung der Eigenart dieses Konditionalsatzes nicht gerecht wird, insofern eben nicht eine „Wirklichkeit" dargestellt wird; zum obigen Beispiel: Ein Freund, der dem Inferno des Vesuvausbruchs entkommen ist, weiß nicht, ob der Flottenkommandant Plinius, der sich in der Nähe aufhielt, um Menschen zu retten, überhaupt noch lebt. Wichtig ist dem Freund, dass die Familie des Plinius ihr Haus verlässt und sich in Sicherheit bringt (s. dazu Plin. ep. 6, 20, 10).

Lectio tertia decima 13

Streit um Caesar: Ist er eine Bedrohung für die Republik?

A   Hac oratione habita M. Marcellus, unus ex hospitibus, Caesari inimicissimus, surrexit haec dicens: „Concedo, mi Cicero, te rei publicae vehementissimum auctorem defensoremque acerrimum fuisse. Deinde, Catilina expulso optimus consul fueris paterque patriae
5   appellatus sis, quoniam rem publicam servavisti, sed nunc mente mutata eius hominis consilia sequeris, qui rei publicae aliquando magnae perniciei erit. Caesar enim, si Galliam pacaverit, si existimaverit se plurimum posse, periculo erit nobis liberis Romanis. Nam ille, ut audio, non patitur se a quoquam aut dignitate aut
10 potentia vinci. Gloriae regnique cupiditate adductus liberae rei publicae calamitati erit. Mihi quidem ille odio est."
Ad haec Quintus: „Non tibi assentior, Marce. Si Caesaris mores novisses, aliter de eo iudicares. Non solum virtute, consilio, facilitate[1], ingenio plerosque hominum nostrorum superat: Negotiis aliorum
15 occupatus sua neglegit. Talis vir rei publicae numquam noceat, si si pro meritis dignitas eius augeatur."
Tum Marcellus: „Tu quidem a Caesare multos honores nactus haec sentias, sed ego vos hortor, ut caveatis illum novum Alexandrum[2]. Cavete, ne Caesar regnum civitatis nostrae occupet!"
20 Et Helvius: „Nonne iam nunc vivimus sub regno – rege Pompeio Caesare regina?"

1) facilitās, -ātis f.   Leutseligkeit, Freundlichkeit
2) Alexander, -dri m.   Alexander der Große *(Vorbild für römische Feldherrn, dessen negative Seiten allerdings auch gesehen wurden)*

Was geht's die Sklaven an?

13 B Dum talia aliaque loquuntur domini, servi sermones eorum clam audiebant. „Cave! Auditisne, quid Helvius de Caesare dicat aut quid M. Marcellus paulo ante dixerit?" Polyxena: „Bene audivi, quid Helvius diceret, etiam, quid Marcellus atque ceteri dixissent.
5 Non facile cernam, utra sententia de Caesare recta veraque sit."
Ad haec Polydorus: „Mihi quidem curae non est, quid acciderit vel accidat in re publica. Puer sum ignarus rerum Romanarum. Tamen hoc unum a vobis peto, ut de his, quae audivistis, taceatis. Si enim Cicero dominus nos amicos suos observare cognoscat, malum mihi
10 det[1]. Timeo, ne Cicero ira incensus me puniat. Abeamus proinde, ut poenam effugiamus! Abeamus, ne crudeliter puniamur! Fugiamus tam celeriter, ut nemo nos hic fuisse sentiat!"

1) malum dare — verprügeln, schlagen

Weitere Beispiele für den dativus finalis in Verbindung mit einer Form von esse
(Hierbei wird die wörtliche Übersetzung von *esse* mit „gereichen zu etw." variiert.)

saluti esse	zur Rettung / zum Wohl verhelfen
detrimento esse	zum Nachteil gereichen, schädlich sein
impedimento esse	hinderlich sein
odio esse	verhasst sein
honori esse	ehrenvoll sein
magnae curae esse	große Sorge bereiten
praesidio esse	als / zum Schutz dienen
usui esse	von Nutzem / nützlich sein

Die drei ut-Sätze mit Konjunktiv *(vgl. u. S. 100 f.)*

Finalsatz	→	Zweck, Absicht (damit, damit nicht)	→	**ut, nē**
Begehrssatz	→	Bitte, Befehl *usw.* (dass, dass nicht)	→	**ut, nē**
Konsekutivsatz	→	Folge (so dass, so dass nicht)	→	**ut, ut nōn**

GRAMMATIK

I FORMENLEHRE

1) Konjunktiv Perfekt Aktiv

An den Perfektstamm des Verbs treten die Endungen:

> **-erim, -eris, -erit, -erimus, -eritis, -erint**

Also: vocāv**erim**; monu**erim**; sēns**erim**; vīc**erim**; cēp**erim**; cucurr**erim** *etc.*

Die Behelfsübersetzung dieses Konjunktivs lautet:
voccāverim – ich möge gerufen haben.

Bei der Übersetzung von Nebensätzen mit Konjunktiv Perfekt muss man aber auf andere Möglichkeiten (auch auf den Indikativ!) zurückgreifen *(dazu s. Syntaxteil dieser Lektion)*, da die Behelfsübersetzung so gut wie nie Anwendung findet.

2) Konjunktiv Perfekt Passiv

Die Passivformen setzen sich zusammen aus dem Partizip Perfekt Passiv und den Formen des Konjunktivs Präsens von esse: **sim, sis, sit, simus, sitis, sint.**

Also: Singular: vocātus, -a, -um **sim** *etc.*   Plural: amāti, -ae, -a **simus** *etc.*
(ich möge gerufen worden sein *usw.*; *zu anderen Übersetzungen s. o.*)

3) Das Futur II

Das Futur II Aktiv ist bezüglich der Bildung identisch mit dem Konjunktiv Perfekt; Ausnahme ist die erste Person Singular, die auf **-ero** endet (statt **-erim**); im Passiv wird der zweite Bestandtteil (vocātus **sim**) durch **ero** *etc.* ersetzt,

Aktiv: vocāv**ero**   Passiv: vocātus, a, um **ero**.
wörtl.: ich werde gerufen haben   ich werde gerufen worden sein

** *Genaue Ausführung der Formen s. Anhang, S. 2 u. 3.*

II   SYNTAX

1)   Das Futur II *(futūrum exāctum)*

Das Futur II bezeichnet eine in der Zukunft vollendete Handlung (darum: *exactum* – ausgeführt, vollendet).
Es erscheint in Konditionalsätzen, um im Nebensatz die Voraussetzung anzugeben, für die die im Futur I formulierte Aussage gilt:

> Si hostes urbe expulsi erunt, Roma timore libera erit.
> Wenn die Feinde aus der Stadt vertrieben worden sind / werden (*wörtl.*: vertrieben worden sein werden), dann wird Rom frei von Furcht sein.

> Si Germanos vicerimus, pax erit.
> Wenn wir die Germanen besiegt haben (*wörtl.*: besiegt haben werden), wird Frieden herrschen.

> Si Romam venerimus, amicos ad cenam invitabimus.
> Wenn wir nach Rom kommen (gekommen sind), werden wir unsere Freunde zum Essen einladen.

➡ Für die Übersetzung des Futur II ins Deutsche verwendet man gewöhnlich Präsens oder Perfekt:
> „Wenn ich dies gelesen habe, werde ich klüger sein."
> (*Statt:* „Wenn ich dies gelesen haben werde, dann werde ich klüger sein.")

2)   Der Konjunktiv im Nebensatz

Außer den Konditionalsätzen, in denen die Konjunktive wörtlich übersetzt werden, finden sich noch zwei andere Kategorien konjunktivischer Nebensätze, die variabel zu übersetzen sind; d. h. die wörtlich-konjunktivische Übersetzung ist nicht möglich.

A)   Nebensätze, in denen Gedanken, Absichten, Wünsche oder Worte einer Person, meist des Subjekts des übergeordneten Satzes, wiedergegeben werden:
Solche Nebensätze mit einer „inneren" Beziehung der Handlung zu einer Person des übergeordneten Satzes nennt man **innerlich abhängig**.

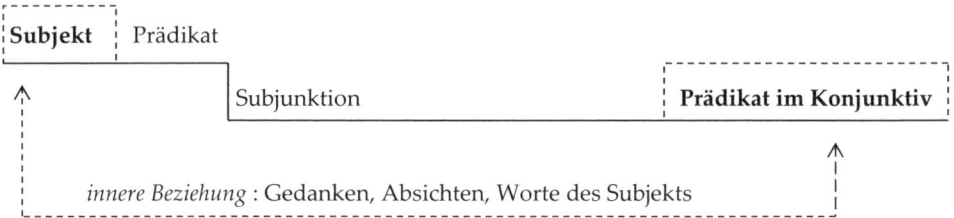

Zu den innerlich abhängigen Nebensätzen zählen:

> **Begehrssätze** (*eingeleitet durch* **ut** *„dass", verneint* **nē** *„dass nicht"*). Sie erscheinen als Objekt (Subjekt) nach Verben des Begehrens, Bittens, Wünschens, Auufforderns und stellen auch auf der inhaltlichen Ebene eine notwendige Ergänzung dar, sie geben den Inhalt der Bitte, des Wunschs, Befehls *usw.* an:

Rogo te,

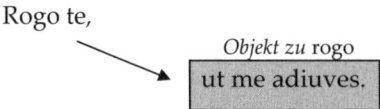

Objekt zu rogo

Ich bitte dich, dass du mir hilfst (*weniger:* helfen sollst)
    oder: ... mir zu helfen.

Opto, ut incolumes redeatis.   Ich wünsche, dass ihr unversehrt zurückkehrt
    (*weniger:* ... zurückkehren möget).
Opto, ne abeatis.   Ich wünsche, dass ihr nicht weggeht.

Besonderheit bei den Begehrssätzen mit Konjunktiv:

Nach Ausdrücken wie **periculum est** (*es besteht die Gefahr, dass*), den Verben des Fürchtens oder Hinderns steht statt des zu erwartenden **ut** ein **nē**. Dieses **nē** wird positiv, d. h. mit „dass", übersetzt (*Negation:* nē nōn – *dass nicht*).

    timēre, metuere, verēri, **nē** – sich (davor) fürchten, **dass**
    cavēre, **nē** – sich davor hüten, **dass**

weitere Verben:
impedīre (*hindern*), obstāre (*im Wege stehen, hinderlich sein*), resistere (*sich widersetzen*), dēterrēre (*abschrecken*), prohibēre (*hindern, abhalten*).

    ** prohibēre kann auch mit einer Infinitivkonstruktion stehen.

> **Finalsätze** (*ebenfalls eingeleitet durch* **ut** *„damit", verneint* **nē** *„damit nicht"*). Sie sind als Adverbialsätze sowohl syntaktisch als auch inhaltlich eine nicht notwendige Ergänzung zum Prädikat des Hauptsatzes und geben das Ziel, den Zweck oder die Absicht an, die der Handlung des Hauptsatzes zu Grunde liegt.

Servi quam celerrime fugiunt,

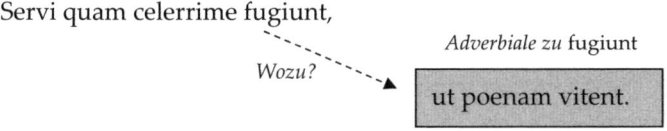

Wozu?   *Adverbiale zu* fugiunt

Die Sklaven fliehen möglichst schnell, damit sie der Strafe entgehen
(*nicht:* ... entgehen sollen / mögen) *oder:* ... um der Strafe zu entgehen; möglich bei gleichem Subjekt in Haupt- und Nebensatz.

> **Abhängige (indirekte) Fragesätze** *(eingeleitet durch Interrogativpronomina).*
> Sie hängen als Objekt oder Subjekt von Verben des Fragens, Sagens und der sinnlichen Wahrnehmung ab:

Dic mihi,
    Objekt zu dic
    quid verum sit.   Sage mir, was wahr ist *(nicht:* sein möge / soll).

Non scio,
    Objekt zu non scio
    quid sentias.   Ich weiß nicht, was du denkst.

Manchmal kann der **coniunctivus dubitativus** im abhängigen Fragesatz erscheinen, so dass eine Doppeldeutigkeit entsteht:

Nescimus, quid faciamus.
    Wir wissen nicht, was wir tun.
    oder:
    Wir wissen nicht, was wir tun **sollen** *(coni. dubitativus).*

B) Es gibt außerdem Nebensätze, in die der Konjunktiv entgegen seiner Natur als Modus des Gedachten eingedrungen ist. Zu diesen Sätzen, deren konjunktivisches Prädikat folglich mit **Indikativ** übersetzt werden muss, zählen:

> **Konsekutivsätze**, *eingeleitet durch* **ut** – *(so) dass; verneint:* **ut non** – *(so) dass nicht.*
> Sie bezeichnen als Adverbiale (Adverbialsätze) eine tatsächlich eingetretene Folge, die sich aus dem Geschehen des übergeordneten Satzes ergibt. Häufig stehen im übergeordneten Satz vorausweisende Konnektoren in der Bedeutung „so", „solch", „so groß" (tam, talis, tantus *etc.*).
> Sie sind <u>nicht</u> innerlich abhängig, unterliegen deshalb <u>nicht</u> der consecutio temporum *(s. u. S. 102)*; es gibt daher auch <u>keine</u> indirekte Reflexivität *(s. u. L. 14).*

Polydorus <u>tam</u> audax est,
    Konsequenz: **ut narrare non desinat.**

Polydorus ist <u>so</u> frech, <u>dass</u> er nicht aufhört zu erzählen.

Servi tam celeriter fugiunt, ut nemo eos sentiat.
Die Sklaven verschwinden so schnell, dass niemand sie bemerkt.

2) Die consecutio temporum *(Zeitenfolge)*

Durch die **consecutio temporum** *(Zeitenfolge)* wird die Verwendung des Tempus im konjunktivischen, innerlich abhängigen Nebensatz geregelt. Die Tempora der Konjunktive im Nebensatz signalisieren ein **Zeitverhältnis** zum Prädikat des übergeordneten Satzes; sie besitzen keine eigene Zeitstufe *(ebenso wie Infinitive und Partizipien vgl. a. Anhang, S. 27).*

Steht im	dann erscheint im	zur Bezeichnung der
Hauptsatz Präsens, Futur I, II oder ein Imperativ	Nebensatz Konjunktiv **Präsens**	GLEICHZEITIGKEIT (in der Gegenwart)
Hauptsatz Perfekt, Imperfekt oder Plusquamperfekt	Nebensatz Konjunktiv **Imperfekt**	GLEICHZEITIGKEIT (in der Vergangenheit)
Hauptsatz Präsens, Futur I, II oder ein Imperativ	Nebensatz Konjunktiv **Perfekt**	VORZEITIGKEIT (in der Gegenwart)
Hauptsatz Perfekt, Imperfekt oder Plusquamperfekt	Nebensatz Konjunktiv **Plusquamperfekt**	VORZEITIGKEIT (in der Vergangenheit)

Beispiele:

> **GLEICHZEITIGKEIT:**
>
> Ignoro, quid **facias**.   Ich weiß nicht, was du tust.
> Ignorabam, quid **faceres**.   Ich wusste nicht, was du tatest.
>
> **VORZEITIGKEIT:**
>
> Ignoro, quid **feceris**.   Ich weiß nicht, was du getan hast.
> Ignorabam, quid **fecisses**.   Ich wusste nicht, was du getan hattest.

Caesari nuntiatum est, quo dolo hostes legiones Romanorum vicissent.
Caesar wurde gemeldet, mit welcher List die Feinde die Legionen der Römer besiegt hatten.
Polydorus non ignorat, quibus fabulis amicos delectet.
Polydorus weiß genau, mit welchen Geschichten er die Freunde erfreut.

3) Der dativus commodi und der dativus finalis

A Zum dativus commodi:

Der **dativus commodi / incommodi** steht auf die Fragen „Wem?", „Für wen?", „Zu wessen Vor- oder Nachteil?" Er bezeichnet meistens eine Person, seltener eine Sache, zu deren Vor- oder Nachteil eine Handlung geschieht. Übersetzungsmöglichkeiten sind:
  „für", „zum Vorteil / Nachteil von..."; „zuliebe", „zu Gefallen", „zu Ehren von" u. ä.

a) Er kann bei Vollverben als **indirektes Objekt** stehen, z. B.:

> Agrum **avo** colo.   Ich bearbeite den Acker **für den Großvater**.
> Milites **castris** praesidio relinquere   Soldaten zum Schutz **für das Lager** zurücklassen
> Orgetorix **sibi** legationem sucepit.   O. übernahm die Gesandtschaft in seinem Interesse.

b) Der dativus commodi erklärt sich so auch bei Verben, die mit Dativ als direktem Objekt stehen, wie z. B.: prospicere, providēre, consulere – *sorgen für jmd.*, metuere, timēre – *Furcht haben um*, parcere – *schonen*, invidēre – *beneiden*.
  (Diese Verben haben mit Akkusativ eine andere Bedeutung; vgl. alphabetisches Verzeichnis.)

B Zum dativus finalis:

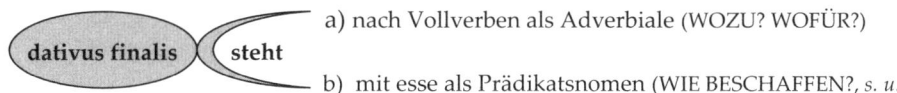

dativus finalis steht
a) nach Vollverben als Adverbiale (WOZU? WOFÜR?)
b) mit esse als Prädikatsnomen (WIE BESCHAFFEN?, s. u.)

a) Der **dativus finalis** bezeichnet bei Vollverben als Adverbiale den **Zweck** dieser Handlung. Man fragt: „*Wozu?*" „*Zu welchem Zweck?*" „*Wofür?*" z. B.:

> librum **dono** dare   ein Buch **zum Geschenk** machen
> legiones **praesidio** relinquere   Legionen **zum Schutz** zurücklassen
> milites **auxilio** arcessere / mittere   Soldaten **zu Hilfe** holen / schicken
> locum **colloquio** deligere   einen Platz **für ein Gespräch** aussuchen
> *(weitere Beispiele s. o. Lektionstext 13 B)*

b) Mit Formen von **esse** bildet der dativus finalis als Prädikatsnomen das Prädikat. Hierbei nennt er nicht den Zweck oder die Absicht (*esse* beschreibt ja keine Handlung), sondern eher ein **Ergebnis** oder eine **Eigenschaft**, mit der das Subjekt näher beschrieben wird. Wenn man die Behelfsübersetzung mit „*gereichen zu*" verwendet, kann man immer fragen: „*Wozu?*". Bei einer freieren Übersetzung sind die Fragen möglich: „*Wie beschaffen?*", „*Zu welchem Ergebnis?*", „*Was?*"

Der dativus finalis erscheint mitunter mit dem **dativus commodi** *(s. o.)* zusammen als **„Doppelter Dativ"**, z. B.:

Audacia **hostibus saluti** fuit.	Der Wagemut gereichte **den Feinden zur Rettung**.
	= verhalf ihnen zur Rettung.
Constantia Catonis **Romanis admirationi** erat.	Catos Standhaftigkeit gereichte den Römern zur Bewunderung.
	= rief bei den Römern Bewunderung hervor.
Caesar legionem **oppido praesidio** reliquit.	Caesar ließ die Legion **zum Schutz für die Stadt** zurück.

*Weitere Beispiele für den dat. fin. + esse s. o. S. 97.

4)   Der ablativus limitationis *oder* respectūs

Dieser Ablativ grenzt eine Qualitätsaussage über eine Sache oder eine Person ein (**limitationis**) bzw. gibt den Bereich an (**respectūs**), für den diese Aussage zutrifft. Man fragt nach diesem Ablativ, der zur Großgruppe des Instrumentalis zählt:

   WORIN?   IN WELCHER HINSICHT?

Beispiele:

Polyxena Polydorum superat *(allgemein formuliert).* – Polyxena übertrifft Polydorus.
Polyxena Polydorum **scientiā** superat *(Angabe des Bereichs, für den diese Aussage gilt).*
Polyxena übertrifft Polydorus **an Kenntnis**.

Romani Graecos **fortitudine** superant, sed ab eis **arte** superantur. – Die Römer sind den Griechen **an Tapferkeit** überlegen, aber werden von ihnen **in der Kunstfertigkeit** übertroffen.

III   ÜBUNG

Bilden Sie von folgenden Formen die entsprechenden Konjunktive:

1) amant →   2) vocavisti →   3) venit →

4) vēnit →   5) dicebatur →   6) fugiebant →

7) dictum est →   8) iudicatum erat →   9) iudicant →

10) dicunt →   11) incenditur →   12) sentis →

13) auditur →   14) fecerunt →   15) is →

16) eramus →   17) poteramus →   18) potui →

19) sequeris →   20) secuti eramus →   21) cognovi →

Lectio quarta decima 14

Aus Caesars Jugend I

A   Servi, cum celerrime se recepissent, ipsi de Caesaris vita disputare coeperunt. Proclus: „Caesar iam adulescens demonstravit, quanto ingenio quantaque virtute esset. Cum enim Sulla dictator eum iterum iterumque hortaretur, ut Corneliam, filiam inimici, quam in
5   matrimonium duxerat, statim dimitteret, hic nullo modo adduci potuit, ut Sullae obtemperaret. Sulla quod cum graviter ferret, Caesarem occidi iussit. Cum autem Caesari mortem sibi imminere allatus esset nuntius, veste mutata media nocte profectus ex urbe elapsus est.
10   Diu per Italiam fugiens, quamquam quartana[1] febri laborabat, paene per singulas noctes latebras commutabat. Tum comprehensus a dictatoris comite vix evasit data pecunia. Postremo per proximos suos veniam impetravit Sulla diu repugnante. Qui enim in senatu honestissimis viris petentibus dicebat Caesarem, quem salvum
15   esse cuperent, aliquando optimatium[2] partibus exitio esse futurum multosque in illo puero inesse Marios[3].
Ac profecto Caesar compluribus annis post impetus vehementes in senatum atque in bonos faciebat. Ita senatus auctoritas paulatim minuebatur, et res eo loci venit[4], ut discordias civium vix feramus."

1) quartānus, -a, -um   viertägig (wiederkehrend)
2) optimātes, -ium m.   die Optimaten (die Senats„partei"; *Caesars spätere Gegner*)
3) C. Marius, -i m.   C. Marius *(Onkel Caesars, politischer Gegner Sullas)*
4) rēs eō loci vēnit   es ist dazu gekommen

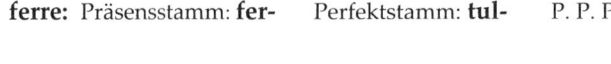

ferre: Präsensstamm: **fer-**   Perfektstamm: **tul-**   P. P. P.: **lātus, a, um**

ferre
← ↓ →
tragen, bringen   ertragen, aushalten   *(m. AcI)* melden, berichten
Passiv: feror – ich eile

Aus Caesars Jugend II

14 B Polyxena haec addidit: „Decem circiter annis post Caesar interritum fortemque se praebuit. Cum enim navigaret Rhodum, ut arti dicendi[1] studeret, in alto mari nave sua subito oppressa captus est a piratis. Hi viri praedae cupidissimi promiserunt se eum dimissuros esse salvum, si comites eius pecuniam ab Asiae urbibus collatam sibi dedissent. Viginti talenta[2] satis sibi esse dixerunt. Quod cum Caesar audivisset, respondit: »Id quidem ridiculum est! Num nescitis, quem ceperitis? Caesar sum, senator Romanus! Comites mei quinquaginta talenta[2] vobis afferent.« Dum amici per urbes Asiae proficiscuntur pecuniam collecturi, Caesar interea nihil se timere piratis ostendebat, immo vero eos barbaros appellabat, qui carmina eius audire recusaverant; quin etiam ridens eis minabatur se eos omnes cruci affixurum[3] esse, ubi oblata esset sibi occasio. At piratae eum irridebant, quod talem adulescentulum[4] id effecturum esse non putabant. Diebus circiter triginta post, ubi comites reverterunt atque pecuniam postulatam attulerunt Caesarem redempturi[5], piratae navem ad litus appulerunt, omnesque incolumes sunt expositi.

At Caesar hoc scelus ulcisci non dubitavit; militibus navibusque coactis piratas secutus eos in mari conspexit. Statim proelium tanta celeritate commisit, ut piratae improviso impetu territi fugere non possent. Plerosque captos, ut eis praedixerat, cruci affigi[3] iussit."

---

1) dicendi *(Gerundium im Gen.)* — des Redens, zu reden
2) talentum, -i n. — Talent *(größte griechische Währungseinheit)*
3) crūci affigere, -o, -fīxi, -fīxum — („ans Kreuz heften") kreuzigen
4) -ulus, -i m. — *Verkleinerungsform*
5) redimere, -o, redēmi, -emptum — freikaufen

GRAMMATIK

I FORMENLEHRE

1) Deklinationen – *Die u-Deklination*

Stammauslaut ist **-u-**, das sich in allen Kasus außer dem Dativ und Ablativ Plural hält: Dort wird **u** zu **i**. Hier die Beispiele **magistrātus** *(Beamter; Amt)* und **domus** *(Haus)*; **domus** weist Besonderheiten in der Deklination auf:

	Singular	Plural		Singular	Plural
Nom.	magistrātus	magistrātūs	Nom.	domus	domūs
Gen.	magistrātūs	magistrātuum	Gen.	domūs	domōrum (domuum)
Dativ	magistrātui	magistrātibus	Dativ	domui	domibus
Akk.	magistrātum	magistrātūs	Akk.	domum	domōs (domūs)
Ablativ	magistrātū	magistrātibus	Ablativ	domō	domibus

Die meisten Substantive auf -us sind masculinum, aber **domus** – *das Haus (s. o.)*, **manus** – *die Hand; Schar*, **tribus** – *der Stadtbezirk*, **porticus** – *die Säulenhalle*, **Idūs** – *die Iden (entweder der 13. oder 15. Tag eines Monats)* sind femininum.
Substantive auf -u (z. B.: **cornu** – *das Horn; der Heeresflügel*) sind neutrum.

2) Konjugationen

1) *Infinitiv und Partizip Futur Aktiv – Formen und Verwendung:*

Das Partizip Futur Aktiv wird gebildet mit dem Stamm des Partizips Perfekt Passiv und der Endung **-ūrus, -a, -um**, also:

> vocat/us, -a, -um → **vocatūrus, -a, -um**   dict/us, -a, -um → **dictūrus, -a, -um**
> miss/us, -a, -um → **missūrus, -a, -um**   monit/us, -a, -um → **monitūrus, -a, -um**

Das **Partizip Futur Aktiv** signalisiert in Partizipialkonstruktionen die **Nachzeitigkeit**. Hierbei empfiehlt sich eine Übersetzung mit „*im Begriff sein*" oder „*wollen*",
z. B.: Piratae Caesarem carmina recitaturum irriserunt. *(recitaturum nachzeitig zu irriserunt)*
Die Piraten lachten Caesar aus, als er Gedichte vortragen **wollte**.

Oft wird das Partizip Futur Aktiv im klassischen Latein auch in **finaler** Sinnrichtung benutzt und kann deshalb mit einem **Finalsatz** übersetzt werden, z. B.:

Xerxes, rex Persarum, copias Hellespontum traduxit Graeciam subacturus.
Xerxes, der König der Perser, führte seine Truppen über den Hellespont, um Griechenland zu erobern (= damit er Griechenland erobere).   *** Zu allen Infinitiven und Partizipien s. Anhang, S. 4.*

Der **Infinitiv Futur Aktiv** setzt sich aus dem **Partizip Futur Aktiv** und **esse** zusammen.

Der Infinitiv Futur Aktiv ist der Infinitiv der **Nachzeitigkeit**. In AcI-Konstruktionen richtet sich das Partizip in der Kongruenz nach dem Subjektsakkusativ:

Spero Caesar**em** Galliam subact**urum** esse.	Ich hoffe, dass Caesar Gallien unterwerfen wird.
Spero Roman**os** Galliam subact**uros** esse.	Ich hoffe, dass die Römer Gallien unterwerfen werden.
Legimus Polyxen**am** de Caesare narrat**uram** esse.	Wir lesen, dass Polyxena über Caesar berichten wird / will.
Servus intellegit domin**am** se punit**uram** esse.	Der Sklave erkennt, dass die Herrin ihn bestrafen wird / will.

** Zu den Zeitverhältnissen der Infinitive im AcI *vgl. Syntaxteil zu Lektion 6, S. 46:*
    Dort können Sie jetzt **subāctūrum esse** einfügen.

2) ferre und Komposita:

Im Lektionstext begegnen Ihnen vereinzelt Formen des Verbs **ferre**. An dieser Stelle wird dieses Verb schon vollständig behandelt:

ferre hat den Präsensstamm **fer-**. Es gehört zur Gruppe der konsonantischen Konjugation; die Bindevokale **-e-** (*vgl.* dic-*e*-re) und **-i-** (*vgl.* dic-*i*-s) entfallen vor **r, s** und **t**; so erklärt sich der Infinitiv **ferre**. Diese „Unregelmäßigkeit" zeigt sich im Indikativ Präsens Aktiv und Passiv (und im Konjunktiv Imperfekt Aktiv u. Passiv, *s. u.*).

Präsens Aktiv		*Präsens Passiv*	
ferre	tragen	**ferri**	getragen werden, eilen
fero	ich trage, bringe	feror	ich werde getragen, ich eile
fers	du trägst, bringst	**ferris**	du wirst getragen, du eilst
fert	*usw.*	**fertur**	*usw.*
ferimus		ferimur	
fertis		ferimini	
ferunt		feruntur	

Die Imperative lauten: **fer!** – trage! (*vgl.* dic! duc! fac!)   **ferte!** – tragt!

weitere Formen: *Ind. Imperf. Akt.:*   ferēbam, ferēbas, ferēbat, ferebāmus, ferebātis, ferēbant
                 Konj. Imperf. Akt.: ferrem, ferrēs, ferret, ferrēmus, ferrētis, ferrent
                 Fut. I Akt.:   feram, ferēs, feret, ferēmus, ferētis, ferent

Die Passivformen werden analog mit den betreffenden Personalendungen gebildet.

ferre hat einen veränderten Perfekt- und Supinstamm → **tul-** und **lat-** :

tul- An diesen Stamm treten die Ihnen bekannten Personalendungen:
(tul**i**, tul**isti**, tul**it** *etc.*; tul**eram**, tul**eras**, tul**erat** *etc.*; tul**ero**, tul**eris**, tul**erit** *etc.*)

lātus, a, um ist das Partizip Perfekt Passiv.

Bei den Komposita ist die <u>Assimilation</u> zu beachten:

adferre → afferre   (*Perf.:* adtuli → **attuli**,   *P.P.P.:* adlātus, -a, -um → allātus, -a, -um)
obferre → offerre   (*Perf.:* **obtuli**)   *P.P.P.:* oblātus, -a, -um)
auferre *statt* abferre (*Perf.:* **abstuli**)   *P.P.P.:* ablātus, -a, -um)

3)   *Die verschiedenen Bedeutungen von* **cum**:

In diesem Lektionstext kommen einige Nebensätze vor, die mit der Subjunktion **cum** eingeleitet werden. **Cum** kann sowohl mit Indikativ als auch mit Konjunktiv stehen.
Achtung: Dieser Konjunktiv wird im Deutschen mit **Indikativ** wiedergegeben.

I cum mit Indikativ	II cum mit Konjunktiv
1) cum temporale – (damals), als, da Zur genauen Festlegung eines Zeitpunkts durch den Nebensatz; im Hauptsatz erscheint oft als Vorausdeutung ein *eo tempore* oder *nunc, tum* - "zu diesem Zeitpunkt", „jetzt", „damals".	**1) cum narrativum** – als, nachdem Wird in der Erzählung fortlaufender Handlungen gebraucht, um Nebenumstände zu nennen. Konjunktiv Imperfekt bei Gleich- und Konjunktiv Plusquamperfekt bei Vorzeitigkeit.
2) cum iterativum – (immer) wenn, so oft Gibt wiederholte Vorgänge an.	**2) cum causale** – weil, da Leitet Begründungssätze ein (wie *quod* m. Ind.).
3) cum coincidens – dadurch dass, indem Gibt Handlungen an, die mit der Handlung des Hauptsatzes inhaltlich und zeitlich zusammenfallen.	**3) cum concessivum** – obwohl, obgleich Räumt eine Handlung ein, gibt einen Gegengrund zur Haupthandlung an.
4) cum modale – während dabei, wobei Schildert Begleitumstände der Haupthandlung.	**4) cum adversativum** – während (doch) Bezeichnet eine Handlung, die gleichzeitig zur Haupthandlung, aber gegensätzlich abläuft.
5) cum inversum – als (plötzlich) Die normale Zuordnung von Haupt- und Nebenhandlung wird vertauscht. Im Nebensatz erscheint die Haupthandlung, während der Hauptsatz oft eine Zeitangabe enthält.	

** **cum** mit Futur II bedeutet „wenn", „sobald".

Beispiele:

I.1:	Cum Caesar in Galliam venit, ibi duae factiones erant. Als Caesar nach Gallien kam, gab es dort zwei Parteien.	TEMPORALE
	Fuit quoddam tempus, cum homines in pace vivebant. Es gab eine Zeit, da / in der die Menschen in Frieden lebten.	
I.2:	Tullius, cum domum venit, otio gaudet. Immer wenn T. nach Hause kommt, freut er sich über die freie Zeit.	ITERATIVUM
I.3:	Cum tacent, clamant. Indem sie schweigen, lärmen sie.	COINCIDENS
I.4:	Verres civem Romanum caedebat, cum nullus clamor audiebatur. Verres schlug einen römischen Bürger, wobei kein Aufschrei vernommen wurde.	MODALE
I.5:	Romani castra collocabant, cum subito hostes impetum fecerunt. Die Römer waren gerade dabei, ein Lager aufzuschlagen, als die Feinde plötzlich angriffen („einen Angriff machten").	INVERSUM
II.1:	Cum Romani castra collocarent, hostes subito impetum fecerunt. Als die Römer das Lager aufschlugen, griffen die Feinde plötzlich an.	NARRATIVUM
II.2:	Cicero, cum Catilinam urbe expulisset, a senatu laudatus est. Weil Cicero Catilina aus der Stadt vertrieben hatte, wurde er vom Senat gelobt.	CAUSALE
II.3:	Cum Catilina urbe expulsus esset, res publica magno in periculo erat. Obwohl Catilina aus der Stadt vertrieben worden war, befand sich der Staat in großer Gefahr.	CONCESSIVUM
II.4:	Homini ratio est, cum ceteris animalibus non sit. Der Mensch besitzt Vernunft, während die übrigen Lebewesen diese nicht haben. Nemo a Caesare ad Pompeium transiit, cum multi milites a Pompeio ad Caesarem perfugerent. Niemand ging von Caesar zu Pompeius über, während (dagegen) viele Soldaten von Pompeius zu Caesar überliefen.	ADVERSATIVUM

II SYNTAX

1) Der Konjunktiv in Nebensätzen – Überblick

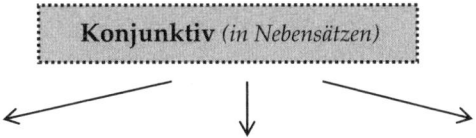

1) Konditionalsätze	2) innerlich abhängige Nebens.	3) erweiterter Gebrauch

* Potentialis
* Irrealis
  a) der Gegenwart
    (m. Konj. Imperfekt)
  b) der Vergangenheit
    (m. Konj. Plusquampf.)
	* Begehrssätze *(ut / nē)*
	* Finalsätze *(ut / nē)*
	* abhängige Fragesätze
	* Nebensätze der indirekten Rede
	* Nebensätze mit coni. obliquus[1]
	* Relativsätze mit adverbialem Nebensinn[1]
		* Temporalsatz *(cum)*
		* Kausalsätze *(cum)*
		* Konzessivsätze *(cum)*
		* Konsekutivsätze *(ut / ut nōn)*

wörtliche Übersetzung	*variable Übersetzung*	*Übers. mit Indikativ*

1) Diese beiden Nebensatzarten sind noch nicht behandelt worden.

2) Der Konjunktiv in Nebensätzen der indirekten Rede

In Lektion 11 hatten Sie die indirekte Rede kennen gelernt. Die Hauptsätze werden, wie dort erklärt, in den AcI gesetzt.

Die **Nebensätze** der indirekten Rede gehören, wie Sie dem Überblick oben entnehmen können, zu den **innerlich abhängigen** Nebensätzen; sie geben Äußerungen einer Person des Textes *(nicht die des Erzählers)* wieder. → *vgl. Anhang, S. 28 f.*
Diese Nebensätze stehen in der Regel im Konjunktiv, auch wenn sie mit einer Subjunktion eingeleitet werden, die normalerweise den Indikativ erfordert *(z.B. quod – weil)*.
*Der Angeklagte behauptete, er könne gar nicht am Tatort gewesen sein, **weil** er sich zu jener Zeit auf Geschäftsreise im Ausland befunden **habe**.*

Beispiel aus Lektion 14 A, Z. 14 / 15:

Der Konjunktiv **cuperent** im Relativsatz erklärt sich aus der Tatsache, dass der gesamte Satz eine, wenn auch sehr kleine indirekte Rede enthält: Sullas Vorhersage über Caesars Gefährlichkeit im AcI und die Erläuterung über Caesar, dessen Begnadigung die Senatoren wünschten, wie Sulla ihnen im Relativsatz vorhält *(und nicht der Erzähler feststellt)*.
Das Tempus Imperfekt wird gemäß der ***consecutio temporum*** verwendet *(s. o. L. 13, S. 102)*.

3)   Die indirekte Reflexivität

In innerlich abhängigen Nebensätzen werden, wie gesehen, Gedanken, Vorstellungen oder Worte meist des Subjekts des übergeordneten Satzes wiedergegeben (diese Nebensätze stehen in einer <u>inneren</u> Beziehung zu diesem Subjekt, sind von ihm aus „gedacht").
Um im Nebensatz den inhaltlichen Bezug zu eben diesem Subjekt des Hauptsatzes kenntlich zu machen, werden die **reflexiven** Possessiv- und Personalpronomina verwendet:

Polydorus fugit, 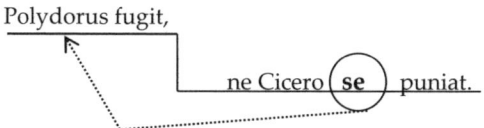 ne Cicero **se** puniat.

Das Reflexivpronomen **se** bezieht sich, gewissermaßen „um die Ecke", d. h. mittelbar, auf das Subjekt Polydorus zurück. Diese Art der mittelbaren Reflexivität nennt man **indirekte Reflexivität.**
Übersetzen muss man es dann als nicht reflexives Personalpronomen:
Polydorus ergreift die Flucht, damit Cicero **ihn** nicht bestraft.

Allerdings ist festzuhalten, dass bei einem konjunktivischen Nebensatz mit Reflexivpronomina immer eine syntaktische und inhaltliche Doppeldeutigkeit besteht:
Man könnte **se** auch als <u>direkt</u> reflexiv, also mit Bezug auf Cicero, verstehen; der Satz hieße dann: Polydorus ergreift die Flucht, damit Cicero **sich** nicht bestraft.
Es entscheidet der inhaltliche Zusammenhang; meistens ist der indirekten Reflexivität der Vorzug zu geben.

   Die indirekte Reflexivität kommt nur bei innerlich abhängigen Nebensätzen vor.
Konsekutivsätze zählen nicht zu den innerlich abhängigen Nebensätzen.

Weitere Beispiele:

Cicero dixit se dolere, quod amici beneficiorum **suorum** obliti essent.
Cicero sagte, dass er es bedauere, dass die Freunde **seine** Wohltaten vergessen hätten.

Polyxena Proclusque a Polydoro petunt, ut **sibi** ignoscat.
Polyxena und Proclus bitten Polydorus, **ihnen** zu verzeihen.

Romani castra muniverunt, ne facile hostes impetum **in se** facere possent.
Die Römer befestigten das Lager, damit die Feinde nicht leicht einen Angriff **auf sie** machen konnten.

Polyxena a Proclo petivit, ut **se** adiuvaret.
Polyxena bat Proclus, **sie** zu unterstützen / **ihr** zu helfen.

Polyxena ab amico petit, ne **sui** obliviscatur. *(sui ist Genitiv des reflexiven Personalpronomens.)*
Polyxena bittet den Freund, **sie** nicht zu vergessen.

III ÜBUNGEN

1) Bilden Sie die entsprechenden Formen von ferre:

portare	ferre	apportare	afferre
porta!		apportas	
portabas		apportaris	
portatur		apportatus erat	
portate!		apportari	
portabo		apportavissemus	
portaberis		apportati sint	
portaturus		apportaverant	
portati erunt		apportatis	
portabunt		apportabuntur	
portaverint		apportarent	
portavistis		apportabit	

2) Bilden Sie nun die entsprechenden Formen von folgenden Komposita:

1) auferre   2) efferre   3) offerre

3) Bilden Sie von folgenden Verben das Partizip Futur Aktiv:

a) rogare →   b) ponere →
c) mittere →   d) facere →
e) legere →   f) addere →
g) cogere →   h) iubere →
i) frangere →   j) fallere →

4) Ergänzen Sie die fehlenden Endungen:

a) nostri exercit_____(2)   b) nostrae man_____ (3)

c) exercitum ingent_____   d) dom_____ nostr_____ (Gen. Pl.)

f) impet_____ magno   g) exercit_____ magnis

h) impet_____ magnos   i) dom_____ magn____ (Akk. Pl.)

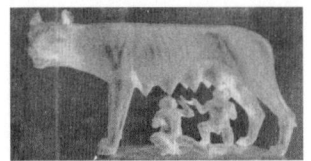

Lectio quinta decima 15

Sinnlose Vergleiche?

A Hac narratione Polydorus commotus respondit: „Vero Caesar fortissimus esse videtur, sine dubio fortior audaciorque est quam multi senatores, qui divitias suas cura maiore ac labore defendunt quam rem publicam." Tunc Proclus: „Nunc quidem prudentior
5   mihi esse videris quam illo tempore, cum puer domum Ciceronis pervenisti. Nam et ab illo et a nobis instructus plura maioraque cotidie didicisti. Quid melius hōc tibi accidere potuit? Nunc senatores etiam acrioribus verbis offendere audes quam Cato[1], censor ille; quo severior nemo fuit. Nemo enim plures cives senatu
10 movit Catone[1]. Nemo cives maiore odio, sed etiam admiratione affecit quam Cato[1]. Itaque censorius vocabatur, et eum censorium iure vocabant; nam auctoritate eius victi leges neglegere destiterunt. Tum maiores nostri meliore ingenio praediti exemplum huius viri praestantissimi secuti sunt. Nunc autem tempora mo-
15 resque commutati esse videntur." Polydorus: „Ista verba tamquam a Romano dicta esse mihi videntur. Equidem senatores reprehendi iustis de causis. At animus fert[2] dicere nunc etiam nova verba: Illos enim Graecos duco audaciores in bello, in pace sapientiores quam Romanos. Themistocles[3] ille contra Persas[4] gessit bellum
20 ingentius ac periculosius quam id, quod Caesar cum hostibus in Gallia gerit. Prudentius ac callidius Atheniensium[5] rem servavit quam illustrissimi Romani rem publicam illis temporibus, quibus hostes urbe arcebant."

1)	Cato, Catōnis m.	M. Porcius Cato *(Politiker des 2. Jh. v. Chr.)*
2)	animus fert	mein Geist drängt mich *(eine dichterische Formulierung, mit der der Kleine angibt)*
3)	Themistoclēs, -is m.	Themistokles *(Feldherr Athens im Perserkrieg)*
4)	Persae, -ārum m.	die Perser
5)	Atheniēnsēs, -ium m.	die Athener

Ein Held der Vorzeit

15 B „Ea, quae dixisti, nimis audacia existimo", Proclus respondit. „Certe Romani fortiores se quam ceteros populos dicunt, nec non recte id dicunt; nam interdum unius viri virtus rem publicam servavit, ut fama fert: Antiquis temporibus Galli per Italiam vagantes ad
5 Anionem[1] flumen a Romanis exspectabantur. Aciebus instructis signum proelii dare dubitabant, nam Galli maioribus viribus esse videbantur. Subito Gallus quidam, vir ingenti magnitudine animoque superbo, eos elusit: »Qui vestrum vir appellatur, pugnet mecum! Romani se fortes dicunt? Ego vos ignavos appello et puto.
10 Quid est? Ignavi a me appellati dubitatis arma capere?«
Quibus verbis dictis ante Romanorum oculos exsultat carmina barbarorum more cantans. Tum T. Manlius[2] adulescens sive ira sive pudore adductus dictatorem adiit: »Numquam iniusso tuo extra ordinem pugnabo; ita a te peto, ut cum ista belua, quae virtutem
15 Romanorum superbius contemnit, pugnare me iubeas.«
Dictator ad haec: »Tua Virtus et erga patriam pietas maximae tibi laudi est. Iure verus Romanus nominaris. Di te adiuvent!«
Tum Manlius processit in medium, ubi stabat Gallus, viribus suis nimis confisus[3]. Statim impetum fecit in iuvenem, qui paulum re-
20 cessit mortemque effugit. Deinde gladio destricto Gallum tam celeriter petivit, ut se defendere non posset, sed transfixus cecidit et prostratus[4] humi iacebat. Laeti clamorem sustulerunt Romani et iuvenis virtutem praedicabant. Manlius autem de collo mortui torquem detraxisse et signum victoriae virtutisque cepisse dicitur.
25 Qua de causa ille iuvenis Torquatus[5] appellatus est."

1)	T. Manlius	Titus Manlius *(Held der römischen Frühgeschichte)*
2)	Anio, -onis m.	der Anio *(Fluss in Italien)*
3)	confīsus, -a, -um *(m. Dat.)*	im Vertrauen auf
4)	prostrātus, -a, -um	niedergestreckt
5)	Torquātus, -i m.	Torquatus *(„Der mit der torques")*

GRAMMATIK

I FORMENLEHRE

1) Der Komparativ des Adjektivs

Bildung:

> Wortstock des Adjektivs + **-ior** (m. / f.), **-ius** (n.)
> *Genitiv für alle drei Genera:* **-iōris**

z. B.: long**ior, -ius** (*Gen.* longiōris), celer**ior, -ius** (*Gen.* celeriōris), prudent**ior, -ius** (*Gen.* prudentiōris), pulchr**ior, -ius** (*Gen.* pulchriōris)

Die Komparative der Adjektive gehören zur **konsonantischen** Deklination *(vgl. Übersicht im Anhang 6).*

Der Komparativ wird **entweder** bei einem direkten Vergleich angewandt, *also*: Caesar audacior est quam ceteri imperatores *oder ohne* quam: imperatoribus Caesar ist wagemutiger als die übrigen Feldherrn *(s. u. S. 119);*
oder er erscheint absolut, *d. h.* ohne direkte Vergleichsmöglichkeit:
Polydorus audacior est. – Polydorus ist ziemlich *oder* zu unverschämt.

2) Der Komparativ des Adverbs

Dieser ist identisch mit der Form des Adjektivs im neutrum, endet somit immer auf **-ius:**

	Positiv		*Komparativ*		*Superlativ*
z. B.:	clarē	→	**clarius**	→	clarissimē
	celeriter	→	**celerius**	→	celerrimē
	facilē	→	**facilius**	→	facillimē

3) Unregelmäßige Komparation

Wie im Deutschen *(gut, besser, am besten)* weisen auch im Lateinischen manche Adjektive und Adverbien unterschiedliche Stämme auf; es seien hier genannt:

bonus, -a, -um	melior, melius	optimus, -a, -um	(gut *usw.*)
malus *etc.*	peior, peius	pessimus *etc.*	(schlecht *usw.*)
magnus *etc.*	maior, maius	maximus *etc.*	(groß *usw.*)
parvus *etc.*	minor, minus	minimus *etc.*	(klein *usw.*)
multi, -ae, -a	plūres, plūra	plūrimi, -ae, -a	(viele *usw.*)

Dazu kommen noch einige Komparative und Superlative, deren adjektivische Grundform ungebräuchlich ist.

ultimus, -a, -um	der letzte	Komp.:	ulterior, -ius (jenseitig; entfernter)
suprēmus etc.	der oberste	Komp.:	superior, -ius (höher gelegen, überlegen)
extrēmus etc.	der äußerste	Komp.:	exterior, -ius (nach außen gelegen)
postrēmus etc.	der letzte	Komp.:	posterior, -ius (folgend; geringer)
proximus etc.	der nächste	Komp.:	propior, -ius (näher liegend)

Die Grundformen sind Adverbien: *ultra, supra, extra, post, prope,* von denen sich ihrerseits einige Adjektive herleiten: *exterus, -a, -um, posterus, -a, -um.*

** Zu diesem Komplex s. vollständig RUBENBAUER / HOFMANN § 48 und 49.

II SYNTAX

1) Doppelter Akkusativ – Doppelter Nominativ

Der doppelte Akkusativ steht nach Verben, die in der Bedeutung „*haben als, halten für; erkennen als; machen, wählen, ernennen zu; erklären zu, sich bewähren als ...*" den Charakter von **Hilfsverben** haben und deshalb neben dem Akkusativobjekt einen weiteren Akkusativ in Form eines **Prädikatsnomens** benötigen,

z. B.: Senatores Caesarem dictatorem creaverunt.

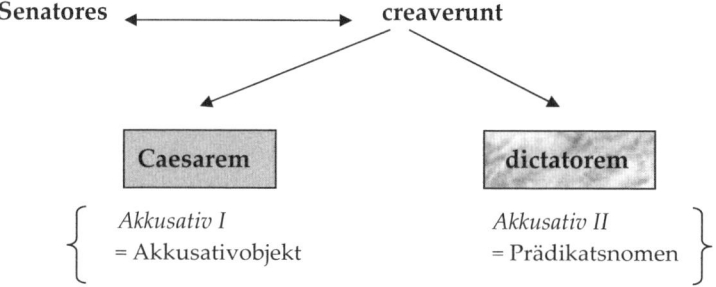

Die Senatoren wählten Caesar zum **Diktator.**

Weitere Beispiele:

Romani Manlium Torquatum appellaverunt.	Die Römer nannten Manlius „Torquatus".
Manlius fortem se praestitit.	Manlius erwies sich als tapfer.
Cicero Caesarem perniciosum ducit.	Cicero hält Caesar für Verderben bringend.
Caesar Quintum legatum fecit.	Caesar machte Quintus zum Legaten.
Te amicum puto.	Ich halte dich für einen Freund.

> **Verben mit doppeltem Akkusativ in der Funktion als Hilfsverben:**
>
> creare – wählen zu
> facere – machen zu
> iudicare – beurteilen als, erklären zu
>
> habere, putare, existimare, ducere – halten für
> dicere, nominare, appellare – bezeichnen als
> se praebere, se praestare – sich erweisen als

Bei der Umwandlung dieser Verben in das Passiv wird daraus die Konstruktion des **doppelten Nominativs**:

⟹ Caesar a senatoribus dictator creatus est.   *(Subjekt mit Prädikatsnomen)*
    Caesar wurde von den Senatoren zum Diktator gewählt.

Übersetzen Sie bitte:

1) Senatus Caesarem hostem iudicavit.   Caesar a senatu hostis iudicatus est.
2) Tullius Polydorum semper fidum putabat.   Polydorus semper fidus putabatur[1].
3) Senatus Ciceronem patrem patriae appellavit. Cicero pater patriae appellatus est.

Die Passivformen von **putare** und **habere** können eleganter mit „gelten als... " übersetzt werden: Caesar optimus imperator habitus est. – Caesar galt als sehr guter / der beste Feldherr.

2) Der nominativus cum Infinitivo (NcI)

Bei manchen Verben, die einen AcI regieren, ist eine Verwandlung ins Passiv möglich. Dann ändert sich nur der Subjektsakkusativ *(und gegebenenfalls das Prädikatsnomen)*: Er wird zum Nominativ und damit zum Subjekt des Satzes, das mit dem Prädikat im Passiv eine **persönliche** Konstruktion bildet, an die sich der Prädikatsinfinitiv „anhängt":

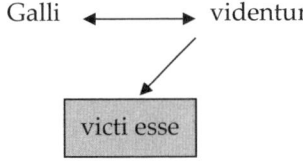

Galli ⟷ videntur   Die Gallier scheinen besiegt worden zu sein.

victi esse

Man muss daher nicht auf das unpersönliche *„Es scheint, dass die Gallier besiegt worden sind"* zurückgreifen.

Tu mihi audacioribus verbis uti videris.   Du scheinst mir zu freche Worte zu gebrauchen.
Non vera locuti esse videmini.   Ihr scheint nicht die Wahrheit gesagt zu haben.
Gallia subacta esse videtur.   Gallien scheint unterworfen worden zu sein.

Bei den Verben **dici, putari, tradi, iuberi, existimari** *u. ä.* ist man jedoch auf die Übersetzung mit einem unpersönlichen Passiv oder auf eine freie Wiedergabe angewiesen:

Socrates iustissimus fuisse dicitur.	Es wird gesagt, dass Sokrates sehr gerecht gewesen sei (*oder:* Man sagt, dass Sokrates...).
Milites pontem facere iussi sunt.	Den Soldaten wurde befohlen, eine Brücke zu bauen.
Galli fortiter pugnavisse traditi sunt.	Es wurde berichtet, dass die Gallier tapfer gekämpft hatten.
Proclus semper fidus esse putatur.	Es wird geglaubt, dass P. immer zuverlässig ist (*oder:* P. **gilt** als immer zuverlässig).

3) Sondergruppen des ablativus separativus

Neben den bisher vorgestellten Funktionen des ablativus separativus als Kasus zur Bezeichnung des Ausgangspunkts und der Trennung *bzw.* des Getrenntseins *(s. o. L. 11, Syntax, S. 87)* sind noch folgende zu erwähnen:

a) Der ablativus comparationis:

Er bezeichnet den **Ausgangspunkt** der Betrachtung *bzw.* des Vergleichs und stellt eine Alternative zum mit **quam** gebildeten Vergleich dar:

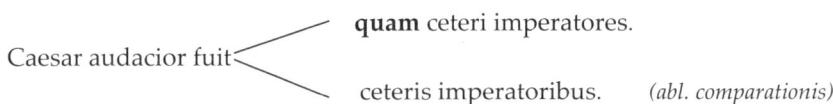

Caesar ist wagemutiger als die übrigen Feldherren gewesen.

{ Wörtlich könnte man den mit dem ablativus comparationis gebildeten Satz übersetzen: *„Von den übrigen Feldherren aus gesehen / im Vergleich zu den übrigen Feldherren ist Caesar wagemutiger gewesen."* }

Niemanden betrachteten die Römer mit größerer Bewunderung als Cato.

b) Der ablativus originis:

Dieser Ablativ, obwohl bisher nicht behandelt, wird hier der Vollständigkeit halber aufgeführt: Er bezeichnet die familiäre Herkunft einer Person oder gibt deren Stand an. Er steht ohne Präposition bei den Partizipien **natus** (*wörtl.* geboren) und **ortus** (*wörtl.* entstanden): "abstammend von":

    Cicero equestri loco ortus est.   Cicero entstammte dem Ritterstand.
    Catilina, vir nobili genere natus,...   Catilina, ein Mann von vornehmer Herkunft ...

Darüber hinaus finden sich noch Ausdrücke mit der Präposition **de**, z. B.:
    homo de plebe – ein Mann aus dem Volk

III   ÜBUNGEN

1) Ergänzen Sie die Endung:

a) iuveni celerior___   b) iuvene celerior___

c) animalia ferocior___   d) beluae ferocior_____ (3)

e) dominum crudelior___   f) dominorum crudelior___

2) Übersetzen Sie und bestimmen Sie die jeweilige Konstruktion:

1)	Polydorum puerum prudentem esse puto.	→	AcI
2)	Polydorus puer prudens esse putatur.	→	NcI
3)	Polydorum puerum prudentem puto.	→	doppelter Akkusativ
4)	Polydorus puer prudens putatur.	→	doppelter Nominativ
5)	Homerus caecus *(blind)* fuisse dicitur.	→	?
6)	Romulus Remum fratrem occidisse traditur.	→	?
7)	Propterea Romulum crudelem putemus?	→	?
8)	Germani audacissimi habebantur.	→	?
9)	Polydorus officia neglexisse videtur.	→	?
10)	Video Polydorum officia neglexisse.	→	?

Lectio sexta decima 16

Wer ist der Erste im Dorf?

A   Polyxena: „Nunc, Polydore, intellegis, quibus artibus res Romana stet. Sit nobis Graecis ars scribendi et bene dicendi magis quam Romanis, faciant Graeci artificio admirabiliore opera atque statuas pulchras, quae spirare videntur, perspiciant etiam naturae leges
5   – Romani agendo, laboribus tolerando, pericula subeundo magni facti sunt. Romanorum sine dubio est ars regendi populos."
Polydorus: „Graeci quoque, quos minus valere in bello dixistis, tamen semper parati fuerunt ad pugnandum." His Proclus respondit: „Si isto verbo »ad pugnandum« addas »verbis«, tibi assen-
10   tiar. Sed verbis tantum certando nihil proficis." Polydorus: „Equidem aliquid novi disco cotidie disputando vobiscum." „Bene, et docendo et discendo satis temporis est nobis. Nunc si discere vis, cur Marcellus et alii Caesarem timeant tantopere, audi: Nam illum cupidissimum dominationis putant. Cum enim decem annis
15   ante quaestor[1] factus in Hispaniam[2] proficisceretur et Alpes[3] transiret, in vico paupere homines certantes vidit. Amicis disputantibus, num etiam illic esset locus ambitioni, Caesar haec fere dixisse dicitur: »Mallem hic primus esse quam Romae secundus.« His verbis Caesar ostendit se nullius potestati cedere velle."
20   „Sin Caesar primus Romae esse vult, rei publicae valde timeo. Nam nunc periculum maximum imminentem rei publicae video."

1) quaestor, -ōris m.   Quästor *(röm. Beamter, u. a. für Finanzen zuständig)*
2) Hispania, -ae f.   Spanien
3) Alpēs, -ium f.   die Alpen

Der Bürgerkrieg naht

16 B Ac profecto, quinque annis post versabatur in re publica tanta discordia, ut bellum civile oriturum esse videretur. Gallia enim tota pacata Caesar iterum creari voluit consul. Sed inimici eum, quem potentiorem fore putabant, exercitum suum dimittere
5 Romamque venire iusserunt. Dum agendo de pace res ducitur, Marcellus, Caesaris inimicus acerbissimus, Pompeium adiit imperium gerendi bellum ei delaturus. Qui ipse principem civitatis locum petens negotium suscepit. Caesar autem, quia cum genero armis certare nolebat, primo dubitabat. Ubi autem hostem a
10 senatu esse iudicatum se cognovit, militibus convocatis de iniuriis ab inimiciis acceptis questus est: „Tempus agendi adest, commilitones. Adsum vester et miles et dux, quocum tantis proeliis commissis tantisque laboribus susceptis maximam peperistis gloriam. Maiora pericula, quae ab illis senatoribus excogitari pos-
15 sunt, subistis me duce. Feroces gentes, quas esse illi libris nondum legerunt, senatui populoque Romano subegistis me duce. Eiusdem imperatoris vestri dignitatem ab illis exstingui nunc pati vultis? Vellem, commilitones, turpissimas contumelias iniuriasque maximas aequo animo perferre, si modo vos salvos esse novissem.
20 At quoniam urbe exactum est cum tribunis plebis populi ius, putare debetis nos quoque omnes nihil valere. Cunctamini igitur ulcisci iniurias nostras[1]? Omnia existimatis prospera vobis eventura esse exspectando? Quid autem viro honesto accidat peius vel turpius quam honorem, dignitatem, quin etiam vitam amittere, si
25 adversarii ignavi inertesque sunt, si omnia virtutis praemia facillime minimo labore consequi potestis? Agendi tempus adest!"
Hanc orationem milites clamore acceperunt. Hoc modo Caesar eis persuasit, ut patriae inferrent bellum.

1) nostras *hier:* an uns, uns gegenüber

GRAMMATIK

I   FORMENLEHRE

1) Die Verben *velle, nōlle, mālle*

Alle drei Verben haben **u**-Perfekt (**voluī, nōluī, māluī**), dessen Formen deshalb hier nicht aufgeführt werden.

velle – wollen

> **Ind. Präsens**: volō, vīs, vult, volumus, vultis, volunt
> ich will, du willst, er, sie, es will, wir wollen, ihr wollt, sie wollen

> **Konj. Präsens**: velim, velīs, velit, velīmus, velītis, velint
> ich möge wollen *oder* ich wolle *etc.*

nōlle – nicht wollen *(nōlo entstanden aus nē + volo)*

> **Ind. Präsens**: nōlō, nōn vīs, nōn vult, nōlumus, nōn vultis, nōlunt
> ich will nicht, du willst nicht, er, sie, es will nicht, wir wollen nicht *etc.*

> **Konj. Präsens**: nōlim, nōlīs, nōlit, nōlīmus, nōlītis, nōlint
> ich möge nicht wollen *oder* ich wolle nicht *etc.*

mālle *(mālo entstanden aus magis volo)* – lieber wollen

> **Ind. Präsens**: mālō, māvīs, māvult, mālumus, māvultis, mālunt
> ich will lieber, du willst lieber, er, sie, es will lieber *etc.*

> **Konj. Präsens**: mālim, mālīs, mālit, mālīmus, mālītis, mālint
> ich möge lieber wollen *oder* ich wolle lieber *etc.*

Ind. Imperf.: volēbam, nōlēbam, mālēbam *etc.*; **Konj. Imperf.**: vellem, nōllem, māllem *etc.*;
Fut. 1: volam, volēs, volet; nōlam, nōlēs, nōlet; mālam, mālēs, mālet *etc.*

Alle drei Verben stehen mit Infinitiv oder AcI:**

Der **Infinitiv** erscheint bei **Subjektsgleichheit**, z. B.:
    Volo laborare.   (**Ich** will, dass **ich** arbeite.)   = Ich will arbeiten.
    Vis laborare.   (**Du** willst, dass **du** arbeitest.)   = Du willst arbeiten.

Der <u>AcI</u> erscheint bei **Subjektsungleichheit**, z. B.:
    Volo **te** laborare.   **Ich** will, dass **du** arbeitest.
    Vis **me** laborare.   **Du** willst, dass **ich** arbeite.

    ** *Das Gleiche gilt für* **studēre** *(sich bemühen) und* **cupere** *(wünschen, begehren).*

II SYNTAX

1) Der accusativus cum participio (AcP)

Diese Konstruktion steht nach Verben der sinnlichen Wahrnehmung als Alternative zum AcI. Sie sei hier nur beiläufig erwähnt, da sie nicht häufig vorkommt.

AcI: Videmus hostes **appropinquare**. – Wir sehen, **dass** die Feinde **sich nähern**.

> *Betonung der Aussage liegt auf der **Tatsache** an sich.*

AcP: Videmus hostes **appropinquantes**. – Wir sehen (, **wie**) die Feinde **sich nähern**.

> *Betonung der Aussage liegt auf dem **Vorgang**.*

2) Das Gerundium – Bildung und Verwendung

Das **Gerundium** ist der substantivierte Infinitiv des Präsens Aktiv; sein Genus ist neutrum *(vgl. im Deutschen:* Im Garten zu arbeiten ist erholsam. – Das Arbeiten im Garten ist erholsam.*)*.

Die Kennsilbe des Gerundiums ist **-nd-**; deshalb spricht man (als Oberbegriff) von einer **-nd- Form**, wie auch beim Gerundivum *(s. folgende Lektion)*.
Das **-nd-** tritt an den (bei der i- und der kurzvokalischen i-Konjugation durch Bindevokale erweiterten) Präsensstamm, dazu kommen die Endungen der o-Deklination im Singular:

> **Präsensstamm (+ s. o.) + nd + Kasusendung = Gerundium**
> **-i; -o; -um; -o**

(vocare)	(das Rufen) *(vgl. Errare humanum est. – Irren ist menschlich.)*
vocandi	des Rufens
vocando	dem Rufen, für das Rufen, zum Rufen
ad vocandum	zum Rufen
vocando	durch das Rufen

Für die restlichen Konjugationen: **monendi, audiendi, ducendi, faciendi** *etc.*

❖ Häufig ist im Deutschen die verbale Umschreibung möglich und auch eleganter: So lässt sich der Genitiv des Gerundiums mit „*zu + Infinitiv*" wiedergeben, während der bloße Ablativ einem modalen Nebensatz entspricht *(s. u. S. 125)*.

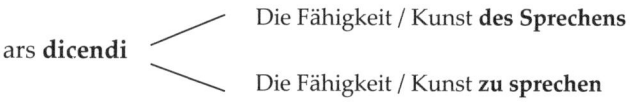

ars **dicendi** — Die Fähigkeit / Kunst **des Sprechens**
              — Die Fähigkeit / Kunst **zu sprechen**

Cicero bene **dicendo** clarus factus est.

entweder: Cicero ist **durch gutes Reden** berühmt geworden.
oder als Modalsatz: C. ist **dadurch** berühmt geworden, **dass er gut(e) Reden hielt**.

❖ Seinem verbalen Charakter entsprechend kann das Gerundium, wie soeben gesehen, durch ein Adverb (nie durch ein Adjektiv!) erläutert werden:

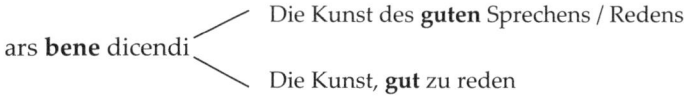

ars **bene** dicendi — Die Kunst des **guten** Sprechens / Redens / Die Kunst, **gut** zu reden

❖ Weiterhin kann vom Gerundium, wenn es im Genitiv oder bloßen Ablativ erscheint, ein Objekt abhängen:

facultas **epistulam** celeriter scribendi – die Fähigkeit, **einen Brief** schnell zu schreiben

Labienus **officia** diligentissime praestando Caesari carus fuit.
Labienus war Caesar lieb und teuer, weil / dadurch, dass er **seine Pflichten** sehr gewissenhaft erfüllte.

Übungssätze zur Einführung oder Wiederholung:

1) Legere Marcum delectat. Itaque Marcus Gaium filium artem **legendi** docet.
2) Gaius **bene legendo** operam dat *(operam dare – sich Mühe geben)*.
2) Tandem Gaius **ad legendum** paratus est.
3) **Legendo** enim res a Romanis gestas cognoscit.
4) Cicero **studendi** causā in Graeciam navigavit.
(causā – Postposition mit Genitiv: wegen, um zu)
5) Homo et **ad intellegendum** et **ad agendum** natus est.
6) **Legendo** homo prudens animum suum delectat.

3) Der verschränkte Relativsatz

Definition:

Relativsätze können mit einer satzwertigen Konstruktion, d. h. mit einem AcI, NcI, einer Partizipialkonstruktion *(part. coni., abl. abs.)* oder einem weiteren Nebensatz so verknüpft werden, dass es sich hierbei um zwei Satzeinheiten (mit zwei Verbformen) handelt: den Relativsatz mit seinem Prädikat und die hinzugekommene satzwertige Konstruktion. Diese Nebensätze heißen **verschränkte Relativsätze**, wenn sich das Relativpronomen in seinem **Kasus** nicht, wie bei einfachen Relativsätzen, nach dem Prädikat des Relativsatzes richtet*

(z. B. im Deutschen: Der Wald, <u>den</u> ich <u>sehe</u>, ist groß.), sondern Teil (= Satzglied) der hinzugetretenen satzwertigen Konstruktion ist *(zu den Übersetzungsmöglichkeiten s. u. und folgende Seite)*.
In **Numerus** und **Genus** besteht (wie beim einfachen Relativsatz) die Kongruenz des Relativpronomens zum Bezugswort des übergeordneten Satzes.

* *Als Genitivattribut hängt das Relativpronomen natürlich nicht von dem Prädikat des Relativsatzes ab, sondern beschreibt ein Substantiv, das sich im Relativsatz befindet: Iustitia, **cuius** vim diligimus – die Gerechtigkeit, **deren** Macht wir schätzen ...*

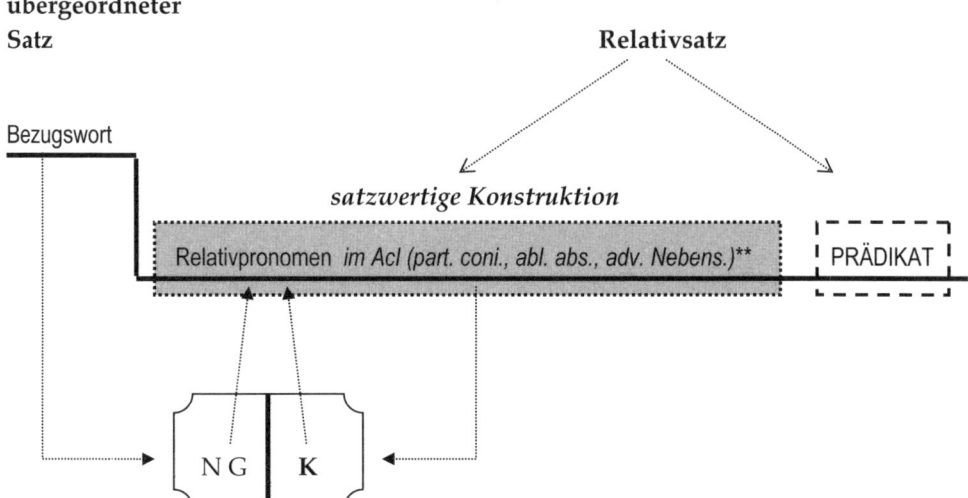

** *In dieser Lektion wird nur die Verschränkung mit einem AcI behandelt.*

Ein Beispiel:

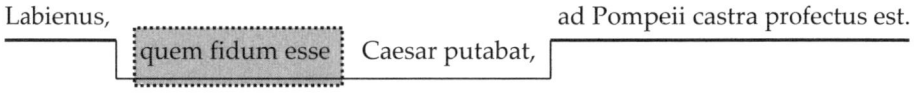

Quem ist Teil der satzwertigen Konstruktion (*hier des* AcI) und der Subjektsakkusativ.

Übersetzungsmöglichkeiten:

- **Behelfsübersetzung** mit einer den deutschen Relativsatz einleitenden Präposition, meistens mit „**von** ..." *(diese Möglichkeit ist fast immer anwendbar)*:

  Labienus, **von dem** Caesar glaubte, dass **er** treu sei, brach zum Lager des Pompeius auf.   *(Labienus wechselte zu Beginn des Bürgerkriegs die Seiten.)*

Man sieht, dass man das Relativpronomen bei dieser Übersetzungsart **zwei Mal** wiedergeben muss, *nämlich:*

mit
1) *„von"* oder *„über"* + Relativpronomen = **„von dem"**, **„über den"**
und
2) mit einem Personalpronomen, das der syntaktischen Funktion des lateinischen Relativpronomens innerhalb der satzwertigen Konstruktion entspricht.

Da **quem** hier Subjektakkusativ (*masc. Sing.*) ist, muss es mit dem Personalpronomen als Subjekt wiedergegeben werden, hier also mit **„er"**.

- **Einschub**, eingeleitet durch ein **„wie ..."** *oder* **„so ..."**.
  Der vom Prädikat regierte Teil des Relativsatzes wird als Einschub formuliert, der AcI wird als Relativsatz übersetzt (der Prädikatsinfinitiv wird zum finiten Verb):

  Labienus, der, **wie** Caesar glaubte, treu war, brach ins Lager des Pompeius auf.
  oder:
  Labienus, der – **so** glaubte Caesar – treu war, brach ins Lager des Pompeius auf.

- **Präpositionaler Ausdruck**
  Das Prädikat des Relativsatzes wird hierbei in ein Substantiv verwandelt und mit einer passenden Präposition verbunden:

  Labienus, der **(laut)*** / **nach** Caesar **Meinung** treu war, brach ins Lager des Pompeius auf. (*„Laut" bietet sich eher bei Verben des Sagens an*, z. B.: laut seiner Aussage, Behauptung.)

Weitere Beispiele einer Verschränkung mit AcI:

1) Caesar T. Labienum, quem fortem fidumque esse cognoverat, militibus praefecit.
   Caesar übergab T. Labienus, von dem er wusste, dass er tüchtig und zuverlässig war, das Kommando über die Soldaten.
2) Pompeius cum Caesare, quem facile se victurum esse sperabat, de pace non egit.
   Pompeius verhandelte mit Caesar, den er, wie er hoffte, leicht besiegen werde, nicht über den Frieden. *(quem hier Objektsakkusativ)*
3) Augustus civibus Romanis, quos regnum non probare non ignorabat, rem publicam se restituisse nuntiavit.
   Augustus verkündete den römischen Bürgern, von denen er genau wusste, dass sie eine Königsherrschaft nicht billigten, er habe die Republik wiederhergestellt.
4) Germani Romanis, quos iniustos esse putabant, non iam paruerunt.
   Die Germanen gehorchten den Römern, die, wie sie glaubten, ungerecht waren, nicht mehr.
5) Caesar suis, quos ab hostibus opprimi vidit, equitatum auxilio misit.
   Caesar schickte seinen Leuten, die, wie er sah, von den Feinden bedrängt wurden, die Reiterei zu Hilfe.

** *Zu weiteren Möglichkeiten der Verschränkung im Relativsatz s. Anhang, S. 22 f.*

III ÜBUNGEN

1) Bestimmen und übersetzen Sie folgende Formen von velle, nolle, malle:

a) malam
b) mallem
c) malim
d) malui
e) malis
f) males
g) nolint
h) velitis
i) vultis
j) mavis

2) Ergänzen Sie die Tabelle:

probare	transire	suspicere	sentire	agere
probandum				
	transiit			
		suspicietur		
			sentientem	
				acturi
			sentiri	
		suspicerent		
	transeat			
proba				

3) Übersetzen Sie:

1) Caesar, quem inimicis odio fuisse legimus, regnum petebat.
2) Cicero Caesarem, quem patriae bellum inlaturum esse audiverat, valde reprehendebat.
3) Sabini, quorum filias a Romanis raptas esse constat, irati erant.
4) Caesar in Helvetios, quos flumen transire vidit, impetum fecit.

Lectio septima decima 17

Würfelspiele am Rubico und die Folgen

A Caesar, cum Rubiconi[1] rivo appropinquavisset, consistere milites et impedimenta in unum locum conferri iussit. Ipse collem ascendit, unde regiones Italiae, quam Rubico[1] a Gallia provincia dividit, spectare poterat. Circumspiciens diu tacebat et multa secum
5 cogitabat: „Hic finis Italiae est. Quem si transeo, bellum gerendum est. Quem si cohortes meos traduxero, multa cum civibus proelia mihi gerenda erunt. Si hoc flumine transito in Italiam profectus ero, clades accipiendae erunt omnibus hominibus; quodsi manebo in Gallia, id mihi soli uni calamitati erit. Decernendum est
10 mihi, quid deligam."
Eo ipso tempore adulescens eximia magnitudine apparuit, qui tubam canens signum proelii dedisse visus est. Tum Caesar magna voce: „Nunc dubitandum non iam est. Eamus, quo dei nos ducunt! Quod verba nihil profecerunt, armis omnia gerenda sunt.
15 Iacta alea est! Primo hoc flumen nobis est transeundum."
Itaque Caesar dignitatem suam sibi esse defendendam statuit; magnis itineribus pervenit Ariminum[2], quod est oppidum extra provinciam proximum. Civibus in deditionem acceptis exercitum duxit Corfinium[3], quod oppidum capiendum esse putabat quam
20 celerrime. At Domitius[4] locum firmis praesidiis munitum obtinebat. Oppidani autem, ubi viderunt ad portas adesse Caesarem, quem hostibus subiectis parcere quam feroces debellare malle noverant, Domitium[4] comprehenderunt captumque seque tradiderunt. Caesar autem libentissime eos in deditionem accepit Do-
25 mitiumque[4] Romam dimisit incolumem.

1) Rubicō, -ōnis m.   der Rubikon *(Fluss im nördlichen Mittelitalien)*
2) Arīminum, -i n.   Ariminum *(das heutige Rimini)*
3) Corfinium, -i n.   Corfinium *(Stadt in Mittelitalien)*
4) L. Domitius, -i m.   Lucius Domitius *(stand auf Seiten des Pompeius)*

Reaktion im Hause Cicero

17 B Cicero, ubi Rubicone transito Corfinioque capto Caesarem Romae appropinquare intellexit, de salute rei publicae desperabat. Tum eum paenitebat Caesaris adiutorem fuisse. Semper senserat omnia facienda esse, ne armis dimicaretur, sed hoc[1] deceptus est, quod
5 Caesarem de re publica idem atque se ipsum sentire putabat. „O hominem amentem, qui ait se suae dignitatis causā exercitum habere nullo publico consilio quique urbes occupat, quo facilius patriae inferat bellum!"
Sed Pompeium quoque Cicero vituperabat, quod eum non puduit
10 urbe turpissime relicta se recipere Brundisium[2], ut copias mare in Graeciam traiceret. Idem Pompeius, qui antea de suis virtutibus multa praedicaverat! Nunc omnes fama tantum adventus Caesaris territi ex urbe fugerant.
Ita Cicero, tum spe, tum timore affectus secum cogitans: „Quid
15 mihi faciendum est? Cuius partes sequar? In alterius causa nihil honesti, sed firmiores copiae. Causa alterius honestior est, sed Pompeium virtus pristina ac prudentia defecit. Piget me audire, quanta ignavia noster Pompeius urbem deseruerit. Sed quae spes in altero? Dignitatis causā se id facere dicit. Quid dignitatis est in
20 eo, qui patriae infert bellum? Pronuntiat illud Sullae[3] exemplum se imitaturum non esse. Dis gratias agamus, si sanguine civium gaudere non vult! Sed illam mansuetudinem aut, ut ita dicam, clementiam, esse insidiosam suspicio; Caesar ipse novam rationem vincendi eam appellat. Fortasse mihi contingat eum saniorem
25 reddere, si Romae maneam. Ne fugiamus proinde, sed maneamus et Caesarem exspectemus!"

---

1) hōc — hierin, in diesem Punkt
2) Brundīsium, -i n. — Brundisium *(heute Brindisi in Süditalien)*
3) Sulla, -ae **m.** — Lucius Cornelius Sulla *(bekannt u. a. für seine Grausamkeit vor und während seiner Diktatur 82–79 v. Chr.)*

GRAMMATIK

I SYNTAX

1) Einige unpersönlich konstruierte Verben der Empfindung

- Bei den Verben piget – *es verdrießt*, paenitet – *es reut*, pudet – *es beschämt*
  u. a. *(zur Vollständigkeit s. RUBENBAUER / HOFMANN, § 137)*
  steht die empfindende Person im Akkusativ.

  > pudet me - „es beschämt mich" = ich schäme mich

- Die Person oder Sache, auf die sich die Empfindung bezieht, steht im Genitiv, der hier seinen ursprünglichen Charakter als Genitiv des Bereichs zeigt.

  > Pudet me sceleris mei – Ich schäme mich für mein Verbrechen.

  ** Wird die Empfindung durch ein Pronomen ausgedrückt, erscheint dies im Nominativ:
  Hoc me paenitet. – Ich bereue dies *(wörtl.:* „Dies reut mich").

- Weitere Möglichkeiten der Ergänzungen sind Infinitiv, AcI, faktisches *quod*.

  > Cicero paenitet (se) Caesarem adiuvisse   *oder:*
  > Ciceronem paenitet, quod Caesarem adiuvit.
  > Cicero bereut, Caesar unterstützt zu haben.

2) Das Gerundivum

Das **Gerundiv(um)** ist ein Verbaladjektiv mit Passivbedeutung; es wird wie das Gerundium mit **-nd-** gebildet, folgt aber der vollständigen o- und a-Deklination im Singular und Plural:

> vocandus, -a, -um; monendus *etc.*; audiendus *etc.*; dicendus *etc.*;
> faciendus *etc.*

Der Begriff „Verbaladjektiv" beschreibt die beiden Komponenten des Gerundivs:
Sein adjektivischer Charakter ist daran zu erkennen, dass es die Füllungsarten eines Adjektivs übernehmen kann. Es richtet sich hierbei in KNG-Kongruenz nach seinem Bezugswort *(s. u. S. 132)*.
Seinem verbalen Charakter entsprechend drückt es Handlungen aus.

Wie jedes Adjektiv kann das Gerundiv in drei syntaktischen Funktionen verwendet werden:

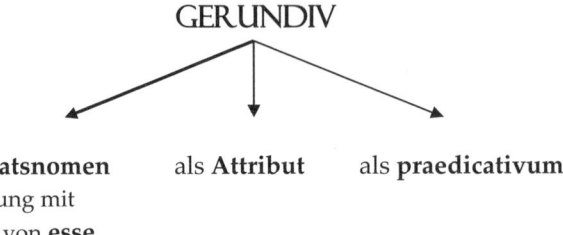

als **Prädikatsnomen**　　als **Attribut**　　als **praedicativum**
in Verbindung mit
einer Form von **esse**

In dieser Lektion wird das Gerundiv als **Prädikatsnomen** behandelt. Nur in dieser Funktion hat es die Bedeutung der Notwendigkeit im Passiv.

Hostes castris fugandi sunt.	Die Feinde müssen vom Lager vertrieben werden.
Hoc vinum bibendum est.	Dieser Wein muss getrunken werden
Patria amanda est.	Die Heimat muss geliebt werden.
Hi libri legendi sunt.	Diese Bücher müssen gelesen werden.

⇒ Eleganter ist eine Wiedergabe im Aktiv: „Man muss die Feinde vertreiben" *usw*.

Natürlich kann das Gerundiv auch in einer AcI-Konstruktion erscheinen:

Ceterum censeo Carthaginem esse delendam. – Im Übrigen bin ich der Meinung, dass
　　　　　　　　　　　　　　　　　　　　　Karthago zerstört werden muss.
　　　　　　　　　　　　　　　　　　　　　(Spruch des Cato maior)

In Verbindung mit **statuere** *(beschließen)* verliert das Gerundiv im AcI den Charakter der Notwendigkeit:

　　　　　　　Caesar statuit proelium quam celerrime committendum esse.
　　　　　　　Caesar beschloss, die Schlacht so schnell wie möglich zu beginnen.
oder:　　　Caesar glaubte, dass die Schlacht möglichst schnell begonnen werden **müsse**.

> ➢ Die Person, die etwas tun muss, steht im **dativus auctoris**, im Dativ des Urhebers
> (an Stelle des bei den übrigen Passivkonstruktionen gebräuchlichen ablativus auctoris).
> Dei **Romanis** colendi sunt.　　Die Götter müssen **von den Römern** geehrt werden /
> 　　　　　　　　　　　　　　　Die Römer müssen die Götter ehren.
> Haec **mihi** agenda sunt.　　Diese Dinge muss ich erledigen (*oder im Passiv*).

> ➢ Bei intransitiven Verben, also solchen, die kein Akkusativobjekt erfordern und deswegen mit Dativ (oder ohne Objekt) stehen, wird ein unpersönliches Passiv gebildet:
> Parendum est. – Es muss gehorcht werden, *besser:* Man muss gehorchen.
> Legibus parendum est. – Man muss den Gesetzen gehorchen.
> Nobis fugiendum est. – Wir müssen fliehen.

> Bei intransitiven Verben (mit Dativobjekt) entsteht Doppeldeutigkeit:

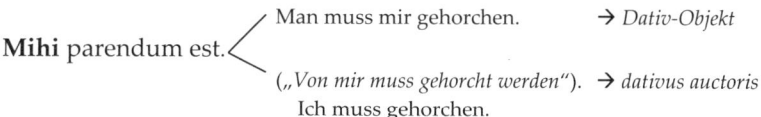

Mihi parendum est.
- Man muss mir gehorchen. → *Dativ-Objekt*
- („*Von mir muss gehorcht werden*"). → *dativus auctoris*
  Ich muss gehorchen.

Treten eine tätige Person (die im Dativ stünde) und ein Dativobjekt zusammen auf, so <u>kann</u> zur Sicherung des Verständnisses der dativus auctoris durch einen ablativus auctoris ersetzt werden, was in der Regel der Fall ist.

Aus:	**Mihi** tibi parendum est	*(hier weiß man nicht, wer wem gehorchen soll)*
wird:	**A me** tibi parendum est.	– Ich muss dir gehorchen.
Aber auch:	**Ceteris** populi Romani auctoritati parendum est.	
	Die übrigen müssen der Autorität des römischen Volkes gehorchen.	

> Ein (durch **non**) negiertes Gerundiv zeigt meistens ein Verbot an, seltener eine verwehrte Möglichkeit *(Übersetzung mit „nicht dürfen", selten:* „nicht müssen"*)*.

Proelium committendum non est. – Die Schlacht darf nicht begonnen werden.

Weitere Beispiele:

Castra militibus mundienda sunt.	Die Soldaten müssen das Lager befestigen.
Hic ager nobis inspiciendus est.	Wir müssen dieses Land untersuchen.
Haec verba vobis audienda sunt.	Ihr müsst diese Worte anhören.
Hae iniuriae tolerandae non sunt.	Diese Übergriffe darf man nicht erdulden.
Legibus parendum est.	Man muss den Gesetzen gehorchen.
Legibus parendum esse constat.	Es steht fest, dass man den Gesetzen gehorchen muss.
Romae mihi manendum est.	Ich muss in Rom bleiben.
Roma mihi relinquenda non est.	Ich darf Rom nicht verlassen.
Caesari erant omnia agenda.	Caesar musste alles erledigen.
Caesar scripsit sibi omnia fuisse agenda.	Caesar schrieb, dass er alles erledigen musste.
Signum proelii erat dandum.	Das Signal zum Kampf musste gegeben werden.
In hiberna veniendum est.	Man muss in das Winterlager gehen.
Pons faciendus est.	Eine Brücke muss gebaut werden.
Hic dolor tolerandus non est.	Dieser Schmerz darf / kann nicht ausgehalten werden.

II ÜBUNGEN

1) Ergänzen Sie die Tabelle:

colere	ferre	impedire	statuere	regere	vincere
coli					
	feras				
		impedit			
			statuemus		
				rege	
					vici
				rexisse	
			statueret		
		impediantur			
	tulerit				
coluissent					
cultum esse					

2) Bestimmen Sie folgende Formen:

a) ferendi   b) ferenti   c) impedientis   d) impediendis

e) lectum   f) legendum   g) legentem   h) regentes

i) regendos   j) rectos   k) regi (2)   l) regem

m) reges (3)   n) regas   o) rectas   p) rege (2)

q) regendum   r) regentium   s) recto rum   t) regam

u) regenda   v) regna   w) regnis   x) regis (2)

y) regentis   z) regendis

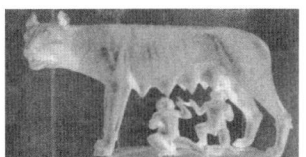

Lectio duodevicesima 18

Caesar in Rom und die Entscheidung in Thessalien

A Interim Caesar, qui cum Pompeio in gratiam se rediturum esse adhuc speraret, ad urbem profectus est. Senatu coacto haec fere dixit: „Ego quidem, patres conscripti, nullum extraordinarium[1] honorem appetivi, cum iterum consul fieri volui. Ego, qui tot iniurias ab
5 inimicis accepissem, tamen semper magis de pace servanda quam de bello gerendo cogitabam. At lenissimis postulatis meis recusandis iidem inimici rem publicam in hanc necessitatem adduxerunt, ut perniciosissimum bellum non solum impendere, sed etiam ortum esse videatur. Ne id fiat, ut hoc bellum omnia tollat, a vobis
10 peto vosque hortor, ut ad rem publicam gerendam parati sitis et legatos ad Pompeium de controversiis componendis mittatis."
Senatus rem de mittendis legatis probat, sed qui[2] legationem ad Pompeium susciperent, non reperti sunt sive timore Pompeii impediti sive odio Caesaris adducti. Ita infectis rebus Caesar Roma pro-
15 fectus consilium cepit belli inferendi Hispaniae, cuius gentes a Pompeio starent. Devictis in Hispania Pompeii legionibus Caesar ea hieme, quae secuta est, exercitum in Graeciam traduxit, ut cum Pompeio dimicaret. Tandem in campis Thessaliae[3] acies instructae sunt. Pompeius, qui proelium committendum esse non putavisset,
20 a suis, inter quos de praeda dividenda atque de honoribus tribuendis controversia esset, precibus contumeliisque adductus erat, ut in legiones Caesaris impetum faceret. Breviter pugnatum est; Pompeius equitatu pulso, cui maxime confidebat, acie excessit, in castra se contulit, tandem de salute desperans e castris se eiecit.
25 Nocturno itinere non intermisso equo ad litus contendit et navem conscendit, ut Aegyptum peteret. Ibi a regis servis occisus est.

1) extraordinārius, -a, -um   außergewöhnlich, außerordentlich
2) qui   *Ergänzen Sie davor:* „Leute, ..."
3) Thessālia, -ae f.   Thessalien *(Landschaft in Griechenland)*

Caesars Diktatur: Scheitern in der Allmacht

18 B Multis aliis bellis gestis postremo Caesar dictaturam adeptus est. Moderationem clementiamque et in victoria belli civilis et in re publica administranda admirabilem adhibuit; ita omnibus, quibus nondum ignoverat, ut in Italiam redirent magistratibusque fungerentur, permisit. Servandis inimicis quam puniendis rem publicam administrare maluit. Etiam Cicero finem silentii fecit et pristino more dicendi tantam inauditam[1] in summa potestate rerum clementiam Caesaris laudavit. Sperabat enim Caesarem rem publicam restituturum esse. At Caesar dictatura abdicata privatus victurus esse numquam in animo habebat, sed saepius dicebat nihil esse rem publicam, appellationem[2] modo sine corpore ac specie. Debere homines ea, quae diceret, habere pro legibus. Permoti talibus et aliis verbis, quibus superbia non toleranda inesse videretur, nonnulli senatores Cassio Brutoque[3] ducibus coniurationem fecerunt. Caesar Idibus Martiis[3] in senatu habendo circumventus occisus est.

1)	inaudītus, -a, -um	unerhört, außerordentlich
2)	appellātio, -ōnis f.	Name, Begriff
3)	C. Cassius, M. Brūtus	*die führenden Caesarmörder*
4)	Idibus Martiīs	an den Iden des März (= 15. März)

18 C Polydorus certior factus de morte Caesaris in tablinum¹ Ciceronis irrupit iterum iterumque dicens: „Caesar mortuus est, occisus est in senatu!" Cicero quod ubi audivit, exclamavit: „Iucundissimus nuntius mihi venisti! Magno mihi gaudio est mors tyranni! Iustissimis de causis is interfectus est, qui dominus noster esse concupiverit idque perfecerit. Is, qui legum libertatisque interitum probavisset, a libera civitate perferendus non erat. Nunc libertas, nunc ius, nunc leges redeunt. Nunc dicere possum, quid sentiam." Tum C. Matius, amicus Caesaris, qui aderat: „Timeo, mi Cicero, ne rei publicae maxima pericula instent. Timeo, ne nova bella oritura sint. Etsi rem publicam esse salvam velim, tamen mortem hominis, quem dilexi, graviter fero et interitum eius rei publicae utilem fore non credo. Omnibus Caesaris mors arcerba sit!"

Profecto summo in luctu publico tumultus tota urbe fit, plebs statim a funere domum Bruti et Cassii contendit, nonnulli faces manibus tenentes; aegre turba repellitur. Helvium Cinnam conspicit; cui nocte proxima Caesar in somnio apparuisse et se ad convivium invitavisse visus erat. Postridie autem de Caesaris morte certior factus in forum decurrerat, ut funeri amici interesset. At plebs nomine eius audito hunc Cornelium Cinnam, inimicum Caesaris, putavit. Caput eius hastae praefixum² circumtulit. Tanta erat plebis ira, ut crudelitati nullus modus fieret.

Cum Cicero rei publicae a se prospiciendum esse putaret, Polydorus rogare solebat: „Quid nunc fiet? Qui deus nobis aliquem offeret, cuius virtus luctibus et calamitatibus rei publicae subveniat?" Post autem multa bella civilia omnibus adversariis, inter quos etiam Cicero ille, crudeliter interfectis Augustus³ nomine principis imperio potitus populis concordiam, pacem, salutem restituit.

0) *Hier handelt es sich um eine „Umdichtung" des Verfassers: Cicero war bei der Ermordung Caesars während der Senatssitzung anwesend, ohne in die Pläne eingeweiht gewesen zu sein.*
1) tablīnum, -i n.   Tablinum *(ein Aufenthaltsraum des römischen Hauses)*
2) praefigere, -o, -fīxi, -fīxum *(m. Dat.)*   hier: aufspießen
3) Augustus, -i m.   Augustus *(Adoptivsohn Caesars und erster Kaiser)*

GRAMMATIK

I FORMENLEHRE

Das Passiv von *facere* = *fieri* *(gemacht werden, werden, geschehen, entstehen)*

Das Passiv des Präsensstamms von **facere** ist unregelmäßig; es bildet Formen von **fieri**:

	Ind. Präs.	Konj. Präs.	Ind. Imperf.	Konj. Imperf.	Fut. I
1. Sg.	fio ich werde *etc.*	fiam	fiēbam	fierem	fiam
2. Sg.	fīs	fiās	fiēbas	fieres	fiēs
3. Sg.	fit	fiat	fiēbat	fieret	fiēt
1. Pl.	fīmus	fiāmus	fiēbāmus	fierēmus	fiēmus
2. Pl.	fītis	fiātis	fiēbātis	fierētis	fiētis
3. Pl.	fiunt	fiant	fiēbant	fierent	fient

Die Komposita von *facere* bilden ihr Passiv regelmäßig (vgl. *capere*), *also*: afficior, afficeris, afficitur *etc.* Das Passiv der Tempora des Perfektstamms von *facere* ist ebenfalls regelmäßig, wie Sie schon in den letzten Lektionen gemerkt haben, *also*: factus, -a, -um sum *etc.*

II SYNTAX

1) Das historische Präsens *(praesens historicum)*

In Text 18 C (Z. 14–16) handelt es ich bei den Formen *fit, contendit, repellitur* und *conspicit* der Form nach um ein Präsens, das aber mit Präteritum übersetzt werden kann. Der Erzähler versenkt sich durch den Gebrauch des **praesens historicum** in die Vergangenheit und erreicht dadurch eine Vergegenwärtigung oder Dramatisierung des Geschehens. Caesar verwendet das praesens historicum häufig, wie auch Cicero und einige Historiker.

2) Die coniugatio periphrastica

Da es im Lateinischen keinen Konjunktiv Futur gibt, treten in innerlich abhängigen Nebensätzen, die der consecutio temporum (Zeitenfolge) unterworfen sind, umschreibende Formen auf, die aus dem **Partizip Futur Aktiv** und entweder **sim, sis, sit** *etc.* oder **essem, esses, esset** *etc.* gebildet werden.

Timeo, ne bella nova **oritura sint**. – Ich fürchte, dass neue Kriege entstehen werden.
Timui, ne bella nova **oritura essent**. – Ich fürchtete, dass neue Kriege entstehen würden.

Steht im übergeordneten Satz Präsens, Futur I oder II, werden **sim, sis, sit** *etc. verwendet, andernfalls* **essem** *etc. (vgl. dazu auch Anhang, S. 27).*

3) Das attributive Gerundiv

Dieses Gerundiv richtet sich wie ein Adjektiv in Kasus, Numerus und Genus nach seinem Bezugswort. Die Bedeutung der Notwendigkeit im Passiv geht dabei verloren, die Übersetzung eines solchen Ausdrucks entspricht der eines Gerundiums, z. B.:

> Romulus et Remus **de urbe condenda** multa disputabant.
> Romulus und Remus sprachen viel **über die Gründung** der Stadt.

> Caesar legatos ad Pompeium **de bello componendo** mittere constituit.
> Caesar beschloss, Gesandte zu Pompeius **bezüglich einer Beilegung des Krieges** zu schicken.

> Legati ad eas res conficiendas missi sunt.
> **Zur Erledigung dieser Aufgaben** wurden Gesandte geschickt.
> (Oder: Um diese Aufgaben zu erledigen, ...)

Der Verlust der Bedeutung der Notwendigkeit liegt darin begründet, dass es sich bei den attributiven Gerundiven ursprünglich um Gerundiumskonstruktionen handelt, die nach bestimmten Regeln in das Gerundiv überführt werden **müssen** oder **können**:

Hat ein Gerundium **ein Objekt** bei sich, so

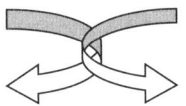

kann	**muss**
es in das Gerundiv verwandelt werden:	es in das Gerundiv verwandelt werden:
1) im Genitiv	**1) im Dativ**
ars orationem habendi *(Gerundium)*	dies rei gerendae *(Gerundiv)*
ars orationis habendae *(Gerundiv)*	
die Kunst, eine Rede zu halten	ein Termin für die Erledigung der Aufgabe
2) im bloßen Ablativ	**2) im Präpositionalgefüge**
philosophiam explicando *(Gerundium)*	ad urbem expugnandam *(Gerundiv)*
philosophiā explicandā *(Gerundiv)*	zur Eroberung der Stadt /
durch die Erklärung der Philosophie	um die Stadt zu erobern
(*oder:* indem man die Philosophie erklärt)	de urbe condendā *(Gerundiv)*
	um / über die Gründung der Stadt

→ Tipp: Finden Sie eine -nd-Form in KNG-Kongruenz zu einem Bezugswort (auch bei präpositionalen Ausdrücken), dann handelt es sich um ein attributives Gerundiv, das als Gerundium übersetzt werden muss. Das Bezugswort einer solchen -nd-Form entspricht inhaltlich deren Objekt. Bei *de bello componendo* ist *bellum* das Objekt, auf das sich die -nd-Form richtet.

Übungssätze:

1) Galli consilium arma capiendi (*oder :* armorum capiendorum) ceperunt.
2) Caesar T. Labieno legato diem rei gerendae[1] dixit.
3) Cicero philosophiam explicando (*oder :* philosophiā explicandā) civibus suis profuit[2].
4) Libros[3] legendo (*oder :* libris legendis) multa cognosco.
5) Hostes ab oppido oppugnando non destiterunt.

<u>Angaben:</u>
1) rem gerere — einen / den Auftrag erledigen
2) prodesse, prōsum, prōfui — nützlich sein, nützen
3) liber, libri m. — Buch

Roms Gründungssage in -nd-Form:

Romulus et Remus multa de urbe condenda[1] disputabant. Etiam certamina[2] oritura erant. Certaminis[2] vitandi causā Romulus aves[3] consuli voluit; nam auspicia[4] ad certamen[2] vitandum apta[5] putabantur. In avibus[3] observandis Romulus in Palatio, Remus in Aventino sedit. Neuter enim a regno quaerendo destitit.

<u>Angaben:</u>
1) condere, -o, -didi, -ditum — gründen
2) certāmen, -inis n. — Wettstreit, Streit, Kampf
3) avis, -is f. — Vogel
4) auspicium, -i n. — Vogelschau
5) aptus, -a, -um — geeignet

Gerundium oder Gerundiv? – Übersetzen Sie die Sätze und bestimmen Sie die -nd-Formen:

1) Haec occasio dicendi mihi non praetermittenda[1] est.
2) Catilina ad delenda rei publicae fundamenta Gallos auxilio arcessebat.
3) Quot[2] dies ad illud negotium conficiendum postulas?
4) Adulescentes natandi[3] causā ad fluminis ripam[4] decurrerunt.
5) Caesar Helvetios bellandi[5] cupidos fuisse tradit.
6) Sulla multis rebus feliciter gerendis summam sibi gloriam paravit.
7) Hostes omnem spem sui servandi abiecerunt[6].
8) Caesari omnia erant agenda: Milites hortandi erant, signum proelii dandum erat.

<u>Angaben:</u>
1) praetermittere — vorübergehen lassen, sich entgehen lassen
2) quot — wie viele
3) natāre — schwimmen
4) rīpa, -ae f. — (Fluss)ufer
5) bellāre — Krieg führen
6) abicere, -io, -iēci, -iectum — *wörtlich:* wegwerfen, *hier:* aufgeben

Für Spezialisten:
Wie vollzieht sich die Umwandlung eines Gerundiums (mit Objekt) zum Gerundiv?
Sie haben in dieser Lektion erfahren, dass nach den Regeln des Sprachgebrauchs ein Gerundium mit Objekt in das Gerundiv verwandelt werden **muss** bzw. **kann**. Hier werden die Schritte der Umwandlung zum Gerundiv am Beispiel eines Gerundiums im Genitiv skizziert:

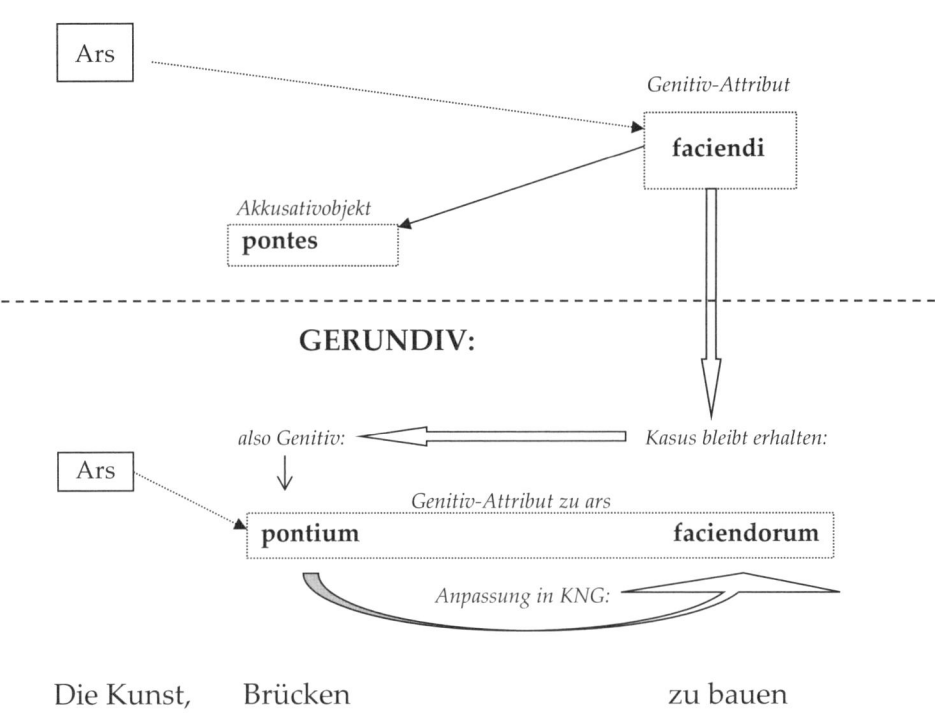

1) Man behält den Kasus des Gerundiums bei.
2) Man verwandelt das Objekt des Gerundiums in den Kasus des Gerundiums.
3) Man bildet nun in KNG-Kongruenz die -nd-Form und erhält so das Gerundiv.

Versuchen Sie es einmal selbst:

GERUNDIUM ⟶ GERUNDIV

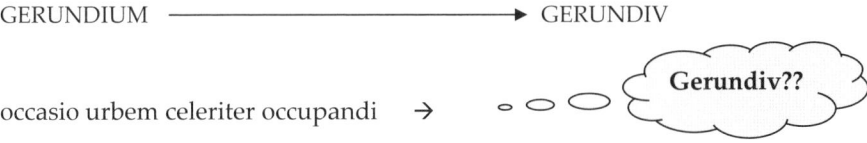

occasio urbem celeriter occupandi →

Lektion 18

4) Das prädikative Gerundiv

Zu behandeln ist noch die dritte Verwendungsmöglichkeit des Gerundivs:
Es kann auch die syntaktische Funktion eines **praedicativum** einnehmen und zwar nach Verben des Gebens, Überlassens, Erlaubens, Übergebens, Sorgens für ...
In einem solchen Fall gibt das Gerundiv **Sinn, Zweck** und **Absicht** der Handlung an, es entspricht somit sinngemäß einem Final- oder Begehrssatz:

Beispiele:

1) Philippus Aristoteli philosopho Alexandrum filium **educandum** tradidit.
   Philipp übergab seinen Sohn Alexander dem Philosophen Aristoteles **zur Erziehung**
   (= *damit er ihn erziehe, damit er erzogen werde*).

2) Marcellus militibus suis urbem **diripiendam** permisit.
   Marcellus gestattete seinen Soldaten, die Stadt zu plündern.
   oder: ... überließ seinen Soldaten die Stadt zur Plünderung.

3) Caesar pontem **faciendum** curavit.
   Caesar sorgte für den Bau einer Brücke / ließ eine Brücke bauen
   (= *sorgte dafür, dass eine Brücke gebaut wurde*).

4) Hos libros **legendos** tibi trado. – Ich gebe dir diese Bücher zum Lesen.

** *Zum Gerundium und Gerundiv s. a. Gegenüberstellung im Anhang, S. 33.*

5) Der Konjunktiv in Relativsätzen

Erscheint in einem Relativsatz, der als Attribut sein Bezugswort im übergeordneten Satz erläutert, der Konjunktiv, dann wird darüber hinaus eine inhaltliche, adverbiale Beziehung zum Prädikat des übergeordneten Satzes hergestellt. Man spricht deshalb von **Relativsätzen mit konjunktivischem oder adverbialem Nebensinn.** Diese Relativsätze gehören zu den innerlich abhängigen Nebensätzen *(s. Anhang, S. 25 u. 31).*

Es gibt fünf Möglichkeiten des adverbialen Nebensinns:

> - finaler Nebensinn *(bzw.* Begehren)   (im Deutschen mit Hilfsverb sollen)
> - kausaler Nebensinn   (im Deutschen mit Indikativ)
> - konsekutiver Nebensinn   (s. o.)
> - konzessiver Nebensinn   (s. o.)
> - *(seltener):* konditionaler Nebensinn   (den Arten des Konditionalsatzes entsprechend)

Beispiele *(Weitere Beispiele s. Anhang, S. 25, Nr. 2e, u. S. 31)*:

1) Helvetii legatos ad Caesarem miserunt, qui pacem **peterent**.
   Die Helvetier schickten Gesandte zu Caesar, die um Frieden bitten **sollten**.

2) Catilina, qui vir fortis **esset**, de salute non desperavit, sed proelium commisit.
   Catilina, der ja (= weil er) ein tapferer Mann war, gab die Hoffnung auf Rettung nicht auf, sondern eröffnete die Schlacht.

3) Nemo tam stultus est, qui non **intellegat** nova bella oritura esse.
   Niemand ist so dumm, dass er nicht erkennt, dass neue Kriege entstehen werden.

4) Reperti sunt, qui Caesarem **interficerent**.
   Es fanden sich Leute, die Caesar umbrachten.

5) Caesar, qui multis inimicis **ignovisset**, occisus est.
   Caesar, der doch (= obwohl er) vielen Gegnern verziehen hatte, wurde (dennoch) ermordet.

6) Tum demum Titurius, qui nihil ante **providisset**, trepidare et concursare et cohortes disponere coepit.
   Da endlich fing Titurius, der sich (= da er sich) zuvor um nichts gekümmert hatte, ängstlich zu werden, umherzulaufen und die Kohorten zu ordnen.

7) Secutae sunt tempestates, quae naves nostras in portu **continerent**.
   Es folgten Stürme, die unsere Schiffe im Hafen festhielten.
   (Konsekutiv; folgende Umschreibung möglich: Die so beschaffen waren, dass sie ...)

8) Erant itinera duo, quibus Helvetii exire possent.
   Es gab zwei Wege, auf denen die Helvetier auswandern konnten.
   (Konsekutiv: die so beschaffen waren, dass die Helv. auf ihnen auswandern konnten.)

9) Nemo est, qui mille annos vixerit.
   Es gibt niemanden, der tausend Jahre gelebt hat *(oder:* hätte*)*.
   (Konsekutiv: der so beschaffen ist, dass er tausend Jahre gelebt hat.)

⇨ Relativsätze mit konsekutivem Nebensinn kommen gerne nach Ausdrücken im Hauptsatz vor, die „es gibt niemanden, viele, manche, einige" bedeuten.

Also: Sunt, qui   Es gibt Leute, die ...
Nemo est, qui   Es gibt niemanden, der ....
Nonnulli reperti sunt, qui   Es fanden sich einige, die ...
Quis est, qui haec ignoret?   Wen gibt es, der dies nicht weiß?

Finis magnorum itinerum!

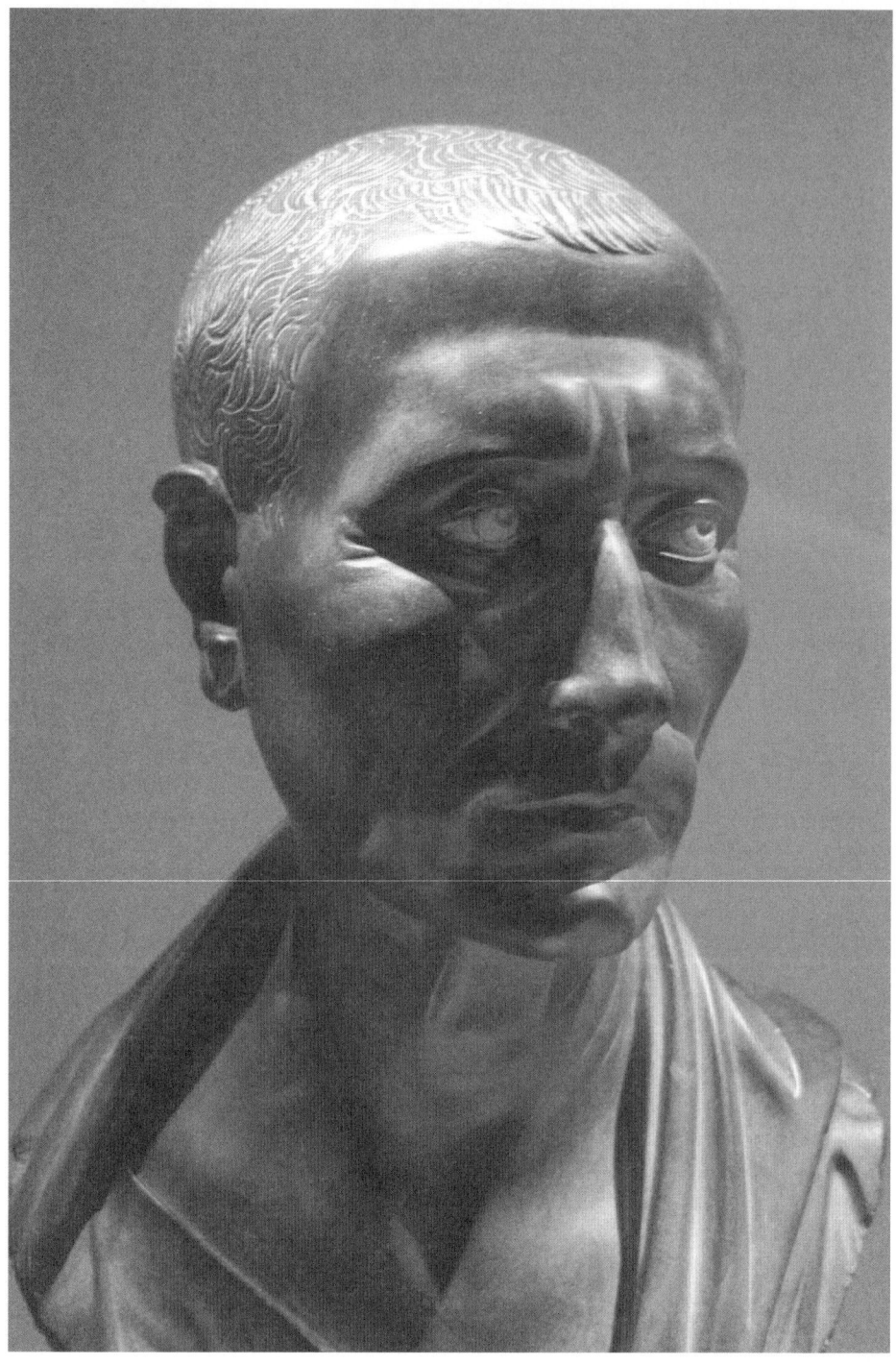

Caesar – ägyptischer Basaltkopf, ca. 1. Jahrh. v. Chr.
Berlin, Altes Museum

Vokabeln zu den Lektionen

Hinweise

Der allmählichen Ausdehnung des römischen Reiches bis hin zur Weltmacht, die den gesamten Mittelmeerraum und große Gebiete darüber hinaus umfasste, folgte eine religiöse, kulturelle, zivilisatorische und sprachliche Durchdringung der unterworfenen Gebiete. Dieser Prozess der Romanisierung hatte die Bildung eines einheitlichen Kulturraums zur Folge, in dem neben dem Griechischen das Lateinische zur „Weltsprache" aufstieg.

Im Laufe der Zeit entwickelten sich in den Provinzen Gallien, Hispanien und anderen Orts, durch die Einflüsse der lokalen Sprachen und Dialekte bedingt, die modernen Sprachen Italienisch, Französisch, Spanisch, Portugiesisch und Rumänisch. Auch Englisch und Deutsch verdanken dem Lateinischen Einiges. So sind z. B. die Wörter *Straße, Mauer, Fenster, Keller, Zelle* ohne die Anwesenheit der Römer in Germanien undenkbar.

An dieser Stelle ist es unmöglich, den lautgeschichtlichen Wandel nachzuzeichnen, dem die lateinischen Wörter in den einzelnen Provinzen unterworfen waren. In diesem Zusammenhang sei auf das anregende und lehrreiche Buch in der Reihe Auxilia, Band 41, Latein – Brücke zu den romanischen Sprachen (W. Nagel u. a.), Buchner Bamberg 1997, hingewiesen. Festzuhalten ist, dass man neben dem lautlichen Wandel des öfteren auch mit einer Veränderung der ursprünglichen Bedeutung rechnen muss. Etliche Wörter haben zudem keinen Eingang in die modernen Sprachen gefunden. Sie wurden durch andere ersetzt: So wurde z. B. uxor *(Gattin)* von mulier *(Weib, Frau)* verdrängt. Auch hier bietet das soeben zitierte Buch zahlreiche Beispiele. Insgesamt lassen sich folgende mögliche Veränderungen festhalten (vgl. Nagel u. a., S. 21–23):

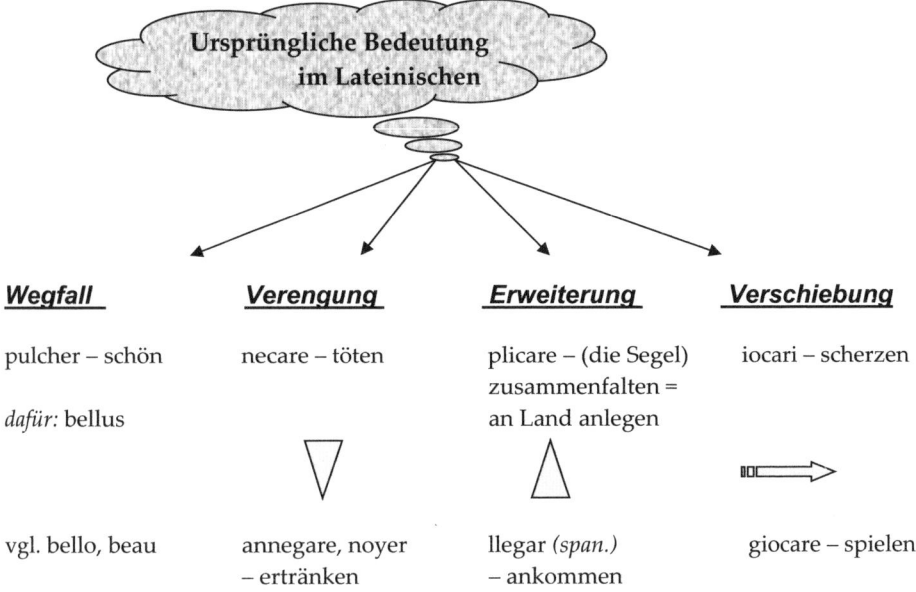

Bedeutungsveränderungen der lateinischen Wörter

Wegfall	**Verengung**	**Erweiterung**	**Verschiebung**
pulcher – schön	necare – töten	plicare – (die Segel) zusammenfalten = an Land anlegen	iocari – scherzen
dafür: bellus			
vgl. bello, beau	annegare, noyer – ertränken	llegar *(span.)* – ankommen	giocare – spielen

In diesem Vokabular finden Sie die Vokabeln zu den einzelnen Lektionen. Der Wortschatz ist im Großen und Ganzen (mit unvermeidlichen Ausnahmen, die sich durch die Auswahl der Themen ergeben) auf die Caesarlektüre ausgerichtet, wenn auch keine Vollständigkeit erreicht werden konnte. Hier noch einige hilfreiche Hinweise:

1) Neben den für die jeweilige Lektion notwendigen Vokabeln werden manchmal einige stammverwandte Wörter hinzugefügt, die nicht im Text erscheinen. Dies hat den Vorteil, dass Sie Ihren Wortschatz erweitern und Ihre eigene Sprachbeobachtung schärfen: So lässt sich etwa *iustus* (gerecht) leichter im Verbund der Wortfamilie lernen, wenn das dazu gehörige Substantiv *iustitia* (Gerechtigkeit) aufgeführt wird. Man erfährt nebenbei, dass die Endung *-itia* ein Substantiv signalisiert, das unseren Begriffen auf -heit, -keit usw. entspricht.
Um eine zu starke Überfrachtung des ohnehin komprimierten Lehrgangs zu vermeiden, ist dieses Prinzip allerdings nur gelegentlich angewandt.

2) **Substantive** werden mit dem Nominativ, dem Genitiv und dem grammatischen Geschlecht genannt, z. B.: avus, (av)**i**, **m.**(asculinum) - Großvater.
Bei Nur-Plural-Wörtern erscheinen entsprechend Nominativ und Genitiv <u>Plural.</u>
Da es im Lateinischen verschiedene Deklinationsgruppen gibt, ist es unumgänglich, Genitiv und Geschlecht sofort mit zu lernen.
Das Fehlen des unbestimmten und des bestimmten Artikels im Lateinischen hat zur Folge, dass *servus* „der" *oder* „ein Sklave" *oder nur* „Sklave" heißen kann. Diese Tatsache ist in der ersten Lektion bei den jeweiligen deutschen Substantiven berücksichtigt, danach werden die Artikel nicht mehr genannt.

3) **Adjektive** als Attribute richten sich im Lateinischen immer in Kasus, Numerus und Genus (Fall, Zahl und Geschlecht) nach ihrem Bezugswort, das sie beschreiben. Die meisten Adjektive haben für jedes Genus eine Endung; deshalb lernen Sie z. B.: magn**us** *(für masculinum)*, magn**a** *(für femininum)* und magn**um** *(für neutrum)*.

4) **Verben** erscheinen zunächst nur im Infinitiv Präsens Aktiv, also: *amare* - lieben. Im weiteren Verlauf werden diese mit den so genannten **Stammformen** aufgeführt: *amāre* (= Infinitiv Präsens Aktiv), → *amo* (= 1. Person Singular Indikativ Präsens Aktiv) → *amāvi* (= 1. Person Singular Indikativ Perfekt Aktiv) → *amātum* (= Partizip Perfekt Passiv). Im alphabetischen Verzeichnis sind sämtlichen Stammformen verzeichnet, auch von den Verben, die in den ersten Lektionen aus didaktischen Gründen noch nicht vollständig aufgeführt sind.

5) Die für die Aussprache wichtigen Silben sind durch Längenzeichen gekennzeichnet. Für die Betonung der einzelnen Wörter ist die **vorletzte** Silbe maßgeblich (Paenultima - Gesetz): Ist sie lang, wird sie betont, z. B.: **amāmus**; -ā ist lang, deshalb wird diese Silbe betont. Ist sie kurz, wird die drittletzte Silbe betont, z. B.: **amábimus**; dieses -i ist kurz, also wird die vorhergehende Silbe betont.
Folgen allerdings auf eine kurze, vorletzte – also eigentlich unbetonte – Silbe zwei Konsonanten, wird diese dennoch betont, z. B.: promítto.

6) Am Ende eines jeden Lektionswortschatzes finden Sie einige Anregungen und Verweise auf andere Sprachen *bzw.* Fremdwörter im Deutschen.

LEKTION 1

	Polyxēna, -ae f.	Polyxena *(griechischer Eigenname)*
	serva, -ae f.	(die, eine) Sklavin
	est	er, sie, es ist; befindet sich
	patria, -ae f.	Heimat, „Vater"land
5	Graecia, -ae f.	Griechenland
	suus, -a, -um	sein, ihr
	valde *(Adverb)*	sehr
	desīderāre	sich nach etw. sehnen; begehren, verlangen
	nunc	jetzt, nun
10	enim *(nachgestellt)*	denn, nämlich
	in *(Präposition mit Ablativ)*	in, an, auf *(auf die Frage: Wo?)*
	fundus, -i m.	(der, ein) Grund, Boden; (das, ein) Landgut
	prope *(Präpos. m. Akkusativ)*	nahe bei, nicht weit von; *als Adverb:* beinahe
	Rōma, -ae f.	Rom
15	situs, -a, -um	gelegen, befindlich
	laborāre	arbeiten; leiden an / unter etwas
	Helvius, -i m. (Cinna)	Helvius Cinna *(Römer; Freund Caesars)*
	Rōmānus, -i m.	(der, ein) Römer
	Rōmānus, -a, -um	römisch
20	possidēre, -eo	besitzen
	et	und; auch
	dominus, -i m.	(der, ein) Herr *(des Hauses)*
	domina, -ae f.	(die, eine) Herrin *(des Hauses)*
	etiam	auch; sogar
25	Proclus, -i m.	Proclus *(griech. Eigenname)*
	servus, -i m.	(der, ein) Sklave, Knecht
	multi, -ae, -a	viele
	hodie *(Adverb)*	heute
	cuncti, -ae, -a	alle
30	Quintus (Tullius Cicero), -i m.	Quintus *(röm. Eigenname; Bruder des berühmten Cicero)*
	legātus, -i m.	(der, ein) Legat, General; Gesandter
	amīcus, -i m.	(der, ein) Freund
	amīca, -ae f.	(die, eine) Freundin
	bonus, -a, -um	gut
35	exspectāre	erwarten, warten auf
	nam	denn, nämlich
	post *(Präpos. m. Akk.)*	nach; hinter
	pūgna, -ae f.	(der, ein) Kampf, (die, eine) Schlacht
	pūgnāre, -o	kämpfen
40	ē, ex *(Präpos. m. Abl.)*	aus, aus … heraus; infolge von
	Gallia, -ae f.	Gallien
	venīre, -io	kommen
	itaque	und so; daher
	stāre, stō	stehen

45	ad *(Präpos. m. Akk.)*	zu, bei, an
	porta, -ae f.	Tor, Tür
	circumspectāre, -o	umherschauen, sich umschauen
	quando	wann
	ubi	wo *(Einleitung für Frage- und Relativsatz)*
50	manēre, -eo	bleiben
	iam	schon, bereits
	diu	lange, lange Zeit
	tē	dich
	subito	plötzlich
55	vidēre, -eo	sehen, erblicken
	salutāre	(be)grüßen
	salve! salvete!	sei gegrüßt! seid gegrüßt!
	tandem	endlich, schließlich
	adesse, adsum	anwesend, da sein; helfen
60	gaudēre, -eo	sich freuen
	quod *(Subjunktion)*	weil; dass
	magnus, -a, -um	groß; wichtig, bedeutend
	salvus, -a, -um	heil, gesund, unversehrt
	nōbis *(Dativ)*	uns
65	ante *(Präpos. m. Akk.)*	vor
	oculus, -i m.	(das, ein) Auge
	laetus, -a, -um	froh, fröhlich
	deus, -i m.	der, ein Gott
	dea, -ae f.	die, eine Göttin
70	gratia, -ae f.	(der, ein) Gefallen; (der) Dank; (die) Beliebtheit
	debēre, -eo	*etw.* schulden; verdanken; *m. Infinitiv:* müssen
	respondēre, -eo	antworten, erwidern
	egō	ich
	quoque *(nachgestellt)*	auch
75	beātus, -a, -um	froh, glücklich
	mihi *(Dativ)*	mir
	licet *(m. Infinitiv)*	es ist erlaubt
	tantus, -a, -um	so groß
	meus, -a, -um *(Possessivpronomen)*	mein
80	tum	da, dann, damals, darauf
	fīlia, -ae f.	(die, eine) Tochter
	fīlius, -i m.	(der, ein) Sohn
	vocāre	rufen; nennen
	convocāre	zusammenrufen
85	puella, -ae f.	(das, ein) Mädchen
	rogāre, -o	fragen; bitten
	hīc	hier
	quis? quid?	wer? was?
	imperāre, -o	befehlen, anordnen; anfordern
90	periculōsus, -a, -um	gefährlich
	vōbis *(Dativ)*	euch
	properāre, -o	eilen; *mit Infinitiv:* sich beeilen *etw.* zu tun

	ibi	dort
	āra, -ae f.	(der, ein) Altar
95	ornāre, -o	schmücken; ausstatten
	immolāre, -o	opfern, ein Opfer darbringen
	adhibēre, -eo	anwenden, hinzuziehen
	clamāre, -o	rufen
	exclamāre, -o	ausrufen
100	quid novi (est)?	was gibt es Neues?
	valēre, -eo	gesund, stark sein; gelten
	tacēre, -eo	schweigen, still sein

Einige Verbindungen zu heutigen Sprachen und Fremdwörtern – Erkennen Sie sie wieder?

Patriot, desire *(engl.)*, Labor, possess *(engl.)*, dominieren, amigo *(span.)*, bueno *(span.)*, exspect *(engl.)*, Pforte, Statue, *permanent*, Salut, grace *(engl.)*, gratuito *(ital.)*, Debit, debt *(engl.)*, yo *(span.)*, respond *(engl.)*, Lizenz, mio *(ital.)*, figlio *(ital.)*, Filiale, voice *(engl.)*, provozieren, pericoloso *(ital.)*, Ornament, claim *(engl.)*, value *(engl.)*, Invalide

Simplex und Kompositum

Das nicht zusammengesetzte Verb wird Simplex genannt; durch Hinzufügen einer Vorsilbe (Präfix) wird es zum Kompositum, zum zusammengesetzten Verb. Die Kenntnis der Bedeutung der Vorsilben erleichtert das Lernen der Verben (*s. a. Anh. S. 34 f.*):

1) **ad-** hat die Bedeutung „zu", „hinzu", „herbei", „heran", „dabei"
   z. B.: vocare – rufen;   **ad**-vocare – herbeirufen
   esse – seine;   **ad**-esse – dasein, anwesend sein; helfen

2) **con-** hat die Bedeutung „zusammen", „gemeinsam", „sehr", „heftig"
   z. B.: vocare – rufen;   **con**-vocare – zusammenrufen

3) **e(x)-** hat die Bedeutung von „aus", „heraus", „hinaus"; „völlig", „sehr"
   z. B.: clamare – rufen;   **ex**-clamare – ausrufen, laut rufen

4) **re-** hat die Bedeutung „zurück", „wieder", „dagegen"
   z. B.: vocare – rufen;   **re**-vocare – zurückrufen

*Allerdings ist eine Herleitung nicht immer ohne weiteres möglich, z. B.: re*spondere *– antworten (wörtl.: seinerseits versprechen).*

Vokabeln zu den Lektionen

LEKTION 2

	statim	sofort, auf der Stelle
	adorāre, -o	flehen zu, anflehen
	vōs	ihr; euch (*Akk.*)
	mundus, -i m.	Welt
5	rēgnāre, -o	König sein, herrschen über
	parēre, -eo	gehorchen
	nōs	wir; uns (*Akk.*)
	adiuvāre, -o (*m. Akk.*)	unterstützen, helfen
	sī	wenn, falls
10	placet	es gefällt
	maximus, -a, -um	der, die, das größte
	periculum,- i n. (*vgl.* periculōsus, a, um)	Gefahr
	servāre, -o	retten; bewahren
	posse, possum	können, in der Lage sein
15	bellum, -i n.	Krieg
	libāre, -o	spenden, opfern, weihen
	igitur (*nachgestellt*)	daher, deshalb
	vīnum, -i n.	Wein
	propitius, -a, -um	gnädig, geneigt
20	ut	wie
	adhūc	bisher, bis jetzt; immer noch
	triclinium, -i n.	Triklinium, Speiseraum
	cēna, -ae f.	Abendessen
	parāre, -o	zubereiten, vorbereiten; verschaffen
		m. Infinitiv: sich vorbereiten, beabsichtigen
25	cum (*Präpos. m. Abl.*)	(zusammen) mit
	alius, -a, -ud	ein anderer
	apparēre, -eo	erscheinen
	gaudium, -i n. (*vgl.* gaudēre)	Freude
	cibus, -i m.	Nahrung, Speise
30	apportāre, -o (*vgl.* portāre – *bringen*)	herbeibringen
	autem (*nachgestellt*)	aber
	mi	*Vokativ von:* meus, a, um – mein
	tibi (*Dat.*)	dir
	favēre, -eo (*m. Dativ!*)	gnädig sein, begünstigen
35	tot (*indeklinabel*)	so viele
	vītāre (*m. Akk.*)	(ver)meiden, ausweichen
	narrāre, -o	erzählen, berichten
	vīta, -ae f.	Leben
	dūrus, -a, -um	hart, herb; hartherzig
40	semper	immer
	insidiae, -ārum f. (*Pluralwort*)	Hinterhalt, Anschlag
	Galli, -ōrum m.	die Gallier
	imminēre, -eo	(be)drohen
	vigilāre, -o	wachsam sein, wachen; wach sein

45	cavēre, -eo *(m. Akk.)*	sich hüten, sich in Acht nehmen
	saepe	oft, oftmals
	noster, -tra, -trum	unser
	nostri, -ōrum m.	die Unsrigen, unsere Leute
	cōpiae, -ārum f.	Truppen; Vorräte
50	cōpia, -ae f.	Vorrat, Fülle; Möglichkeit
	vir, -i m.	Mann
	dē *(Präpos. m. Abl.)*	von (... herab /weg); über; in Bezug auf
	vulnerāre, -o	verwunden, verletzen
	aut	oder
55	aut ... aut	entweder ... oder
	necāre, -o	töten
	iterum	wiederum, zum zweiten Mal
	iterum iterumque	immer wieder
	novus, -a, -um	neu; unerhört, noch nie dagewesen
60	castellum, -i n.	kleines Lager, Feldlager
	collocāre, -o	aufstellen, errichten
	Caesar	Caesar *(eine Hauptperson in diesem Buch)*
	adversārius, -a, -um	feindlich; *substantiviert:* Feind, Gegner
	timēre, -eo	(sich) fürchten
65	minimē	am wenigsten, keineswegs
	iucundus, -a, -um	erfreulich, angenehm
	sed	aber; sondern
	proelium, -i n.	Kampf, Gefecht, Schlacht
	populus, -i m.	Volk
70	superāre	übertreffen; besiegen
	nōn	nicht
	putāre, -o	glauben; halten für
	tōtus, -a, -um	ganz, gesamt
	expugnāre	erobern
75	cogitāre	denken, überlegen; *m. Infin.:* beabsichtigen
	verbum, -i n.	Wort; Ausspruch
	dēesse, dēsum *(vgl. esse)*	abwesend sein, fehlen
	nōn iam	nicht mehr
	defatigāre	*jmd.* völlig erschöpfen
80	defatigātus, -a, -um	völlig erschöpft

---

monde *(franz.)*, regieren, cena *(ital.)*, appear *(engl.)*, apportieren, Favorit, sempre *(ital.)*, nuevo *(span.)*, new *(engl.)*, castle *(engl.)*, minimal, people *(engl.)*, total, tout *(fr.)*, todo *(span.)*, Verb

---

Assimilation (Angleichung von zwei aufeinanderstoßenden Konsonanten) findet bei der Bildung von Komposita statt. So wird aus ad-portare → ap-portare,
in-minere → im-minere.

LEKTION 3

	bene *(Adv.)*	gut
	fere *(nachgestellt)*	fast, beinahe; ungefähr
	pacāre, -o	„befrieden", unterwerfen
	at *(starker Gegensatz)*	aber
5	arma, -ōrum n. *(Pluralwort)*	Waffen; Ausrüstung
	contra *(m. Akk.)*	gegen
	habēre, -eo, habui	haben, besitzen; halten
	Helvēticus, -a, -um	helvetisch
	Helvētii, -ōrum m.	die Helvetier *(gallischer Stamm)*
10	prīmus, -a, -um	der erste
	exīre, exeo	herausgehen, verlassen
	Rhodānus, i m.	die Rhone
	fluvius, -i m.	Fluss
	trānsīre, -eo	überschreiten, hinübergehen
15	dubitāre	*m. Infin.:* zögern; (be)zweifeln
	tēlum, -i n.	(Wurf)geschoss
	gladius, -i m.	Schwert
	arcēre, -eo, -ui	abwehren, fernhalten
	deinde	sodann, darauf
20	in *(m. Akk.)*	in (... hinein); *bei Personen:* gegen(über)
	Sequani, -ōrum m.	die Sequaner *(gallischer Stamm)*
	in animo esse / habere	im Sinn haben, beabsichtigen, wünschen
	mihi in animo est *("mir ist im Sinn")*	ich habe im Sinn, beabsichtige, wünsche
	postquam *(Subjunktion m. Perfekt)*	nachdem *(im D. meist mit Plusquamperfekt)*
25	redīre, -eo	zurückkehren, zurückgehen
	debēre, -eo, -ui	s. Vokabeln L. 1, Nr. 71
	tamen	dennoch
	nōndum	noch nicht
	cupidus, a, um	gierig *(nach)*, begierig *(auf)*
30	bellāre *(vgl. bellum)*	Krieg führen, bekämpfen
	modō *(nachgestellt)*	gerade, soeben; nur
	unus, -a, -um	ein (einziger)
	nuntiāre	melden, verkünden
	tuus, -a, -um	dein
35	praeclārus, -a, -um	herrlich, großartig; sehr berühmt
	vale!	lebe wohl!
	nuntius, -i m.	Bote; Nachricht, Meldung
	audīre, -io, -īvi	hören, vernehmen, erfahren
	advocāre, -o	herbeirufen
40	Polydōrus, -i m.	Polydorus *(griech. Eigenname)*
	mēcum	mit mir
	villa, -ae f.	Landhaus, Landgut
	adesse, adsum, adfui (affui)	anwesend, da sein; helfen
	illūc	dorthin
45	īre, eo	gehen

Vokabeln zu den Lektionen

	tēcum	mit dir
	quamquam	obwohl, obgleich
	puer, -i m.	Junge, Knabe
	auxilium, -i n.	Hilfe
50	grātus, -a, -um	willkommen; dankbar; beliebt
	stabulum, -i n.	Stall
	equus, -i m.	Pferd

> io *(ital.)*, yo *(span.)*, peace *(engl.)*, pagare *(ital.)*, Armee, arms *(engl.)*, Premiere, exit *(engl.)*, doubt *(engl.)*, cupido *(ital.)*, un *(franz.)*, annunciare *(ital.)*, Annonce, Audio, claro *(span.)*, Advokat, village *(engl. / franz.)*, stable *(engl.)*

Die Personalpronomina der ersten und zweiten Person Singular und Plural

Nominativ	ego	tū	nōs	vōs
Genitiv	mei	tui	nostri, nostrum**	vestri, vestrum**
Dativ	mihi	tibi	nōbīs	vōbīs
Akkusativ	mē	tē	nōs	vōs
Ablativ	ā mē, mēcum, mē	ā tē, tēcum, tē	ā nōbīs, nōbīs-cum, nōbīs	ā vōbis, vōbīs-cum, vōbīs

Die Formen **nostrum und **vestrum** *erscheinen in bestimmten Verbindungen:*
Quis nostrum? – Wer von uns?

LEKTION 4

	dum *(Subjunktion m. Präsens)*	während
	sedēre, -eo, sēdi	sitzen
	mūrus, -i m.	Mauer
	relinquere, -o, relīqui	verlassen, zurücklassen; übriglassen
5	petere, -o, petīvi	zu erreichen suchen, anstreben;
		beim a, ab + Ablativ der Person: jmd. bitten
	docēre, -eo, docui	lehren, belehren, aufklären, unterrichten
	cūr?	warum?
	nihil	nichts
	scrībere, -o, scrīpsi	schreiben
10	tantum *(nachgestellt)*	nur
	nōnnūlli, -ae, -a	einige, manche
	ante *(Adv.)*	vorher, zuvor
	annus, -i m.	Jahr
	quattuor annīs ante	vier Jahre zuvor
15	cōnficere, -io, -fēci	be-, vollenden; erledigen; erschöpfen

	nōtus, -a, -um	bekannt
	redīre, -eo, -ii	zurückkehren, -gehen
	vincere, -o, vīci	besiegen, siegen; übertreffen
	cūra, -ae f.	Kummer; Sorge, Fürsorge; Aufsicht
20	cūrāre	sich kümmern um, sorgen für
	vērus, -a, -um	wahr, echt, wirklich
	rē vērā	in Wirklichkeit
	agere, -o, ēgi	tun, treiben, handeln
	intellegere, -o, -lēxi	einsehen, erkennen, verstehen
25	fortāsse	vielleicht
	mittere, -o, mīsi	schicken
	āmittere, -o, āmīsi	verlieren; aufgeben
	scīre, -io, scīvi	wissen, kennen
	subigere, -o, -ēgi	unterwerfen, bezwingen
30	ut	wie
	ait	er, sie, es sagt, behauptet
	sententia, -ae f.	Meinung, Ansicht; Beschluss; Satz
	meā sententiā	meiner Meinung nach
	intermittere, -o, mīsi	unterbrechen; verstreichen lassen
35	barbarus, -a, -um	fremd; *subst.*: der Fremde, Barbar
	litterae, -ārum f. *(Pluralwort)*	Brief; Literatur, Wissenschaft
	dīcere, -o, dīxi	sagen, sprechen, behaupten
	victōria, -ae f. *(vgl.* vincere*)*	Sieg
	scīlicet	*(es ist erlaubt zu wissen)* natürlich *(ironisch)*
40	pius, -a, -um	pflichtbewusst; fromm
	erga *(m. Akk.)*	gegen(über)
	iūstus, -a, -um	gerecht
	iūstitia, -ae f.	Gerechtigkeit
	colere, -o, colui	bebauen; pflegen; verehren
45	reliqui, -ae, -a	die übrigen
	praecēdere, -o, -cessi	vorangehen; übertreffen
	(e)quidem	(ich) meinerseits; freilich; in der Tat
	adīre, -eo, -ii	aufsuchen, herangehen; sich wenden an
	hōra, -ae f.	Stunde
50	post *(Adv.)*	später, danach
	capere, -io, cēpi	(ein)nehmen, fassen, ergreifen
	rēcipere, -io, -cēpi	zurücknehmen; aufnehmen, empfangen
	summus, -a, -um	der höchste, größte, oberste
	dūcere, -o, dūxi	führen, leiten
55	imprīmīs	besonders
	facere, -io, fēci	machen, tun; herstellen
	laudāre	loben
	sē	sich
	nōn sōlum, sed (vērum) etiam	nicht nur, sondern auch /sogar
60	facinus, facinoris n.	Tat, Untat
	committere, -o, -mīsi	beginnen; begehen, tun; anvertrauen
	pauci, -ae, -a	wenige
	vulnus, vulneris n. *(vgl.* vulnerāre*)*	Wunde, Verwundung

	accipere, -io, -cēpi *(vgl. capere)*	annehmen, empfangen, erhalten; hören
65	parvus, -a, -um	klein, gering, unbedeutend
	Sabīnus, -i m., Cotta, ae m.	Sabinus, Cotta *(zwei Generäle Caesars)*
	castra, -ōrum n. *(Pluralwort)*	(das) Lager
	scelus, sceleris n.	Verbrechen
	dolus, i m.	List
70	interficere, -io, -fēci	töten
	fugere, -io, fūgi	fliehen, flüchten
	effugere, -io, -fūgi	fliehen, entkommen
	per *(m. Akk.)*	durch ... (hindurch); über ...(hin)
	silva, -ae f.	Wald
75	Labiēnus, -i m.	Titus Labienus *(Caesars fähigster General)*
	pervenīre, -io, -vēni	gelangen zu, erreichen, hinkommen
	ita	so, auf diese Weise
	animus, -i m.	Geist, Mut, Gesinnung, Stimmung, Verstand

Sessel, Relikt, Petition, dozieren, *describe (engl.)*, escribir *(span.)*, anno *(ital.)*, Notiz, vencer *(span.)*, act *(engl.)*, Aktion, Intellekt, science *(engl.)*, Mission, sentence *(engl.)*, Intermezzo, victory *(engl.)*, iustice *(engl.)*, Präzedenzfall, heure *(franz.)*, hour *(engl.)*, Rezeption, Summe, *produce (engl.)*, fare *(ital.)*, hacer *(span.)*, Kommission, poco *(ital.)*, akzeptieren, accettare *(ital.)*.

Einige weitere Präfixe

1) **a-, ab-, abs-**   von ... weg, weg, fort
   z. B.: abesse – fortsein, nicht anwesend sein
   amittere *(eigentl.: wegschicken)* → aufgeben, verlieren

2) **inter-**   dazwischen, unter
   z. B.: intermittere *(wörtl.: dazwischen schicken)* → unterbrechen

3) **prae-**   voran   z. B.: praecedere – vorangehn

4) **per-**   durch ... (hindurch), bis zum Ende, hin
   z. B.: pervenire – hinkommen, gelangen zu, erreichen

Beachten Sie die besondere Konstruktion von **petere** – *bitten*:

Im Deutschen steht die Person, die man bittet, im Akkusativ; die Sache, um die man bittet, wird als präpositionaler Ausdruck formuliert. Im Lateinischen verhält es sich umgekehrt:

Ich bitte		Peto	
dich (Akkusativobjekt)		a te	(präpositionaler Ausdruck)
um Hilfe (Präpositionalobjekt)		**auxilium**	(Akkusativobjekt)

Vokabeln zu den Lektionen

LEKTION 5

	hospes, hospitis m.	Gast; Gastfreund
	cibus, -i m.	Speise, Nahrung
	pergere, -o perrēxi	fortfahren
	aliquando	einmal, einst
5	legio, -ōnis f.	(die) Legion *(militärische Einheit)*
	iter, itineris n.	Weg, Reise; Marsch
	iter facere	marschieren
	Eburōnes, -um m.	die Eburonen *(german. Stamm)*
	flūmen, flūminis n.	Fluss
10	collocāre	aufbauen, aufstellen; ansiedeln
	mīles, -itis m.	Soldat
	proximus, a, um	der nächste; der letzte
	arbor, -oris f.	Baum
	caedere, -o, cecīdi	fällen; (nieder)schlagen; töten
15	alii ... alii	die einen ... die anderen
	materia, -ae f.	„Material", Bauholz, Stoff
	colligere, -o, -lēgi	sammeln *(vgl. a. L. 11 B, Vok.)*
	asportāre *(vgl. portāre)*	wegschaffen, mitnehmen
	locus, -i m.	Ort, Stelle, Platz; Gelegenheit
20	idoneus, -a, -um	geeignet, passend, tauglich
	vallum, -i n.	Wall, Verschanzung *(durch Palisaden)*
	fossa, -ae f.	Graben
	-que *(angehängt)*	und
	munīre, -io, -īvi	sichern, befestigen; anlegen
25	scūtum, -i n.	(der) Schild
	pīlum, -i n.	Wurfspieß
	humi *(Lokativ)*	auf dem Boden
	iacēre, -eo, iacui	liegen
	clamor, -ōris m. *(vgl. clamāre)*	Geschrei, Lärm
30	undique	von allen Seiten, von überall her
	currere, -o, cúcurri	laufen
	proelium committere	die / eine Schlacht beginnen
	stāre, stō, steti	stehen; bestehen
	defendere, -o, defendi	verteidigen
35	studēre, -eo, studui *(m. Inf.)*	sich bemühen; *m. Dat.:* etwas betreiben
	pellere, -o, pépuli	treiben, schlagen, stoßen, vertreiben
	occīdere, -o, occīdi *(vgl. caedere)*	niederschlagen, töten
	plērīque, plēraeque, plēraque	die meisten
	finitimus, -a, -um	benachbart; *substant.:* Nachbar
40	regio, -ōnis f.	„Region", Gegend, Gebiet
	abdere, -o, abdidi	verbergen, verstecken
	tunc	dann, darauf
	ac, atque	und (auch)
	officium, -i n.	Pflicht; Dienst; Pflichtgefühl
45	dūx, dūcis m.	Führer, Anführer, Feldherr

	praestāre, -sto, -stiti *m. Akk.:*	erfüllen, leisten, verrichten
	m. Dat.:	sich auszeichnen vor, übertreffen
	m. Infin.:	es ist besser
	maximē *(Adv.)*	am meisten, besonders
	delectāre	erfreuen
	labor, -ōris m. *(vgl.* laborāre)	Arbeit; Mühe; Einsatz(bereitschaft)
50	dormīre, -io, -īvi	schlafen
	tempus, temporis n.	Zeit(punkt); Gelegenheit; *Pl.:* Lage
	trādere, -o, trādidi	übergeben, hingeben, ausliefern
	quiēs, quiētis f.	Ruhe, Erholung, Schlaf
	paulo post	ein wenig später
55	frāter, frātris m.	Bruder
	inter *(m. Akk.)*	unter, zwischen
	sermō, -ōnis m.	Gespräch, Unterhaltung
	cārus, a, um	lieb, teuer, wertvoll
	nōmen, nōminis n.	Name, Familienname
60	laus, laudis f. *(vgl.* laudāre)	Lob, Anerkennung; Ruhm
	vēro	wahrlich; aber
	apud *(m. Akk.)*	bei
	honor (honōs), ōris m.	Ehre, Auszeichnung; Ehrenamt
	civitās, -ātis f.	Bürgerschaft, Staat; Stamm
65	Rōmam *(Akk. der Richtung, ohne Präp.)*	nach Rom
	revocāre	zurückrufen
	ā, ab *(m. Abl.)*	von, von ...weg
	salūs, -ūtis f.	Rettung; Wohlergehen; Begnadigung
	abhorrēre, -eo, -horrui	zurückschrecken vor; abweichen; widersprechen *(mit* ā, ab *+ Ablativ)*
70	amicitia, -ae f.*(vgl.* amīcus)	Freundschaft
	domi *(Lokativ)*	zu Hause
	disputāre	erörtern, besprechen
	crās	morgen
	familia, -ae f.	Familie
75	fundamentum, -i n.	Grundlage, Fundament
	basilica, -ae f.	Gerichtsgebäude, „Basilika"
	forum, -i n.	Forum, Marktplatz
	ostendere, -o, ostendi	zeigen

Hospital, prossimo *(ital)*, collect *(engl.)*, Kollektion, local *(engl.)*, Munition, Humus, defend *(engl.)*,Puls, region *(engl.)*, office *(engl.)*, duce *(ital.)*, massimo *(ital.)*, dormir *(franz.)*, Tradition, quiet *(engl.)*, frère *(franz.)*, caro *(ital.)*, cuidad *(span.)*, city *(engl.)*, zivil, salud *(span.)*, ostentativ

LEKTION 6

	posterus, -a, -um	der nächste, folgende
	diēs, diēi m.	Tag *(fem.:* der Termin*)*
	aliquot	einige
	urbs, urbis f.	Stadt *(oft synonym für Rom)*
5	moenia, -ium n. *(i-Deklination)*	(Stadt)mauern
	accēdere, o, -cessi	herankommen, -rücken; sich nähern
	negōtium, -i n.	Geschäft, Aufgabe, Tätigkeit
	contendere, -o, -tendi	eilen; kämpfen; *m. Inf.:* sich beeilen
	rēs, rei f.	Sache, Besitz, Angelegenheit; *Pl.:* Verhältnisse, Vermögen, Lage; Taten
10	gerere, -o, gessi	tragen; ausführen, verrichten, erledigen
	iussū	auf Befehl
	Rōmae *(Lokativ)*	in Rom
	plēnus, -a, -um *(m. Gen.)*	voll von
	admirātiō, -ōnis f.	Bewunderung
15	monumentum, -i n.	Denkmal, Erinnerungszeichen, Andenken
	templum, -i n.	Tempel
	rēgīna, -ae f. *(vgl.* regnāre*)*	Königin
	rēx, rēgis m.	König
	spectāre *(vgl.* exspectāre*)*	betrachten
20	Saturnus, i m.	Saturn *(Vater und „Vorgänger" Iuppiters)*
	conspicere, -io, -spexi *(vgl.* spectāre*)*	erblicken, anblicken
	comes, -itis m. / f.	Begleiter(in); Gefährte
	quaerere, -o, quaesīvi	suchen; fragen
	nūmen, -inis n.	Gottheit, göttliches Wesen
25	sacrificium, -i n.	Opfer
	Graeci, -ōrum m.	Griechen
	Graecus, -a, -um	griechisch
	existimāre	glauben, (ein)schätzen; beurteilen
	Iuppiter, **Iovis** m.	Iuppiter
30	pater, patris m.	Vater
	nōnne *(Fragepartikel; erwartete Antwort:* ja*)*	denn nicht, etwa nicht
	num *(Fragepartikel; erwartete Antwort:* nein*)*	etwa
	improbus, -a, -um	böse, schlimm, unrechtschaffen
	rēcte *(Adv.)*	richtig
35	antiquus, -a, -um	alt
	crūdēlitās, -ātis f.	Grausamkeit
	nūllus, -a, -um *(Gen.:* nūllīus, *Dat.:* nūlli*)*	kein
	fidēs, fidei f.	Treue, Zuverlässigkeit; Glaube; Eid
	līberi, -ōrum m.	Kinder
40	līber, -a, -um	frei
	devorāre	verschlingen, auffressen
	poēta, -ae **m.**	Dichter
	carmen, -inis n.	Lied, Gedicht
	longus, -a, -um	lang, langwierig

Vokabeln zu den Lektionen

45	rēgnum, -i n. *(vgl. rēx)*	(Königs)herrschaft, (König)reich
	occupāre	besetzen; ergreifen
	orbis (is m.) terrārum	Erdkreis, Erde
	prudentia, -ae f.	Klugkeit, Umsicht
	cōnstat *(m. AcI)*	es steht fest
50	optimus, -a, -um	der beste
	cōnservāre	beahren, retten, erhalten
	cōnservātor, -ōris m.	(Be)schützer, Retter
	rēs pūblica, rei pūblicae f.	(„öffentliche Angelegenheit"), Staat, Republik
	imperium, -i n.	Befehl(sgewalt), Herrschaft; Reich
55	sine *(m. Abl.)*	ohne
	fīnis, -is m.	Grenze, Ende; Ziel; *Pl.*: Gebiet
	dare, dō, dedi	geben
	mōns, montis m.	Berg
	aedificāre	(er)bauen, errichten
60	praeter *(m. Akk.)*	vorüber, vorbei an; außer
	potestās, -ātis f. *(vgl.* posse)	Amtsbefugnis, Macht; Möglichkeit
	Capitōlium, -i n.	das Kapitol *(das gesamte Areal des Hügels)*
	Minerva, -ae f.	Minerva *(griech.: Athene)*
	sī	wenn, falls
65	vel potius	oder vielmehr *(berichtigend)*
	cīvis, -is m. (f.)	Bürger
	homo, hominis m.	Mensch
	vīvere, -o, vīxi	leben
	necesse est *(m. AcI)*	es ist nötig, notwendig
70	ignārus, -a, -um *(m. Gen.)*	unwissend, ohne Kenntnis

---

día *(span.)*, urban, access *(engl.)*, negozio *(ital.)*, Realität, plenty *(engl.)*, admire *(engl.)*, reina, rey *(span.)*, sacrifice *(engl.)*, père *(fr.)*, right *(engl.)*, ancien *(fr.)*, antiguo *(span.)*, cruelty *(engl.)*, Libero, reign *(engl.)* Orbit, Optimist, konservieren, Republik, empire *(engl. / fr.)*, sin *(span.)*, mountain *(engl.)* Capitol *(engl.)*, zivil, hombre *(span.)*

Zur Konstruktion von quaerere – *fragen*

In der Bedeutung *fragen* hat **quaerere** eine ähnliche Konstruktion wie **petere** – *bitten:* Die Person, die man fragt, steht mit **e, ex** + Ablativ; die Sache, nach der man fragt, im Akkusativ:
Quaero viam ex te. – *Ich frage dich nach dem Weg.*

Die Fragepartikeln

Satzfragen können im Lateinischen durch Fragepartikeln eingeleitet werden; dabei macht der Fragesteller deutlich, welche Antwort er erwartet:

- Ein meist an das erste Wort angehängte **-ne** wird nicht übersetzt. Es wird weder eine positive noch verneinende Antwort erwartet: Subegit**ne** Caesar Galliam? – *Hat Caesar Gallien erobert?*
- Ein **num** – *etwa?* intendiert die Antwort „Nein", während **nōnne** – *denn nicht, etwa nicht?* die Antwort „Ja" erwartet.

LEKTION 7

	postea	später
	qui, qae, quod *(Relativpronomen)*	der, die, das; welcher, welche, welches
	ōtium, -i n. *(vgl. negōtium)*	freie Zeit, Freizeit, Muße
	collis, -is m.	Hügel
5	collis Palatīnus	der Palatin *(einer der sieben Hügel Roms)*
	ascendere, -o, ascendi, ascēnsum	hinaufsteigen; besteigen
	concēdere, -o, -cessi, -cessum	zugeben, einräumen *(m. AcI)*
	sē *(reflexives Personalpronomen)*	sich; *Formen von* er, sie es *im AcI*
	cognōscere, -o, -nōvi, -nitum	kennenlernen, erkennen
10	nōvi (nōscere, -o, nōvi, nōtum)	ich habe erkannt = ich weiß
	dolēre, -eo, dolui	bedauern, Schmerz empfinden, darunter leiden
	dolor, -ōris m.	Schmerz
	irridēre, -eo, -rīsi, -rīsum	auslachen, verspotten
	dēnuo	von neuem, wiederum
15	incipere, -io, **coepi, coeptum** / inceptum	anfangen, beginnen
	pellere, -o, pépuli, pulsum	vetreiben; schlagen, stoßen; besiegen
	socius, -i m.	Gefährte, Freund; Bundesgenosse
	vincere, -o, vīci, victum *(vgl. victoria)*	(be)siegen; übertefffen
	cōnfirmāre	stärken, (ver)sichern; bestätigen
20	praedīcere, -o, -dīxi, -dictum	vorhersagen, voraussagen
	tam *(bei Adjektiven u. Adverbien)*	so, in solchem Maße
	insolenter *(Adv.)*	ungewöhnlich; dreist, frech
	superbus, -a, -um	stolz; überheblich, anmaßend
	ōlim	vor Zeiten, einst; dereinst
25	prīvāre *(m. abl. separativus)*	jmd. einer Sache berauben
	posteri, -ōrum m.	Nachkommen
	perniciēs, -iēi f.	Verderben, Vernichtung, Untergang
	coniu(n)x, -ugis m. u. f.	Gatte, Gattin
	amor, -ōris m. *(vgl. amīcus, amāre)*	Liebe
30	iungere, -o, iūnxi, iūnctum	(ver)binden, vereinigen
	quō modō	auf welche Weise?; auf diese Weise
	sibi *(reflexives Personalpronomen im Dat.)*	sich, für sich *(s. o. Nr. 8)*
	adiungere, -o, -iūnxi, iūnctum	anschließen, anbinden, hinzufügen
	constitūtus, -a, -um	festgelegt, festgesetzt
35	lūx, lūcis f.	Licht; Tageslicht
	caput, capitis n.	Kopf, Haupt; Hauptstadt
	exsistere, -o, exstiti	auftauchen, hervorkommen, entstehen
	aperīre, -io, aperui, apertum	öffnen; aufdecken
	cēteri, -ae, -a	die übrigen
40	accipere, -io, -cēpi, -ceptum	an-, aufnehmen, empfangen, erhalten
	prīmum *(vgl. prīmus)*	zuerst; zum ersten Mal
	paulum	ein wenig
	patēre, -eo, patui	offen stehen, sich erstrecken
	ars, artis f.	Kunst(fertigkeit); Eigenschaft

45	sapientia, -ae f.	Weisheit, Klugkeit
	memoria, -ae f.	Gedächtnis; Erinnerung, Andenken
	numquam	niemals
	depōnere, -o, -posui, -positum	niederlegen, ablegen; „deponieren"
	conciliāre	vereinigen, verbinden, gewinnen
50	pēs, pedis m.	Fuß
	cēdere, -o, cessi, cessum	gehen, weichen; nachgeben
	ubi *(m. Ind. Perf.)*	sobald
	ridēre, -eo, rīsi, rīsum	lachen
	memorāre *(vgl. memoria)*	erinnern; erwähnen

Pfalz, Palast, ascenseur *(franz.)*, konzedieren, kognitiv, know *(engl.)*, Puls, sozial, society *(engl.)*, vencer *(span.)*, confermare *(ital.)*, tan *(span.)*, priver *(franz.)*, luce *(ital)*, luz *(span.)*, Kapitale, exist *(engl.)*, aperto *(ital.)*, accept *(engl.)*, arte *(ital.)*, saber *(span.)*, memory *(engl.)*, Pedal, rire *(franz.)*

LEKTION 8

	superior, *(neutr.:* superius), -iōris	höher gelegen; überlegen
	despicere, -io, -spexi, -spectum	herabblicken; verachten
	cum	als (plötzlich); indem, dadurch dass
	is, ea, id	*s. Grammatik zu dieser Lektion*
5	via, ae f.	Weg, Straße
	sacer, -cra, -crum	heilig, geweiht; verflucht
	via sacra	die heilige Straße
	vallēs, -is f.	Tal
	initium, -i n.	Anfang, Beginn
10	inīre, -eo, -ii, -itum *(vgl. īre)*	hineingehen; anfangen, beginnen
	triumphus, -i m.	Triumphzug, Triumph
	agere, -o, ēgi, āctum	tun, treiben, handeln; verhandeln; feiern;
	praeda, ae f.	Beute
	multitūdo, -tūdinis f.	Menge; Vielzahl
15	mōnstrāre	zeigen
	capere, -io, cēpi, captum	fangen, fassen, ergreifen; einnehmen
	hostis, -is m.	*(äußerer)* Feind; Staatsfeind
	dūcere, -o, dūxi, ductum	führen; mitführen, -schleppen
	decernere, -o, -crevi, -crētum	entscheiden, beschließen
20	pars, partis f.	Teil, Seite; Richtung
	occīdere, -o, occīdi, occīsum	niederschlagen; töten
	spēs, spei f.	Hoffnung
	praemium, i n.	Preis, Belohnung; Beute
	celebrāre	feiern

25	imperātor, -ōris m. *(vgl.* imperāre*)*	*(der siegreiche)* Feldherr
	tamquam	gleichsam; als ob
	colere, -o, colui, cultum	bebauen; pflegen; verehren
	adiuvāre, -o, -iūvi, iūtum *(m. Akk.)*	unterstützen, helfen
	venerātio, -onis f.	Verehrung, Respekt
30	praecipuus, -a, -um	eigentümlich, außerordentlich
	crēber, -bra, -brum	zahlreich, häufig; gedrängt
	grātulātio, -ōnis f.	Glückwunsch; Danksagung; Freude
	abesse, absum, āfui	nicht da sein, abwesend / fern sein
	timor, -ōris m.	Furcht; Besorgnis
35	timēre, -eo, timui	(be)fürchten, sich fürchten
	minuere, -uo, -ui, ūtum	verkleinern, vermindern, verringern
	elūdere, -o, -lūsi, -lūsum	verspotten, verhöhnen
	movēre, -eo, mōvi, mōtum	bewegen; beeindrucken
	fābula, -ae f.	Geschichte, *(mythische)* Erzählung
40	oportet *(m. AcI)*	es ist nötig, man muss
	crēdere, -o, crēdidi, -ditum	glauben; vertrauen; halten für
	calamitās, -ātis f.	Niederlage, Katastrophe, Unglück
	mōs, mōris m.	Sitte, Brauch; *Plur.:* Charakter
	intellegere, -o, -lēxi, -lēctum	einsehen, erkennen, verstehen
45	studēre, -eo, -ui	sich bemühen; nach etw. streben
	dum	solange; *m. Präsens:* während
	trādere, -o, -didi, -ditum *(vgl.* dare*)*	überliefern, übergeben; berichten
	libenter *(Adv.)*	gerne, willig, freudig

superiore *(ital.)*, despektierlich, sacré *(franz.)*, valley *(engl.)*, Initiative, act *(engl.)*, decree *(engl.)*, Dekret, part *(engl.)*, premio *(ital.)*, celebrate *(engl.)*, Illusion, move *(engl.)*, creer *(span.)*, kognitiv, Moral, Intelligenz, estudiar *(span.)*, étudier *(franz.)*, Tradition

Können Sie bis Zehn zählen? – Hier die Kardinalzahlen:

Latein	Italienisch	Spanisch	Französisch	Englisch	Deutsch
ūnus, a, um	uno	uno	un	one	eins
duo, duae, duo	due	dos	deux	two	zwei
trēs, tria	tre	tres	trois	three	drei
quattuor	quattro	cuatro	quatre	four	vier
quinque	cinque	cinco	cinq	five	fünf
sex	sei	seis	six	six	sechs
septem	sette	siete	sept	seven	sieben
octo	otto	ocho	huit	eight	acht
novem	nove	nueve	neuf	nine	neun
decem	dieci	diez	dix	ten	zehn

centum – 100   mīlle – 1000 *(vgl.* Prozent, Promille*)*   ** *Zu den Zahlen vollständig s. Forma 39 f.*

LEKTION 9 A

	audāx, -ācis (vgl. u. audācia)	mutig, kühn; verwegen, frech, skrupellos
	hīc, haec, hoc	dieser, diese, dieses
	diligenter (Adv. zu diligēns, ntis)	sorgfältig
	ignōrāre (vgl. nōtus, a, um)	nicht wissen, nicht kennen
5	lacessere, -o, lacessīvi, -ītum	herausfordern, reizen
	quantus, -a, -um	wie groß
	arrogantia, -ae f.	Anmaßung, Arroganz
	iniūria, -ae f.	Unrecht; Gewalttat
	ingēns, ingentis	ungeheuer, gewaltig
10	imperītus, -a, -um	unerfahren, unkundig, ahnungslos
	dūcere, -o, dūxi, ductum (m. AcI)	glauben
	supplicium, -i n.	Bitten, Flehen; (Todes)strafe, Hinrichtung
	crudēlis, -is, -e (vgl. crudēlitās)	grausam
	afficere, -io, -fēci, -fectum (vgl. facere)	antun, versehen mit, erfüllen
15	comprehendere, -o, -hendi, -hēnsum	ergreifen, erfassen, verhaften
	difficultās, -ātis f.	Schwierigkeit; Not, Verlegenheit
	circumvenīre, -io, -vēni, -ventum	umzingeln, einschließen
	gravis, -is, -e	schwer(wiegend), ernst
	committere, -o, -mīsi, missum	beginnen, begehen; anvertrauen
20	audācia, -ae f. (vgl. audāx)	Mut, Kühnheit; Frechheit
	trepidus, -a, -um	ängstlich, furchtsam
	persuadēre, -eo, -suāsi, -suāsum	mit AcI: überzeugen
	facile (Adv. zu facilis)	leicht, mit Leichtigkeit
	omnis, -is, -e	jeder, ganz; Pl.: alle
25	pulchritudo, inis f.	Schönheit
	femina, -ae f.	Frau
	incendere, -o, -cendi, -cēnsum	anzünden, entflammen, anbrennen
	corrumpere, -o, -rūpi, -ruptum	verderben, zu Grunde richten
	modus, -i m.	Art und Weise; Maß; Mäßigung
30	nōbilis, -is, -e	edel, adlig, berühmt
	prōvincia, -ae f.	Provinz (verwaltetes Gebiet außerhalb Italiens)
	arcessere, -o, -īvi, -ītum	kommen lassen, herbeiholen
	fāma, -ae f.	Gerücht, Gerede; Ruf; Ruhm
	vehemēns, -ntis	leidenschaftlich, heftig
35	libīdo, libīdinis f.	Begierde, Lust; Zügellosigkeit, Willkür
	vīs, vim, vī f.	Kraft, Gewalt
	vīres, -ium f.	Kräfte
	tūtus, -a, -um	sicher, geschützt
	in tūtō esse	in Sicherheit sein
40	invictus, -a, -um (vgl. vincere)	unbesiegt; unbesiegbar
	amātor, -ōris m. (vgl. amāre)	Liebhaber
	triumphāre	triumphieren; einen Triumphzug feiern
	dūx, dūcis m. (vgl. dūcere)	Führer, Anführer, Feldherr
	reprehendere, -o, -prehendi, -prehēnsum	tadeln
45	tālis, -is, -e	solch, so beschaffen

	fortis, -is, -e	tüchtig, tapfer
	decet, decuit *(m. Akk.)*	es ziemt sich, gehört sich für *jmd.*
	inimīcus, -a, -um *(vgl.* amīcus*)*	feindlich; *substantiviert: (persönlicher)* Feind
	ōrātio, ōnis f. *(vgl.* ōrātor*)*	Rede
50	mulier, eris f.	Frau; Weib
	appellāre	nennen, bezeichnen; ansprechen

---

ignore *(engl.)*, ignorant, quanto *(ital.)*, Arroganz, cruel *(engl./span.)*, Affekt, comprender *(span.)*, comprendre *(franz.)*, difficulty *(engl.)*, grave *(ital.)*, commit *(engl.)*, persuade *(engl.)*, ogni *(ital.)*, Moral, incendiar *(span.)*, korrupt, nobel, fame *(engl.)*, vehement, Tutor, invincibile *(ital.)*, duce *(ital.)*, fuerte *(span.)*, decent *(engl.)*, mujer *(span.)*, moglie *(ital.)*, appeler *(franz.)*

LEKTION 9 B

	līberāre *(vgl.* līber*)*	befreien
	audēre, -eo *(vgl.* audāx, audācia*)*	wagen
	adulēscēns, -entis m.	junger Mann, Jüngling
	rapere, -io, rapui, raptum	rauben, mit sich reißen, ergreifen
5	abdūcere, -o, -dūxi, -ductum	wegführen, entführen, verschleppen
	pōculum, -i n.	Gefäß, Becher; Trank
	crīmen, -inis n.	Vorwurf; Vergehen, Verbrechen
	immo vēro	im Gegenteil
	bōs, bovis m. / f.	Ochse, Rind
10	animāl, -ālis n.	Tier, Lebewesen
	numerus, -i m.	Zahl. Anzahl
	in numero habēre	zählen zu; behandeln als
	im-, complēre, -eo, -plēvi, -plētum	anfüllen, erfüllen
	interrogāre *(vgl.* rogāre*)*	fragen; befragen
15	magis ... quam	mehr ... als
	taurus, -i m.	Stier
	dēnique	schließlich, endlich
	terere, -o, trīvi, trītum	reiben, abnutzen; vergeuden
	ridiculus, -a, -um	lächerlich
20	longē *(Adv.)*	lang; bei weitem
	ipse, ipsa, ipsum	selbst, persönlich
	quindecim	fünfzehn
	circiter	ungefähr
	dēmōnstrāre *(vgl.* mōnstrāre*)*	zeigen, beweisen, klarmachen
25	mortuus, a, um *(vgl.* mors, mortis f.*)*	tot
	orīgo, -inis f.	Abstammung, Ursprung, Herkunft
	gēns, gentis f.	Familie, Geschlecht; Volksstamm
	genus, -eris n.	Herkunft; Familie; Geschlecht; Gattung

	ortus, -a, -um	abstammend, entstanden
30	dī immortāles	die unsterblichen Götter
	coniungere, -o, -iūnxi, -iūnctum	verbinden, vereinigen
	māter, -tris f.	Mutter
	Venus, -eris f.	Venus *(Göttin der Liebe)*
	potēns, potentis *(vgl. posse)*	mächtig
35	explicāre	entfalten, erklären
	ostendere, -o, ostendi, ostentum	zeigen, erklären
	nisī *(vgl. sī)*	wenn nicht
	nihil aliud nisī	nichts anderes außer
	similis, -is,- e	ähnlich
40	suppliciter *(Adv.)*	demütig, bittflehend
	aliter *(Adv.)*	anders, auf andere Weise
	superbia, ae f. *(vgl. superbus, a, um)*	Stolz; Hochmut, Überheblichkeit
	incitāre	antreiben; anstacheln, aufwiegeln
	probāre	prüfen; billigen; beweisen

> libérer *(franz.)*, adolescence *(engl.)*, Pokal, apportieren, crime *(engl.)*, bovino *(ital.)*, toro *(span.)*, Terror, terrify *(engl.)*, ridiculous *(engl.)*, quindici *(ital.)*, muerto *(span.)*, origine *(ital.)*, gente *(ital.)*, genre *(franz.)*, immortal *(engl.)*, Konjunktion, potenziell, explicar *(span.)*, ostentativ, similar *(engl.)*, simulieren, prove *(engl.)*, prouver *(franz.)*.

Korrelativpronomina / -adverbia

tālis, -is, -e ... quālis, -is, -e	so beschaffen ... wie (beschaffen)	*(vgl. Qualität)*
tantus, -a, -um ... qantus, -a, -um	so groß ... wie (groß)	*(vgl. Quantität)*
tot ... quot	so viele ... wie (viele)	*(vgl. Quotient)*
tam ... quam	so ... wie *(eher bei Adjektiven u. Adverbien)*	
ita, sīc ... ut	so ... wie *(eher bei Verben)*	

Die jeweils zweiten Korrelativa (**qu-**) können auch Frage- und Ausrufsätze einleiten:
    O quanta pericula!   O welch große Gefahren!

Die Adjektive der dritten Deklination

Diese Adjektive richten sich nach der i-Deklination, mit Ausnahme des Akk. Sing. masc. u. fem. *(Erläuterungen s. a. S. L. 9, S. 64).* Hier die vollständige Deklination am Beispiel des dreiendigen Adjektivs **celer, celeris, celere – schnell:**

	Sg. masc.	Sg. fem.	Sg. neutr.	Pl. masc.	Pl. fem.	Pl. neutr.
NOM.	celer	celeris	celere	celeres	celeres	celeria
GEN.	celeris	celeris	celeris	celerium	celerium	celerium
DAT.	celeri	celeri	celeri	celeribus	celeribus	celeribus
AKK.	celerem	celerem	celere	celeres	celeres	celeria
ABL.	celeri	celeri	celeri	celeribus	celeribus	celeribus

LEKTION 10 A

	comparāre *(vgl.* parāre)	beschaffen, zusammentragen; vergleichen
	aliēnus, -a, -um	fremd(artig); abgeneigt; unpassend
	sextus, -a, -um	der sechste
	decimus, -a, -um	der zehnte
5	amittere, -o, -mīsi, -missum	aufgeben; verlieren
	soror, -ōris f.	Schwester
	expellere, -o, éxpuli, -pulsum	vertreiben, austreiben
	lēx, lēgis f.	Gesetz; Bedingung
	ille, illa, illu**d**	jener, jene, jenes
10	domāre, -o, dom**ui**, dom**itum**	zähmen, besiegen, bezwingen
	prōcōnsul, -is m.	Prokonsul *(Verwalter einer Provinz)*
	administrāre	verwalten, leiten; Vorkehrung treffen
	praeterea	außerdem
	cōnficere, -io, -fēci, -fectum	voll-, beenden, erledigen; erschöpfen
15	parēre, -eo, parui	gehorchen
	solēre, -eo (solitus sum)	gewohnt sein, pflegen *etw. zu tun*
	cōnsilium, -i n.	Rat(schlag); Plan; Entschluss; Beschluss
	cōnsilium capere	einen Entschluss fassen
	cum *(Subjunktion)*	*(zu dem Zeitpunkt)* als
20	cōnsul, -is m.	Konsul *(höchstes Amt in der Republik)*
	vehementer *(Adv.; vgl.* vehemēns)	leidenschaftlich, heftig
	obstāre, obstō, obstiti	hinderlich sein; widerstehen
	memoriā tenēre	im Gedächtnis haben; sich erinnern
	bellum gerere (-o, gessi, gestum)	Krieg führen
25	antea	vorher, zuvor
	audīre, -io, audīvi, audītum	hören, vernehmen
	in potestatem populi Romani redigere	in die Gewalt des röm. Volkes bringen
	mortālis, -is, -e *(vgl.* im-mortālis)	sterblich
	brevis, -is, -e	kurz
30	intermittere, -o, -mīsi, -missum	unterbrechen; verstreichen lassen
	tacēre, -eo, tacui, -itum	schweigen, nicht reden
	iūs, iūris n. *(vgl.* iūstus, a, um)	Recht
	commemorāre *(vgl.* memoria)	erwähnen
	fallere, -o, féfelli, deceptum	täuschen, hintergehen
35	fallit me	es entgeht mir
	uterque, utraque, utrumque	jeder (von beiden), beide
	(Gen.: utriusque; *Dat.:* utrique)	
	virtūs, -ūtis f. *(vgl.* vir, viri m.)	Tapferkeit; Tüchtigkeit,Tatkraft; Tugend
	fēlīx, -īcis	glücklich; erfolgreich
	fortasse	vielleicht; vermutlich
40	multīs annīs post	viele Jahre später
	cōnstruere, -o, -strūxi, -strūctum	aufschichten; errichten, erbauen

compare *(engl.)*, alien *(engl.)*, sixième *(franz.)*, Dezimal*system*, sorella *(ital.)*, expeler *(span.)*, legal, legge *(ital.)*, ley *(span.)*, Dompteur, enemy *(engl.)*, enemigo *(span.)*, vehement, mortel *(franz.)*, brief*ly (engl.)*, Intermezzo, Jura, felice *(ital.)*

Die Ordinalzahlen *(Ordnungszahlen)* von 1–10

prīmus, -a, -um	der erste	sextus, -a, -um	der sechste
secundus, -a, -um	der zweite	septimus, -a, -um	der siebte
tertius, -a, -um	der dritte	octāvus, -a, -um	der achte
quartus, -a, -um	der vierte	nōnus, -a, -um	der neunte
quintus, -a, -um	der fünfte	decimus, -a, -um	der zehnte
vīcēsimus, -a, -um	der zwanzigste	centēsimus, -a, -um	der hundertste
mīllēsimus, -a, -um	der tausendste		

LEKTION 10 B

	occāsio, -ōnis f.	(günstige) Gelegenheit
	dare, dō, dedi, datum	geben
	resistere, -o, restiti	sich widersetzen, Widerstand leisten
	virgo, -inis f.	junges Mädchen, Jungfrau
5	quīdam, quaedam, quoddam	ein gewisser, bestimmter
	conspicere, -io, -spexi, -spectum	erblicken; anblicken
	furor, -ōris m.	Wut, Toben, Rasen; Wahnsinn
	forma, -ae f.	Gestalt, Aussehen; Schönheit
	singulāris, -is, -e	einzeln; einzigartig, ausgezeichnet
10	cupere, -io, cupīvi, -ītum	begehren, wünschen, verlangen
	cupiditās, -atis f. *(vgl. cupidus)*	Gier, Begierde, Verlangen, Leidenschaft
	habēre, -eo, habui, habitum	haben, besitzen; halten für
	amāre *(vgl. amicus)*	lieben, schätzen
	diligere, -o, dilēxi, dilēctum	lieben, schätzen
15	sitis, -is f. *(i-Dekl.)*	Durst
	sedāre	beruhigen; stillen
	ratio, -ōnis f.	Art und Weise; Überlegung, Berechnung
	appropinquāre	sich nähern
	timidus, -a, -um *(vgl. timēre)*	ängstlich, furchtsam, schüchtern
20	(per)terrēre, -eo, -ui, territum	jmd. erschrecken
	adhibēre, -eo, -hibui, -hibitum	anwenden; hinzuziehen
	detegere, -o, -tēxi, -tēctum	entdecken, aufdecken
	Iūnō, -ōnis f.	Iuno *(Gattin Iuppiters, griech.: Hera)*
	molestia, -ae f.	Belästigung, Ärger
25	sentīre, -io, sēnsi, sēnsum	fühlen; bemerken; erkennen; meinen
	mēns, mentis f.	Gedanke; Verstand; Gemüt, Gesinnung

	mutāre	ändern, tauschen; verwandeln
	incrēdibilis, -is, -e *(vgl.* crēdere)	unglaublich
	celeritās, -ātis f. *(vgl.* celer, is, e)	Geschwindigkeit, Schnelligkeit
30	terra, -ae f.	Erde, Land
	Asia, -ae f.	Kleinasien
	lītus, -oris n.	Strand, Küste, Gestade
	magnitūdo, -inis f.	Größe; Bedeutung
	eximius, -a, -um	ausnehmend, außerordentlich, hervor-
	(vgl. eximere – herausnehmen)	ragend
35	grex, gregis m.	Herde; Schar, Kreis
	relinquere, -o, relīqui, relictum	zurücklassen, verlassen; übriglassen
	salūtem fugā petere	sein Heil in der Flucht suchen
	sōlus, -a, -um *(Gen.:* sōlīus; *Dat.:* sōli)	allein, einzig, nur
	(re)manēre, -eo, -mānsi, -mānsum	bleiben, zurückbleiben
40	propius *(Adv.; vgl.* prope)	näher (an)
	tergum, -i n.	Rücken
	modō	nur; eben (erst, noch)
	nocēre, -eo, -ui, -itum	schaden
	celer, -is, -e	schnell
45	celeriter *(Adv.)*	schnell
	mare, -is n.	Meer, die See
	atrōx, -ōcis	finster, schrecklich, grässlich
	altus, -a, -um	hoch; tief
	unda, -ae f.	Welle, Woge
50	lacrima, -ae f.	Träne
	fundere, -o, fūdi, fūsum	gießen, vergießen; vergeuden; vertreiben
	miser, -a, -um	elend, unglücklich, arm
	quō	wohin
	invītus, -a, -um	unfreiwillig, gegen den Willen
55	mōnstrum, -i n.	Ungeheuer; Wunderzeichen *(der Götter)*
	mors, mortis f. *(vgl.* mortuus, a, um)	Tod
	mortem obīre	sterben
	frūstra	vergeblich, umsonst
	implorāre	anrufen, anflehen
60	precēs, -um f.	Bitten, Gebet
	com- / permovēre, -eo, -mōvi, -mōtum	(stark) beeindrucken, bewegen
	Crēta, -ae f.	Kreta *(Wiege der minoischen Kultur)*

ocasión *(span.)*, resist *(engl.)*, vierge *(franz.)*, fury *(engl.)*, singolare *(ital.)*, sete *(ital.)*, Sedativum, rational, Terror, Detektiv, sentir *(franz. / span.)*, mental *(engl.)*, Mutation, incredibile *(ital.)*, lido *(ital.)*, Relikt, solo *(span. / ital.)*, remain *(engl.)*, mer *(franz.)*, alto *(span. / ital.)*, onde *(franz.)*, làgrima *(span.)*, morte *(ital.)*, Frustration, pray *(engl.)*, prekär

LEKTION 11 A

	narrātio, -ōnis f. *(vgl. narrāre)*	Erzählung, Schilderung
	interrumpere, -o, -rūpi, -ruptum	unterbrechen
	vetāre, -o, vet**ui**, vet**itum**	verbieten
	proinde	deshalb, daher
5	prūdēns, -ntis *(vgl. prūdentia)*	klug, vorausschauend
	iubēre, -eo, iussi, iussum	*(m. Akk.)* befehlen
	cum	immer wenn, sooft
	nescīre, -io, -ī(v)i, -ītum	nicht wissen, nicht kennen
	punīre, -io, -īvi, -ītum	bestrafen
10	poena, -ae f.	Buße, Strafe
	incolumis, -is, -e	heil, unversehrt
	dimittere, -o, mīsi, -missum	entlassen, wegschicken
	adesse, adsum (assum), affui / adfui	da-, dabei sein; erscheinen; helfen
	aliquis, aliquid *(substantivisch)*	irgendjemand, irgendetwas
15	aliqui, aliquae (a), aliquid *(adjektivisch)*	irgendein(e)
	impetrāre	erreichen, erwirken; durchsetzen
	īdem, éadem, idem	der-, die, dasselbe
	licet, licuit *(m. Inf.)*	es ist erlaubt
	iste, ista, istu**d** *(Dekl. vgl. ille etc.)*	dieser, diese, dieses da
20	apparēre, -eo, -ui	erscheinen
	sevērus, -a, -um	streng, ernst; hart, grausam
	piger, -gra, -grum	faul, träge
	quam *(m. Superlativ)*	möglichst
	quam celerrimē	möglichst schnell
25	domum *(Akk. d. Richtung)*	nach Hause
	domō	von zu Hause (weg)
	subīre, -eo, -ii *(vgl. īre)*	unter etw. gehen; auf sich nehmen
	debēre, -eo, -ui, -itum	schulden; verdanken; *m. Inf.:* müssen
	difficilis, -is, -e *(vgl. facilis, is, e)*	schwierig *(zu erledigen)*
30	ignōscere, -o, -nōvi, -nōtum	verzeihen

---

interrupt *(engl.)*, Veto, punish *(engl.)*, pena *(span.)*, incolume *(ital.)*, dismiss *(engl.)*, sévère *(franz.)*, difficile *(ital.)*

Die Subjunktion cum mit Indikativ

1)	(immer) wenn, sooft	⎫	iterativum	*(wiederholte Vorgänge)*
2)	indem, dadurch dass	⎪	coincidens	*(Haupthandlung = Nebenhandlung)*
3)	(zum Zeitpunkt) als	➡ **cum** ⎬	temporale	*(Beschreibung eines Zeitpunkts)*
4)	als plötzlich	⎪	inversum	*(Priorität des Nebensatzes)*
5)	während dabei, wobei	⎭	modale	*(Begleitumstände)*

** **cum** mit Futur II bedeutet „wenn", „sobald"

LEKTION 11 B

	gerere, -o, gessi, gestum	tragen; ausführen, verrichten
	legere, -o, lēgi, lēctum	lesen; sammeln
	diutius *(Adv. im Komparativ)*	länger
	negāre	nein sagen; bestreiten; sagen, dass nicht
5	venia, -ae f.	Gnade, Verzeihung
	quīdam, quiddam *(substantivisch)*	jemand, etwas
	quīdam, quaedam, quoddam *(adjekt.)*	ein gewisser, bestimmter *etc.*
	quīdam	*im Plural:* einige, manche
	silentium, -i n.	(Still)schweigen
10	praeterīre, -eo, -ii, -itum *(vgl. īre)*	vorbeigehen; vergehen; übergehen
	aperīre, -io, aperui, apertum	öffnen, eröffnen; offenbaren, enthüllen
	hiberna, -ōrum n.	Winterlager
	quīndecim	fünfzehn
	frūmentum, -i n.	Getreide
15	comportāre	beschaffen, bringen, zusammentragen
	impellere, -o, -puli, -pulsum	anstoßen, antreiben; verleiten
	repente *(Adv.)*	plötzlich
	deficere, -io, -fēci, -fectum *(vgl. facere)*	abtrünnig werden; fehlen, ausgehen
	oppugnāre *(vgl. pugnāre)*	bestürmen, angreifen, bekämpfen
20	oppugnātio, -ōnis f.	Bestürmung, Belagerung
	eques, -itis m. *(vgl. equus)*	Reiter
	unā ex parte	**auf, an** der einen Seite
	ēmittere, -o, -mīsi, -missum	hinaus-, herausschicken
	proelium equestre	Kampf zu Pferde, Reitergefecht
25	repellere, -o,ré**p**puli, repulsum	zurückstoßen, -drängen, vertreiben
	dēsistere, -o, dēstiti	aufhören *mit etw.*, Abstand nehmen *von*
	insidiōsus, -a, -um	hinterlistig, tückisch
	paene	ungefähr, fast, beinahe
	sēsē	= sē
30	voluntās, -ātis f.	Wille, Wunsch, Entschluss; Genehmigung
	cōgere, -o, coēgi, coāctum *(vgl. agere)*	versammeln; zwingen
	commūnis, -is, -e	gemeinsam
	ōrātiōnem habēre	eine Rede halten
	discēdere, -o, -cessi, -cessum	auseinandergehen; weggehen
35	controversia, -ae f.	Meinungsverschiedenheit, Streit
	iniussū *(vgl. iubēre)*	ohne Befehl
	auctor, -ōris m.	Förderer, Veranlasser, Anstifter, Urheber
	prīma lūce (lūx, lūcis f. – Licht)	mit dem ersten Licht, bei Tagesanbruch
	trīstis, -is, -e	traurig; betrüblich, schmerzlich
40	turpis, -is, -e	hässlich, schändlich
	aliās	zu anderer Zeit, ein anders Mal

Lektüre, negativ, silenzio *(ital.)*, ouvrir *franz.)*, abrir *(span.)*, invernar - überwintern *(span.)*, frumento *(ital.)*, Impuls, Defekt, oppugn *(engl.)*, émettre *(franz.)*, equestrian *(engl.)*, repel *(engl.)*, desist *(engl.)*, insidioso *(span./ital.)*, volonté *(franz.)*, Kommune, exist *(engl.)*, kontrovers, autor *(span.)*, luce *(ital.)*, triste *(franz./ital./span.)*

Wortbildung

Komposita von legere, -o, lēgi, lēctum – lesen, sammeln:

Dehnungsperfekt

colligere, -o, collēgi, collēctum   sammeln
deligere, -o, delēgi, delēctum   auswählen
eligere, -o, elēgi, elēctum   auswählen

s-Perfekt

intellegere, -o, -lēxi, , -lēctum   erkennen
diligere, -o, dilēxi, dilēctum   lieben
neglegere, -o, -lēxi, -lēctum   vernachlässigen

Das Demonstrativpronomen *iste, ista, istud*

Dieses Pronomen wird wie die anderen Pronomina *(z. B. is, ea, id)* dekliniert und bedeutet „dieser da" *etc*. Man verwendet es im Zusammenhang mit der angesprochenen Person („dieser du da") oder auch pejorativ, wie dies Cicero mit dem von ihm angeklagten Statthalter Siziliens, C. Verres, tut: „Dieser Schuft da".

LEKTION 12 A

	alter, -a, -um *(Gen. alterius)*	der eine; der andere *(von beiden)*
	quā dē causā *(relativ. Satzanschluss)*	aus diesem Grund, deswegen
	nōmināre *(vgl. nōmen)*	nennen
	docēre, -eo, -ui, doctum	lehren, belehren, erklären
5	conāri, -or, conātus sum *(Deponens)*	versuchen
	Latīne *(Adv.)*	lateinisch
	loqui, -or, locūtus sum *(dep.)*	sprechen, reden
	reminisci, -or, **recordātus sum** *(dep.)*	sich erinnern *(im Lat. m. Genitiv!)*
	satis *(Adv.)*	genug; genügend, ausreichend
10	discere, -o, didici	lernen
	obtinēre, -eo, -tinui, -tentum *(vgl. tenēre)*	innehaben, besitzen, behaupten
	monēre, -eo, -ui, monitum	ermahnen; warnen
	ūti, -or, ūsus sum *(dep. m. Abl.)*	gebrauchen, benutzen; genießen
	grātiās agere	danken

Vokabeln zu den Lektionen

15 utinam *(erfüllbare u. unerfüllbare Wünsche)* — o wenn doch, o dass doch
oblivīsci, -or, oblītus sum *(dep. m. Gen.)* — *etw.* vergessen

---

Alternative, Dozent, right *(engl.)*, *Kol*loquium, obtain *(engl.)*, ottenere *(ital.)*, Monitor, use *(engl.)*, utilizzare *(ital.)*, utilizar *(span.)*, oblio *(ital.)*, oblivion *(engl.)*.

LEKTION 12 B

	crīmen, -inis n.	Vorwurf; Vergehen, Verbrechen
	crīmini dare	*jmd.* zum Vorwurf machen, vorwerfen
	incommodum, -i n.	Nachteil, Schaden; Unglück
	causa, -ae f.	Grund, Ursache; Sache; Prozess
5	suscipere, -io, -cēpi, -ceptum *(vgl.* capere*)*	unter-, übernehmen, auf sich nehmen
	partēs, -ium f. *(Pl. zu* pars*)*	„Partei"
	boni, -ōrum m. *(polit. Terminus Ciceros)*	die Guten, die Optimaten
	dēserere, -o, -serui, -sertum	verlassen, im Stich lassen
	queri, -or, questus sum *(dep.)*	klagen; sich beklagen
10	sinere, -o, sīvi, situm	lassen; zulassen
	incōnstāns, ntis	unbeständig, wankend
	cōnstāns, -ntis	beständig, nicht wankend
	cōnstantia, -ae f.	Beständigkeit
	firmus, -a, -um *(vgl.* confirmāre*)*	stark, kräftig, fest; gesichert
15	infirmus, -a, -um	schwach, unsicher
	bis	zwei Mal
	tempestās, -ātis f.	Sturm *(auch metaphorisch)*; Zeit
	prāvus, -a, -um	schlecht, verkehrt, schlimm
	interficere, -io, -fēci, -fectum	töten
20	ēvertere, -o, -verti, -versum	umstürzen, vernichten
	diligentia, -ae f. *(vgl.* diligēns*)*	Sorgfalt, Aufmerksamkeit
	rārus, -a, -um	selten
	reperīre, -io, re**pp**eri, repertum	finden, ausfindig machen
	frui, -or, **usus sum** *(dep. m. Abl.)*	genießen, sich an etw. erfreuen
25	cūria, ae f.	Versammlung; Kurie, Senatsgebäude
	pati, -ior, passus sum *(dep.)*	(er)leiden; (er)dulden; zulassen
	ferōx, -ōcis	trotzig, wild, ungestüm, grausam
	sustinēre, -eo, -tinui, -tentum	aushalten, ertragen; standhalten
	manēre, -eo, mānsi, mānsum	(da)bleiben
30	sē recipere, -io, -cēpi, -ceptum	sich zurückziehen
	caedes, -is f.	Blut(bad), Gemetzel, Mord
	sanguis, -inis m.	Blut
	scelestus, -a, -um *(vgl.* scelus*)*	verbrecherisch

	tribūnus, -i m.	Tribun *(polit. Amt u. milit. Rang)*
35	civīlis, -is,-e	bürgerlich; Büger-
	orīri, -ior, ortus sum	aufgehen; entstehen
	delēre, -eo, delēvi, delētum	vernichten, zerstören; tilgen
	ex(s)tinguere, -o, -(s)tīnxi, -(s)tīnctum	auslöschen, vernichten
	reverti, -or, reverti *(semidep.)*	zurückkommen, zurückkehren
40	prīstinus, -a, -um	vorig, ehemalig, früher
	reddere, -o, reddidi, redditum	zurückgeben
	etsī	auch wenn, wenn auch

---

crime *(engl.)*, chose *(franz.)*, causa, cosa *(ital.)*, part *(engl.)*, desertieren, quererse *(span.)*, constant *(engl., / franz.)*, enfermo *(span.)*, tempête *(franz.)*, bi-, rare *(engl.)*, Frucht, passiv, pathetisch, passion *(engl. / franz.)*, Patient, sustain *(engl.)*, remain *(engl.)*, sangue *(ital.)*, Orient, delete *(engl.)*, zivil, civico *(ital.)*

Hüten Sie sich vor angeblichen Verwandten!

vīta, -ae f.	Leben	vītis, -is f.	Rebe, Weinstock
vītare	vermeiden	vitium, -i n.	Fehler, Laster
invītare	einladen	invītus, -a, -um	ungern, unwillig

Besonderheiten

1) Verben und Ausdrücke des Vergessens und Sich Erinnerns stehen mit Genitiv als Objekt:
   Obliviscor iniuriae tuae.   Ich vergesse dein Unrecht.
   Reminiscor inuriae tuae.   Ich erinnere mich an dein Unrecht.
   Memor sum tuae iniuriae.   Ich denke an dein Unrecht, erinnere mich daran.

2) Einige wenige Verben stehen mit Ablativ als Objekt, wobei eine instrumentale Auffassung zu Grunde liegt:
   uti, frui   gebrauchen, nutzen   legibus uti   die Gestze anwenden
   fungi   verwalten   munere fungi   ein Amt verwalten

LEKTION 13 A

	surgere, -o, surrēxi, -rēctum	aufstehen, sich erheben
	defēnsor, -ōris m. *(vgl. defendere)*	Verteidiger
	ācer, ācris, ācre	scharf, schneidend, spitz; scharfsinnig
	quoniam	weil ja, da ja
5	sequi, -or, secūtus sum *(m. Akk.)*	folgen; verfolgen

	plūrimum posse	sehr viel gelten, Macht haben
	quisquam, quic-/dquam *(substantivisch)*	irgendjemand, irgendetwas
	dīgnitās, -ātis f.	Würde, Wert; Rang, Stellung
	dīgnus, -a, -um	würdig, wert; es verdienend
10	potentia, -ae f. *(vgl.* potēns*)*	Macht
	glōria, -ae f.	Ruhm, Ehre, Anerkennung
	addūcere, -o, -dūxi, -ductum	heranführen; veranlassen, verleiten
	quidem *(vgl. Vok. 4)*	zwar; gewiss; jedenfalls; wenigstens
	odium, -i n.	Hass; Abneigung
15	assentīri, -ior, -sēnsus sum *(dep.)*	zu-, beistimmen
	iūdicāre	entscheiden; urteilen, ein Urteil fällen; glauben, der Ansicht sein
	iūdicium, -i n.	Gericht; Prozess; Urteil; Meinung
	ingenium, -i n.	geistige Begabung, Talent, Intelligenz
	homines nostri	unsere Landsleute
20	occupāre	besetzen
	occupātus, -a, -um *(adjektivisch)*	beschäftigt
	sua *(neutr. plur.)*	das Seinige, Ihrige; seine, ihre Interessen
	neglegere, -o, neglēxi, neglēctum	vernachlässigen; nicht beachten
	merēre, -eo, merui, meritum	verdienen
25	meritum, -i n.	das Verdienst; Gefälligkeit
	pro *(m. Abl.)*	vor; für; anstatt; im Verhältnis zu
	augēre, -eo, auxi, auctum *(vgl.* auctor*)*	vergrößern, vermehren, erhöhen; fördern
	nancisci, -or, na(n)ctus sum *(dep.)*	erlangen, erreichen
	hortāri *(dep.)*	auffordern, ermuntern
30	ut *(Subj. m. Konjunktiv)*	dass; so dass; damit
	cavēre, -eo, cāvi, cautum *(m. Akk. oder ut-S.)*	sich in Acht nehmen, sich hüten (vor)
	nē *(Subj. m. Konjunktiv)*	dass nicht; damit nicht
	sub *(m. Abl.)*	unter; unterhalb von; *(zeitl.)* gegen, um

---

seguir *(span.)*, dignity *(engl.)*, potencia *(span.)*, gloire *(franz.)*, odio *(ital.)*, giudicare *(ital.)*, judgement *(engl.)*, Genie, occupy *(engl.)*, occupé *(franz.)*, neglect *(engl.)*, Auktion, Augustus, cautela *(ital., span)*, Prozent, Kaution, cautious *(engl.)*,

---

LEKTION 13 B

	clam *(Adv.)*	heimlich, unbemerkt
	paulo ante	ein wenig zuvor, vorher
	cernere, -o, crēvi, crētum	sehen, sichten, entscheiden
	uter, utra, utrum *(Gen.* utrīus, *Dat.* utri*)*	welcher, wer von beiden
5	accidere, -o, accidi *(vgl.* cadere*)*	sich ereignen, geschehen
	observāre	beobachten; beachten

Vokabeln zu den Lektionen

	timēre, nē *(m. Konjunktiv)*	fürchten, **dass**
	īra, -ae f.	Zorn
	īrātus, -a, -um	zornig
10	abīre, -eo, -ii, -itum	weggehen, verschwinden
	crūdēlis, -is, -e *(vgl.* crudēlitās*)*	grausam
	nē *(Subjunktion m. Konjunktiv)*	dass nicht; damit nicht

---

vero *(ital.)*, accident *(engl.)*, observer *(franz.)*, accident *(engl.)*, Abitur, cruel *(engl. franz.,span.)*

Wortbildung

1) Substantive auf **-sor** oder **-tor** bezeichnen eine handelnde Person. Diese Substantive, die immer <u>masculinum</u> sind, leiten sich jeweils vom Stamm des Partizip Perfekt Passiv eines Verbs ab, z. B.:
victus, a, um → vic**tor**, ōris   defēnsus, a, um → defēn**sor**, ōris

2) Substantive auf **-ia, -itia -tās, -tūs, -tūdo** bezeichnen meist Eigenschaften und abstrakte Begriffe, z. B.:
superb**ia**, ae f. – Hochmut, Stolz   ius**titia**, ae f. – Gerechtigkeit
liber**tās**, atis f. – Freiheit   vir**tūs**, utis f. – Tüchtigkeit, Tapferkeit

3) Adjektive auf **-ōsus, a, um** und **-olentus, a, um** bezeichnen, oft abgeleitet von einem Substantiv, eine Fülle, z. B.:
pericul**osus**, a, um – *(voller Gefahr)* gefährlich
pernici**osus**, a, um – *(voller Verhängnis, Verderben)* verhängnisvoll, verderbenbringend

Achtung, nicht verwechseln!

uter, utra, utrum	wer von beiden
uterque, utraque, utrumque	jeder von beiden
neuter, -tra, -trum	keiner von beiden
quidam, quiddam	ein gewisser, jemand *etc.*
quisquam, quicquam	irgendeiner *etc.*
quidem	zwar, gewiss, jedenfalls, wenigstens

Die drei ut-Sätze in der Zusammenfassung

1) Begehren	2) Zweck, Absicht	3) Folge
(Begehrssätze)	*(Finalsätze)*	*(Konsekutivsätze)*
⇩	⇩	⇩
dass (zu + *Infinitiv*)	damit (um … zu)	(so) dass
(verneint: **nē**)	(verneint: **nē**)	(verneint: **ut nōn**)

Vokabeln zu den Lektionen

LEKTION 14 A

cum *(Subjunktion m. Konjunktiv)*	nachdem, als; weil; obwohl
dictātor, -ōris m.	Diktator *(ursprüngl. Amt in Notzeiten)*
in matrimōnium dūcere	*(„in die Ehe führen")* heiraten
obtemperāre *(m. Dat.)*	gehorchen; willfährig sein
5 graviter ferre	*(„schwer daran tragen")* sich ärgern
afferre, -o, attuli, allātum	herbeibringen; hinzufügen
vestis, -is f.	Gewand, Kleidung
medius, -a, -um	der mittlere
media nocte	mitten in der Nacht
10 proficīsci, -or, profectus sum	aufbrechen; losmarschieren; reisen
elābi, -or, elāpsus sum	entgleiten; entkommen
singulus, -a, -um	einzeln
latebra, -ae f.	Versteck, Schlupfwinkel
commutāre *(vgl. mutāre)*	verändern; wechseln; tauschen
15 vix	kaum, gerade nach, mit Mühe
evādere, -o, -vāsi, -vāsum	herausgehen; entkommen
pecūnia, -ae f.	Geld; Vermögen
postrēmo	zuletzt, schließlich
repugnāre	Widerstand leisten
20 senātus, -ūs m.	Senat
honestus, -a, -um *(vgl. honōs)*	geehrt; angesehen; ehrenvoll
exitium, -i n. *(vgl. exīre)*	Untergang, Vernichtung, Verderben
inesse	innewohnen, darin sein, enthalten sein
ac profecto	und in der Tat
25 complūrēs, -a *(Gen.: -ium)*	einige, mehrere
impetus, -ūs m.	Angriff, Ansturm
auctōritās, -ātis f. *(vgl. augēre)*	Ansehen, Einfluss, Macht
paulātim	allmählich
discordia, -ae f. *(vgl.* concordia)	Uneinigkeit, Streit, Zwietracht

---

Weste, labil, single *(engl.)*, singolo *(ital.)*, honest *(engl.)*, honnête *(frz.)*, autoridad *(span.)*

Einige Komposita von *ferre*

auferre, -o, abstuli, ablātum	wegschaffen, fortbringen
conferre, -o, -tuli, -collātum	zusammentragen; vergleichen
deferre, -o, -tuli, -lātum	hinbringen; melden; herabtragen; übertragen
efferre, -o, - extuli, elātum	heraustragen, -bringen; erheben; zu Grabe tragen
inferre, -o, -tuli, illātum	hineinbringen, -tragen
perferre, -o, -tuli, -latum	hinbringen; überbringen; melden; ertragen
trānsferre, -o, -tuli, -lātum	hinüberbringen, übertragen

LEKTION 14 B

	addere, -o, addidi, additum	hinzufügen
	decem	zehn *(vgl. L. 8, Vok.)*
	interritus, a, um *(vgl.* terrēre*)*	unerschrocken
	praebēre, -eo, -ui, -itum	darreichen, gewähren, geben
5	sē praebēre, -eo, -ui, -itum	sich erweisen, zeigen als
	navigāre	zur See fahren, segeln
	nāvis, -is f.	Schiff
	opprimere, -o, -pressi, -pressum	überfallen; bedrängen; unterdrücken
	pirāta, -ae **m.**	Pirat
10	promittere, -o, -mīsi, -missum	versprechen
	conferre, -o, -tuli, -latum	zusammenbringen, -tragen
	viginti	zwanzig
	senātor, -ōris m.	Senator
	quinquaginta	fünfzig
15	interea	inzwischen, unterdessen
	recusāre	sich weigern, ablehnen; zurückweisen
	quīn etiam	ja sogar
	mināri, -or, minātus sum	drohen
	offerre, -o, obtuli, oblatum	anbieten, darreichen
20	efficere, -io, -fēci, -fectum *(vgl.* facere*)*	bewirken, schaffen, erreichen
	triginta	dreißig
	postulāre	fordern
	navem appellere, -o, -puli, -pulsum	landen
	expōnere, -o, -posui, -positum	aussetzen; -stellen; darlegen
25	ulcīsci, -or, ultus sum	bestrafen; sich rächen
	improvīsus, -a, -um *(vgl.* vidēre*)*	unvorhergesehen, unerwartet
	praedīcere, -o, -dīxi, -dictum	vorhersagen

---

add *(engl.)*, Dezimale, nave *(ital.)*, promise *(engl.)*, Konferenz, veinte *(span.)*, cinquanta *(ital.)*, negativ, offer *(engl.)*, Effekt, trente *(frz.)*, Postulat, Exponat, expose *(engl.)*, exponer *(span.)*, improvisieren

---

weitere Kardinal- und Ordinalzahlen *(vgl. a. L. 8, Vok. und L. 10 A, Vok.)*

zwanzig	viginti	der zwanzigtse	vicēsimus, -a, -um
dreißig	triginta	der dreißigtse	tricēsimus, -a, -um
vierzig	quadraginta	der vierzigste	quadragēsimus, -a, -um
fünzig	quinquaginta	der fünfzigtse	quinquagēsimus, -a, -um
sechzig	sexaginta	der sechzigtse	sexagēsimus, -a, -um
siebzig	septuaginta	der siebzigtse	septuagēsimus, -a, -um
achtzig	octoginta	der achtigste	octogēsimus, -a, -um
neunzig	nōnaginta	der neunzigste	nōnagēsimus, -a, -um

LEKTION 15 A

	commovēre, -eo, -mōvi, -mōtum	heftig bewegen, beeindrucken
	dubium, -i n. *(vgl. dubitāre)*	Zweifel
	divitiae, -arum f.	Reichtum, Vermögen
	defendere, -o, defendi, defēnsum	verteidigen
5	vidēri, -eor, vīsus sum *(m. NcI)*	scheinen; den Anschein erwecken
	quam *(bei Vergleichen)*	als
	instruere, -o, -strūxi, -strūctum	unterrichten, unterweisen; aufbauen
	cot(t)īdie *(vgl. diēs)*	täglich
	offendere, -o, offendi, offēnsum	anstoßen, kränken, beleidigen
10	audēre, -eo, ausus sum *(semidep.)*	wagen (ausus sum – *ich habe gewagt*)
	cēnsor, -ōris m.	Zensor *(Beamter, überwachte den Senat)*
	nēmo (nūllīus, nemini, neminem, nūllo)	niemand
	senātu movēre	aus dem Senat ausschließen
	cēnsōrius, -a, -um	streng richtend, zensorisch
15	maiōres, -um m.	*(„die Größeren")* Vorfahren
	praeditus, -a, -um *(m. Abl.)*	versehen, ausgestattet *mit etw.*
	exemplum, -i n.	Beispiel, Vorbild
	praestāns, -stantis	hervorragend, ausgezeichnet
	iūstīs dē causīs	aus gerechten Gründen, ganz zu Recht
20	dūcere *(m. doppelten Akk.)*	halten für
	pāx, pācis f.	Frieden
	sapiēns, -ntis *(vgl. sapientia)*	weise, klug
	callidus, -a, -um	schlau, gewitzt
	illūstris, -is, -e	hell; berühmt, erlaucht

---

doubt *(engl.)*, defensiv, prudente *(span.)*, instruct *(engl.)*, quotidiennement *(frz.)*, legge *(ital.)*, ejemplo *(span.)*, paz *(span.)*, savant *(frz.)*, illuster

---

LEKTION 15 B

	existimāre, putāre *(m. dopp. Akk.)*	halten für, einschätzen als
	certus, -a, -um	sicher, gewiss, bestimmt
	certe *(Adv.)*	sicherlich, gewiss
	interdum	inzwischen, unterdessen
5	fāma fert	die Sage berichtet
	vagāri	umherschweifen, -ziehen
	aciēs, -ēi f.	Schlachtreihe, -ordnung
	aciem instruere	eine Schlachtreihe aufstellen

Vokabeln zu den Lektionen

	instruere, -o, -strūxi, -strūctum	unterrichten, unterweisen; aufbauen
10	sīgnum, -i n.	Zeichen, Feldzeichen
	ignāvus, -a, -um	träge, feige
	exsultāre	herumtänzeln; übermütig sein
	cantāre	singen
	sīve ... sīve	sei es (dass) ... sei es (dass)
15	pudor, -ōris m.	Scham(gefühl), Scheu; Ehrenhaftigkeit
	extra *(m. Akk.)*	außerhalb
	ordō, -inis m.	Ordnung, Reihe; gesellschftl. Stand
	belua, -ae f.	Tier, Ungeheuer, Bestie
	contemnere, -tempsi, -temptum	verachten, gering schätzen
20	pietās, ātis f.	Pflichtgefühl, Frömmigkeit
	di (= dei)	die Götter
	procēdere, -o, -cessi, -cessum	hervortreten; vorrücken
	medius, -a, -um	der mittlere
	iuvenis, -is m.	junger Mann, Jüngling
25	recēdere, -o, -cessi, -cessum	zurückweichen
	destringere, -o, -strīnxi, -strictum	(eine Waffe) zücken
	petere *(m. Akk. der Person)*	angreifen, losgehen auf
	transfīgere, -o, -fīxi, -fīxum	durchbohren
	cadere, -o cécidi (casūrum)	fallen
30	clamōrem tollere	ein Geschrei erheben
	praedicāre	preisen, loben, rühmend hervorheben
	collum, -i n.	Hals
	torquis (torquēs), -is m. / f.	Halskette
	detrahere, -o, -trāxi, -trāctum	abstreifen, (her)abziehen; entziehen

---

certo *(ital.)*, vage, sign *(engl.)*, cantar *(span.)*, pudeur *(frz.)*, Ordnung, ordine *(ital.)*, contempt *(engl.)*, piedad *(span.)*, vero *(ital.)*, Prozess, Medium, Kasus, cou / col *(frz.)*, Dekolletè, *sub*trahieren

---

Der Komparativ des Adjektivs gehört zur konsonantischen Deklination:

longior	longior	longius	longiores	longiores	longiora
	longioris			longiorum	
	longiori			longioribus	
longiorem	longiorem	longius	longiores	longiores	longiora
	longiore			longioribus	

Vokabeln zu den Lektionen

LEKTION 16 A

	scrībere, -o, scrīpsi, scrīptum	schreiben
	artificium, -i n.	Kunst(werk); Kunstfertigkeit, Geschick
	admirābilis, -is, -e	bewundernswert
	opus, -eris n.	(Kunst)werk; *milit.:* Schanzwerk, -arbeit
5	statua, -ae f. *(vgl. stāre)*	Statue
	pulcher, -chra, -chrum	schön
	spirāre	atmen
	perspicere, -io, -spexi, spectum	durchschauen, erkennen
	natūra, -ae f.	Natur
10	tolerāre	erdulden, etragen, aushalten
	factum esse *(vgl. facere)*	entstanden, geworden sein
	regere, -o, rēxi, rēctum	lenken, regieren
	valēre, -eo, -ui	stark, gesund sein; gelten
	minus valēre	weniger gelten / Einfluss haben/ wert sein
15	parātus, -a, -um sum *(m. Inf.)*	ich bin bereit *etw. zu tun*
	certāmen, -inis n.	Streit, Wettkampf, Auseinandersetzung
	certāre	streiten, kämpfen
	proficere, -io, -fēci, -fectum	Fortschritte machen, erreichen
	velle, volo, volui	wollen
20	tantopere *(tanto opere)*	so sehr
	dominātio, -ōnis f. *(vgl. dominus)*	Herrschaft
	trānsīre, -eo, -ii, -itum	überqueren, -schreiten
	vīcus, -i m.	Dorf
	pauper, -eris *(konsonant. Dekl.)*	arm; ärmlich
25	num *(zur Einleitung eines indir. Fragesatzes)*	ob etwa (nicht)
	illīc *(vgl. ille)*	dort, an jenem Ort
	ambitio, -ōnis f.	Ehrgeiz
	mālle, mālo, mālui	lieber wollen, vorziehen
	secundus, -a, -um *(vgl. Vok. 10 A)*	der zweite
30	timēre *(m. Dat.)* *(vgl. timor)*	fürchten um, für

*de*scribe *(engl.),* artifiziell, statue *(engl.), re*spirare *(ital.),* Perspektive, dominación *(span.),* Transit, pauvre *(frz.),* pobre *(span.),* Ambition, second *(engl.)*

 Nicht verwechseln!

cadere, -o, cécidi, casurum	fallen, sterben
caedere, -o, cecīdi, caesum	fällen, niederhauen
cēdere, -o, cessi, cessum	gehen, weichen, nachgeben

occidi ist dreideutig: 1) ich habe getötet *(von* occīdere, -o, occīdi, occīsum)
                                2) getötet werden *(s. o.)*
                                3) ich bin untergegangen, gestorben *(von* occidere, -o, óccidi)

LEKTION 16 B

	quinque	fünf
	versāri	sich aufhalten, kreisen
	bellum civīle	Bürgerkrieg
	creāre *(m. doppelt. Akk.)*	wählen *zu*
5	fore	*Kurzform des Inf. Fut. von* esse
	exercitus, -ūs m.	Heer
	dē pāce agere	über den Frieden verhandeln
	dūcere	*hier:* in die Länge ziehen, hinauszögern
	acerbus, -a, -um	herb; bitter; erbittert
10	deferre, -o, -tuli, -lātum	hinbringen, überbringen; übertragen
	prīnceps, -cipis *(konsonant. Deklin.)*	der erste, führende
	quia	weil, da ja
	gener, -i m.	Schwiegersohn
	nōlle, nōlo, nōlui	nicht wollen
15	prīmō	zunächst, zuerst
	iūdicāre *(m. doppelt. Akk.)*	halten für, beurteilen als; erklären zu
	commīlitō, -ōnis m. *(vgl.* mīles*)*	Kamerad, Waffenbruder
	vester, -tra, -trum *(vgl.* vōs*)*	euer
	parere, -io, peperi, partum	erzeugen, hervorbringen; verschaffen
20	excogitare *(vgl.* cogitāre*)*	erdenken, ausdenken
	liber, -bri m.	Buch
	subigere, -o, -ēgi, -āctum *(vgl.* agere*)*	unterwerfen
	contumēlia, -ae f.	Beschimpfung, Kränkung; Misshandlung
	aequus, -a, -um	gleich, eben; gerecht
25	aequo animo	mit Gleichmut, gelassen
	perferre, -o, -tuli, -lātum	ertragen; hinbringen; melden
	sī modō	wenn nur
	exigere, -o, -ēgi, āctum *(vgl.* agere*)*	vertreiben; vollenden; fordern, eintreiben
	tribūnus (i m.) plebis	Volkstribun *(Amt)*
30	nihil valēre	keine Geltung haben, nichts wert sein
	cunctāri	zögern
	prosper, -a, -um	günstig, glücklich, erfolgreich
	evenīre, -io, -vēni, -ventum	herauskommen; eintreffen, ausgehen
	iners, inertis	träge, nichtsnutzig
35	consequi, -or, -secūtus sum	verfolgen; erreichen, einholen; erlangen
	hōc modō	auf diese Weise
	persuadēre, -eo, -suāsi, -suāsum *(m. Dat.)*	a) mit AcI: überzeugen
		b) mit ut + Konj.: überreden
	bellum inferre, -o, -tuli, illātum	(*„den Krieg hineintragen"*), angreifen, mit Krieg überziehen, bekriegen

---

versiert, Orient, create *(engl.)*, votre *(frz.)*, libro *(ital./ span.)*, extinguish *(engl.)*, igual *(span.)*, exakt, esatto *(ital.)*, próspero *(span.)*, event *(engl.)*, inerte *(span.)*, konsequent, persuader *(frz.)*

LEKTION 17 A

	rīvus, -i m.	Bach, Strom
	consistere, -o, -stiti	stehen bleiben, haltmachen
	impedimentum, -i n.	Gepäck; Hindernis
	unde	woher
5	dividere, -o divīsi, divīsum	(ver)teilen; trennen
	circumspicere, -io, -spexi, -spectum	sich umschauen, umherblicken
	cohors, -rtis f.	Kohorte *(zehnter Teil einer Legion)*
	trādūcere, -o, -dūxi, -ductum	hinüberführen, *jmd.* übersetzen
	clādēs, -is f.	Niederlage; Untergang; Unglück
10	clādem accipere	eine Niederlage, ein Unglück erleiden
	quodsī	aber wenn, wenn aber
	deligere, -o, delēgi, delēctum	(aus)wählen
	tubam canere	die Tuba, Kriegstrompete blasen
	vōx, vōcis f.	Stimme
15	magnā vōce	mit lauter Stimme
	iacere, -io, iēci, iactum	werfen, schleudern
	iacta alea est	der Würfel ist gefallen *(Zitat bei Sueton)*
	statuere, -o, statui, statūtum	festsetzen, -legen; beschließen; glauben
	magna itinera *(vgl. iter, ineris n.)*	Gewalt-, Eilmärsche
20	oppidum, -i n.	Stadt, Ort
	deditio, ōnis f. *(vgl. dedere)*	Übergabe, Kapitulation
	aliquem in deditiōnem accipere	jmds. Kapitulation annehmen
	praesidium, i n.	Schutz; Bewachung; Besatzung
	munīre, -io, -īvi, -ītum	sichern, befestigen; anlegen
25	oppidānus, -i m. *(vgl. oppidum)*	Städter, Bewohner eines *oppidum*
	subicere, -io, -iēci, -iectum *(vgl. iacere, -io)*	unterwerfen
	parcere, -o, perperci *(m. Dat.!)*	sparen; (ver)schonen
	hostibus parcere	die Feinde verschonen
	debellāre	niederkämpfen

---
river *(engl.)*, tradurre *(ital.)*, Statut, próximo *(span.)*, subject *(engl.)*, „sparen"

LEKTION 17 B

	desperāre *(vgl. spērāre – hoffen)*	verzweifeln, die Hoffnung aufgeben
	paenitet mē	es reut mich, ich bereue
	adiūtor, -ōris m. *(vgl. adiuvāre)*	Unterstützer, Förderer
	dimicāre	mit aller Kraft ringen; kämpfen
5	īdem atque	derselbe wie
	amēns, -ntis *(vgl. mēns, mentis f.)*	verrückt, wahnsinnig

Vokabeln zu den Lektionen

	causā *(Postposition m. Gen.)*	wegen, um ... willen
	pūblicus, -a, -um	öffentlich, staatlich, im Namen des Staates
	quō *(m. Komparativ)*	= *ut eō (m. Konj.):* damit ... umso
10	vituperāre *(vgl. vitium)*	tadeln, bemängeln
	pudet me *(Perf.:* puduit)	ich schäme mich
	trāicere, -io, -iēci, -iectum	hinüberbringen, -schaffen; durchbohren
	adventus, -ūs m.	Ankunft
	tum ... tum	bald ... bald
15	spēs, -ei f. *(vgl.* spērāre*)*	Hoffnung
	alter ... alter	der eine *(von beiden)* ... der andere
	piget me	es verdrießt mich
	ignāvia, -ae f.	Trägheit, Lässigkeit, Feigheit
	pronuntiāre *(vgl.* nuntius)	verkünden, ankündigen
20	imitāri *(dep.)*	nachahmen, nacheifern
	dīs (= deis)	den Göttern
	grātiās agere	danken, Dank abstatten
	mānsuetūdo, -tūdinis f.	Sanftmut, Milde
	ut ita dicam	um es so zu sagen, formulieren
25	clēmentia, ae f.	Milde, Nachsicht, Gnade
	suspicere, -io, -spexi, -spectum	argwöhnen, vermuten
	contingit *(Perf.:* contigit)	es gelingt, wird zuteil
	reddere, -o, reddidi, redditum	*m. doppeltem Akk.:* jmd. zu etwas machen
	Caesarem sāniōrem reddere	Caesar vernünftiger machen, zur Vernunft bringen

---

desesperar *(span.)*, Adjutant, ayudar *(span.)*, public *(engl.)*, vituperare *(ital.)*, predicate *(engl.)*, Advent, Alternative, autre *(frz.)*, desertieren, pronunciare *(ital.)*, imitar *(span.)*, suspect *(engl.)*

Einige Komposita von iacere

abicere, -io, -iēci, -iectum	wegwerfen; aufgeben, fallen lassen
adicere	hinzufügen
conicere	(heftig) schleudern, werfen
deicere	herabwerfen; zu Boden strecken
ēicere	herauswerfen, –schleudern
sē ēicere	sich hinausstürzen, -werfen
inicere	hineinwerfen; einflößen
metum inicere	Furcht einflößen
intericere	dazwischenwerfen, -legen, -stellen; *pass.:* dazwischentreten, vergehen
brevi spatio interiecto	nach kurzer Zeit
obicere	entgegenwerfen, -schleudern; entgegnen
proicere	niederwerfen, hinstrecken
sē proicere	sich zu Boden werfen
trāicere	hinüberbringen, -schaffen; durchbohren

LEKTION 18 A

	interim	inzwischen, unterdessen
	in grātiam redīre	sich versöhnen
	patrēs cōnscrīpti	Senatoren
	appetere, -o, -petīvi, -petītum	begehren, verlangen nach, erstreben
5	fieri (*Passiv zu* facere)	(gemacht) werden, geschehen, entstehen
	lēnis, -is, -e	sanft, mild; gemäßigt
	postulātum, i n. (*vgl.* postulāre)	Forderung; Vorschlag
	necessitās, -ātis f.	Zwang(slage), Not(wendigkeit)
	perniciōsus, a, um (*vgl.* perniciēs)	unheilvoll, verhängnisvoll
10	impendēre, -eo	darüber hängen, über etw. schweben; drohend bevorstehen, drohen
	nē (*m. Konj. bei Begehrs- und Finalsätzen*)	dass nicht; damit nicht
	tollere, -o, sustuli, sublātum	aufheben; emporheben; beseitigen
	compōnere, -o, -posui, -positum	zusammenstellen, ordnen; versammeln
	controversias compōnere	die Streitigkeiten beilegen
15	dē (*m. Abl.*)	von; über, um; in Bezug auf
	legātio, -ōnis f.	Gesandtschaft
	impedīre, -io, -īvi, -ītum	hindern, behindern
	infectīs rēbus (*abl. abs.*)	unverrichteter Dinge
	Rōmā (*abl. separ.*)	aus, von Rom
20	Hispānia, -ae f.	„Spanien"
	a Pompeio stāre (*abl. separ.*)	auf Seiten des Pompeius stehen
	devincere, -o, -vīci, -victum	völlig besiegen
	hiems, hiemis f.	Winter
	campus, -i m.	(freies) Feld, Fläche, Ebene
25	sui, -ōrum m.	seine, ihre Leute; die Seinigen, Ihrigen
	tribuere, -o, tribui, tribūtum	teilen, zuteilen, verteilen
	equitātus, -ūs m. (*vgl.* equus)	Reiterei
	confīdere, -o, -fīsus sum	vertrauen, sich verlassen auf
	excēdere, -o, -cessi, -cessum	hinausgehen, verlassen; überschreiten
30	se conferre	sich begeben *zu*
	nocturnus, a, um	nächtlich, in der Nacht
	conscendere, -o, -scendi, -scēnsum	besteigen, ersteigen
	Aegyptus, -i f.	Ägypten

Appetit, injure (*engl.*), postulado (*span.*), nécessité (*frz.*), impedir (*span.*), inverno (→ hibernus) (*ital.*), tradurre (*ital.*), champ (*frz.*), divide (*engl.*), Tribut, Exzess, notturno (*ital.*)

LEKTION 18 B

	dictatūra, -ae f.	Diktatur *(urspr. zeitlich befristetes Amt in Krisenzeiten)*
	adipisci, -or, adeptus sum	erlangen, erreichen, erhalten
	moderātio, -ōnis f. *(vgl. modus)*	Mäßigung, Zurückhaltung
	magistrātus, -ūs m.	Amt; Beamter, Amtsinhaber
5	fungi, -or, functus sum *(m. Abl.)*	verwalten
	permittere, -o, -mīsi, missum	erlauben, gestatten
	spērāre *(vgl. despērāre)*	hoffen, erwarten
	restituere, -o, -stitui, stitūtum	wiederherstellen; zurückerstatten
	dictatūram abdīcāre	von der Diktatur zurücktreten, abdanken
10	prīvāre	rauben, berauben
	prīvātus, -a, -um	*substantiviert:* Privatmann
	vīctūrus, -a, -um	*Part. Fut. Akt. von* vīvere – leben
	modō	nur; bald, gerade, eben
	corpus, -oris n.	Körper, Leichnam
15	speciēs, -ēi f. *(vgl. con-spicere)*	Anblick, Gestalt, Aussehen; Anschein
	habēre pro *m. Abl.*	etw. / jmd. ansehen, behandeln als
	coniurātio, -ōnis f.	Verschwörung
	senātum habēre	eine Senatssitzung abhalten

Magistrat, funzionare *(ital.)*, permitir *(span.)*, silence *(frz.)*, priver *(frz.)*, private *(engl.)*, cuerpo *(span.)*

LEKTION 18 C

	aliquem certiōrem facere	jmd. benachrichtigen
	rumpere, -o, rūpi, ruptum	(zer)brechen, reißen
	irrumpere, -o, -rūpi, -ruptum	hineinbrechen, hineinstürmen
	tyrannus, -i m.	Tyrann, Gewaltherrscher
5	concupīscere, -o, -cupīvi, cupītum	heftig verlangen, begehren
	perficere, -io, -fēci, -fectum	vollbringen, vollenden; durchsetzen
	interitus, -ūs m.	Untergang, Niedergang
	lībertās, -ātis f. *(vgl. līber, līberāre)*	Freiheit
	perferre, -o, -tuli, -lātum	hinbringen, melden; ertragen
10	instāre, -o, institi	drohend bevorstehen; bedrängen
	etsi *(m. Ind. u. Konj.)*	auch wenn, wenn auch, obgleich
	ūtilis, -is, -e *(vgl. ūti)*	brauchbar, tauglich; nützlich, vorteilhaft
	luctus, -ūs m.	Trauer, Wehklagen
	tumultus, -ūs m.	Aufruhr, Aufstand
15	plēbs, plēbis f.	(niederes) Volk

Vokabeln zu den Lektionen

	fūnus, -eris n.	Begräbnis, Leichenfeier
	fax, facis f.	Fackel
	manus, -ūs f.	Hand; Handvoll, Schar
	tenēre, -eo, tenui, tentum	haben; (fest)halten
20	aegre *(Adv.)*	mit Mühe, kaum
	turba, -ae f.	Schar, Menge
	nox, noctis f.	Nacht
	somnium, -i n.	Traum
	somnus, -i m.	Schlaf
25	convīvium, -i n.	Gastmahl
	invītāre	einladen
	dēcurrere, -o, dēcurri, -cursum	herab-, hinab-, hinlaufen
	interesse, -sum, -fui *(m. Dat.)*	teilnehmen an; dazwischen liegen
	hasta, -ae f.	Pfahl, Stange; Lanze
30	circumferre, -o, -tuli, -lātum	herumtragen
	prospicere, -io, spexi, -spectum	sorgen für, sich kümmern um *(m. Dat.)*
		vorhersehen *(m. Akk.)*
	succurrere, -o, -curri, -cursum	zu Hilfe eilen, helfen
	concordia, -ae f. *(vgl. discordia)*	Eintracht, Zusammenhalt

*inter*rupt *(engl.)*, perfekt, libertad *(span.)*, utile *(ital.)*, lutto *(ital.)*, Tumult, funeral *(engl.)*, funebre *(span.)*, mano *(ital.)*, tener *(span.)*, nuit *(frz.)*, notte *(ital.)*, sueño *(span.)*, invite *(engl.)*, Interesse, crudeltà *(ital.)*, cruelty *(engl.)*, Prospekt, socorrer *(span.)*, concord *(engl.)*.

Einige weitere Ausdrücke des Militärwesens

milites / cōpiās cōnscribere	Soldaten / Truppen ausheben, einberufen
centurio,- ōnis m.	Zenturio *(Führer einer Hundertschaft)*
stipendium, -i n.	Sold
pedes, -ditis m.*(vgl. pēs, pedis m. Fuß)*	Soldat zu Fuß, Infanterist
impedimentum, -i n.	Hindernis; *Plur:* schweres Gepäck, Tross
impedītus, -a, -um *(vgl. impedīre)*	gehindert, behindert
expedītus, -a, -um	frei, unbehindert; *Subst.:* Leichtbewaffneter
eques, -itis m. *(vgl equus)*	Soldat zu Pferd, Reiter
vigilia, -ae f.	Wache, Posten; Nachtwache
castra movēre	das Lager abbrechen
hīberna, ōrum n.	Winterlager
ferrum, -i n.	Eisen; Waffe, Schwert
agmen, -inis n.	Heer (auf dem Marsch)
agmen prīmum	Vorhut
agmen novissimum	Nachhut
in acie cadere	in der Schlacht fallen
cornu, -ūs n.	Horn; Heeresflügel
auxilia, -ōrum n.	Hilfstruppen
subsidium, -i n.	Hilfe, Unterstützung, Verstärkung
spatium, -i n.	Raum, Abstand, Entfernung; Zeit
succēdere, -o, successi, -cessum	nachrücken

Vokabeln in alphabetischer Reihenfolge

Bemerkung:
In dieser Liste sind die Vokabeln alphabetisch aufgeführt. Die Zahl in Klammern zeigt die betreffende Lektion an. Eine Ziffer mit einem Z weist auf **zusätzliche** Wörter hin, die im Grammatik- oder Vokabelteil der bezeichneten Lektion zu finden sind.

A

ā, ab *(m. Abl.)* (5)	von, von … weg
a Pompeio stāre (18)	auf Seiten des Pompeius stehen
abdere, -o, abdidi, abditum (5)	verbergen, verstecken
abdūcere, -o, -dūxi, -ductum (5 / 9)	wegführen, entführen, verschleppen
abesse, absum, āfui (8)	nicht da sein, abwesend / fern sein
abhorrēre, -eo, -horrui (5)	zurückschrecken vor; abweichen; widersprechen *(mit ā, ab + Ablativ)*
abīre, -eo, -ii, -itum (13)	weggehen, verschwinden
ac, atque (5)	und (auch)
ac profecto (14)	und in der Tat
accēdere, -o, -cessi, -cessum (6)	herankommen, -rücken; sich nähern
accidere, -o, accidi (13)	sich ereignen, geschehen
accipere, -io, -cēpi, -ceptum (4 / 7)	an-, aufnehmen, empfangen, erhalten; hören
ācer, ācris, ācre (13)	scharf, schneidend, spitz; scharfsinnig
acerbus, -a, -um (16)	herb; bitter; erbittert
aciēs, -ēi f. (15)	Schlachtreihe, -ordnung
aciem instruere (15)	ein Schlachtreihe aufstellen
in acie cadere (18 Z)	in der Schlacht fallen
ad *(mit Akk.)* (1)	zu, bei, an
addere, -o, addidi, additum (14)	hinzufügen
addūcere, -o, -dūxi, -ductum (13)	heranführen; veranlassen, verleiten
adesse, adsum (assum), affui / adfui (1 / 11)	da-, dabei sein; erscheinen; helfen
adhibēre, -eo, -hibui, -hibitum (1 / 10)	anwenden; hinzuziehen
adhūc (2)	bisher, bis jetzt; immer noch
adipisci, -or, adeptus sum (18)	erlangen, erreichen, erhalten
adīre, -eo, -ii, -itum (4)	aufsuchen, herangehen; sich wenden an
adiungere, -o, -iūnxi, iūnctum (7)	anschließen, anbinden, hinzufügen
adiūtor, -ōris m. (17)	Unterstützer, Förderer
adiuvāre, -o, -iūvi, iūtum *(m. Akk.)* (2)	unterstützen, helfen
administrāre (10)	verwalten, leiten; Vorkehrung treffen
admirābilis, -is, -e (16)	bewundernswert
admirātio, -ōnis f. (6)	Bewunderung; Staunen; Verwunderung
adorāre (2)	flehen zu, anflehen
adulēscēns, -entis m. (9)	junger Mann, Jüngling
adventus, -ūs m. (17)	Ankunft
adversārius, -a, -um (2)	feindlich; *subst:* Feind, Gegner
advocāre (3)	herbeirufen
aedificāre (6)	(er)bauen, errichten
aegre *(Adv.)* (18)	mit Mühe, kaum
Aegyptus, -i **f.** (18)	Ägypten

aequus, -a, -um (16)	gleich, eben; gerecht
aequo animo (16)	mit Gleichmut, gelassen
afferre, -o, attuli, allātum (14)	herbeibringen
afficere, -io, -fēci, -fectum (9)	antun, versehen mit, erfüllen
agere, -o, ēgi, āctum (4)	tun, treiben, handeln; verhandeln; feiern
dē pāce agere (16)	über den Frieden verhandeln
agmen, -inis n. (18 Z)	Heer (auf dem Marsch)
agmen novissimum (18 Z)	Nachhut
agmen prīmum (18 Z)	Vorhut
ait (4)	er, sie, es sagt, behauptet
aliās (11)	zu anderer Zeit, ein anders Mal
aliēnus, -a, -um (10)	fremd(artig); abgeneigt; unpassend
alii ... alii (5)	die einen ... die anderen
aliquando (5)	einmal, einst
aliquis, aliquid *(subst.)* (11)	irgendjemand, irgendetwas
aliqui, aliquae (a), aliquid *(adj.)* (11)	irgendein(e)
aliquot (6)	einige
aliter *(Adv.)* (9)	anders, auf andere Weise
alius, -a, -u**d** (2)	ein anderer
alter, -a, -um (12)	der eine; der andere *(von beiden)*
alter ... alter (17)	der eine *(von beiden)* ... der andere
altus, -a, -um (10)	hoch; tief
amāre (10)	lieben, schätzen
amātor, -ōris m. (9)	Liebhaber
ambitio, -ōnis f. (16)	Ehrgeiz
amēns, -ntis (17)	verrückt, wahnsinnig
amīca, -ae f. (1)	Freundin
amicitia, -ae f. (5)	Freundschaft
amīcus, -i m. (1)	Freund
amittere, -o, -mīsi, -missum (4)	aufgeben; verlieren
amor, -ōris m. (7)	Liebe
animāl, -ālis n. (9)	Tier, Lebewesen
animus, -i m. (4)	Geist, Mut, Gesinnung, Stimmung, Verstand
in animo esse / habēre (3)	im Sinn haben, beabsichtigen, wünschen
mihi in animo est (3)	ich habe im Sinn, beabsichtige, wünsche
annus, -i m. (4)	Jahr
ante *(Adv.)* (1)	vorher, zuvor
ante *(m. Akk.)* (1)	vor
antea (10)	vorher, zuvor
antiquus, -a, -um (6)	alt
aperīre, -io, aperui, apertum (7 / 11)	öffnen, eröffnen; offenbaren, enthüllen
apparēre, -eo, -ui (2 / 11)	erscheinen
appellāre (9)	nennen, bezeichnen; ansprechen
appetere, -o, -petīvi, -petītum (18)	begehren, verlangen nach, erstreben
apportāre (2)	heran-, herbeibringen
appropinquāre (10)	sich nähern
apud *(m. Akk.)* (5)	bei
āra, -ae f. (1)	Altar
arbor, -oris f. (5)	Baum
arcēre, -eo, -ui (3)	abwehren, fernhalten
arcessere, -o, -īvi, -ītum (9)	kommen lassen, herbeiholen
arma, -ōrum n. (3)	Waffen; Ausrüstung

arrogantia, -ae f. (9)	Anmaßung, Arroganz
ars, artis f. (7)	Kunst(fertigkeit); Eigenschaft
artificium, -i n. (16)	Kunst; Kunstfertigkeit
ascendere, -o, ascendi, ascēnsum (7)	hinaufsteigen; besteigen
Asia, -ae f. (10)	Kleinasien
asportāre (5)	wegschaffen, mitnehmen
assentīri, -ior, -sēnsus sum *(dep.)* (13)	zu-, beistimmen
at (3)	aber
atrōx, -ōcis (10)	finster, schrecklich, grässlich
auctor, -ōris m. (11)	Förderer, Veranlasser, Anstifter, Urheber
auctōritās, -ātis f. (14)	Ansehen, Einfluss, Macht
audācia, -ae f. (9)	Mut, Kühnheit; Frechheit
audāx, -ācis (9)	mutig, kühn; verwegen, frech
audēre, -eo, ausus sum (9 / 15)	wagen
audīre, -io, audīvi, audītum (3 / 10)	hören, vernehmen, erfahren
augēre, -eo, auxi, auctum (13)	vergrößern, erhöhen; fördern
aut (2)	oder
aut ... aut (2)	entweder ... oder
autem *(nachgestellt)* (2)	aber
auxilia, -ōrum n. (18 Z)	Hilfstruppen
auxilium, -i n. (3)	Hilfe

B

barbarus, -a, -um (4)	fremd; wild; *subst.*: der Fremde, Barbar
basilica, -ae f. (5)	Gerichtsgebäude, „Basilika"
beātus, -a, -um (1)	froh, glücklich
bellāre (3)	Krieg führen, bekämpfen
bellum, -i n. (2)	Krieg
bellum civīle (16)	Bürgerkrieg
bellum compōnere (18)	den Krieg beenden, beilegen
bellum gerere (10)	Krieg führen
bellum inferre, -o, -tuli, illātum (16)	*(„den Krieg hineintragen")*, angreifen
belua, -ae f. (15)	Tier, Ungeheuer, Bestie
bene *(Adv.)* (3)	gut
bis (12)	zwei Mal
boni, -ōrum m. (12)	die Guten, die Optimaten
bonus, -a, -um (1)	gut
bōs, bovis m. / f. (9)	Ochse, Rind
brevis, -is, -e (10)	kurz

C

cadere, -o cécidi (casūrum) (15)	fallen
caedere, -o, cecīdi, caesum (5)	fällen; (nieder)schlagen; töten
caedēs, -is f. (12)	Blut(bad), Gemetzel, Mord
Caesar, Caesaris m. (2 / 5)	Gaius Iulius Caesar
calamitās, -ātis f. (8)	Niederlage, Katastrophe, Unglück
callidus, -a, -um (15)	schlau, gewitzt
campus, -i m. (15)	(freies) Feld, Fläche, Ebene
cantāre (15)	singen
capere, -io, cēpi, captum (4)	fangen, fassen, ergreifen; einnehmen

Capitōlium, -i n. (6)	das Kapitol (*das gesamte Areal des Hügels*)
caput, -itis n. (7)	Kopf, Haupt; Hauptstadt
carmen, -inis n. (6)	Lied, Gedicht
cārus, -a, -um (5)	lieb, teuer, wertvoll
castellum, -i n. (2)	kleines Lager, Feldlager
castra, -ōrum n. (4)	Lager
castra movēre (18 Z)	das Lager abbrechen
causa, -ae f. (12)	Grund, Ursache; Sache; Prozess
causā (*Postpos. m. Gen.*) (17)	wegen, um ... willen
cavēre, -eo, cāvi, cautum (2 / 13)	sich in Acht nehmen, sich hüten (vor)
cēdere, -o, cessi, cessum (7)	gehen, weichen; nachgeben
celebrāre (8)	feiern
celeritās, -ātis f. (10)	Geschwindigkeit, Schnelligkeit
celer, -is, -e (10)	schnell
celeriter (*Adv.*) (10)	schnell
cēna, -ae f. (2)	Abendessen
cēnsor, -ōris m. (15)	Zensor (*Beamter, überwachte den Senat*)
cēnsōrius, -a, -um (15)	streng richtend, zensorisch
centurio, -ōnis m. (18 Z)	Zenturio (*Führer einer Hundertschaft*)
cernere, -o, crēvi, crētum (13)	sehen, sichten, entscheiden
certāmen, -inis n. (16)	Streit, Wettkampf; Auseinandersetzung
certāre (16)	streiten, kämpfen
certe (15)	sicherlich, gewiss
certus, -a, -um (15)	sicher, gewiss
aliquem certiōrem facere (18)	*jmd.* benachrichtigen
cēteri, -ae, -a (7)	die übrigen
cibus, -i m. (2)	Nahrung, Speise
circiter (9)	ungefähr
circumferre, -o, -tuli, -lātum (18)	herumtragen
circumspectāre (19)	umherschauen, sich umschauen
circumspicere, -io, -spexi, -spectum (17)	sich umschauen, umherblicken
circumvenīre, -io, -vēni, -ventum (9)	umzingeln, einschließen
civīlis, -is, -e (12)	bürgerlich; Büger-
cīvis, -is m. (f.) (6)	Bürger
civitās, -ātis f. (5)	Bürgerschaft, Staat; Stamm
clādēs, -is f. (17)	Niederlage; Untergang; Unglück
clādem accipere (17)	eine Niederlage, ein Unglück erleiden
clam (*Adv.*) (13)	heimlich, unbemerkt
clamāre (1)	rufen
clamor, -ōris m. (5)	Geschrei, Lärm
clamōrem tollere (15)	Geschrei erheben
clēmentia, -ae f. (17)	Milde, Nachsicht, Gnade
cōgere, -o, coēgi, coāctum (11)	versammeln; zwingen
cogitāre (2)	denken, überlegen; *m. Infin.:* beabsichtigen
cognōscere, -o, -nōvi, -nitum (7)	kennen lernen, erfahren
cohors, -rtis f. (17)	Kohorte (*zehnter Teil einer Legion*)
colere, -o, colui, cultum (4)	bebauen; pflegen; verehren
colligere, -o, -lēgi, lēctum (6)	sammeln
collis, -is m. (7)	Hügel
collis Palatīnus (7)	der Palatin (*einer der sieben Hügel Roms*)
collocāre (2)	aufbauen, aufstellen, errichten; ansiedeln
collum, -i n. (15)	Hals

com- / permovēre, -eo, -mōvi, -mōtum (10)	(stark) beeindrucken, bewegen
comes, -itis m. / f. (6)	Begleiter(in); Gefährte
commemorāre (10)	erwähnen
commīlitō, -ōnis m. (16)	Kamerad, Waffenbruder
committere, -o, -mīsi, missum (4)	beginnen, begehen; anvertrauen
commūnis, -is, -e (11)	gemeinsam
commutāre (14)	verändern; wechseln; tauschen
comparāre (10)	beschaffen, zusammentragen; vergleichen
complūrēs, -a *(Gen.: -ium)* (14)	einige, mehrere
compōnere, -o, -posui, -positum (18)	zusammenstellen, ordnen; versammeln
controversias componere (18)	die Streitigkeiten beilegen
comportāre (11)	beschaffen, bringen, zusammentragen
comprehendere, -o, -hendi, -hēnsum (9)	ergreifen, erfassen, verhaften
conāri, -or, conātus sum (12)	versuchen
concēdere, -o, -cessi, -cessum (7)	zugeben, einräumen *(m. AcI)*
conciliāre (7)	vereinigen, verbinden, gewinnen
concordia, -ae f. (18)	Eintracht, Zusammenhalt
concupīscere, -o, -cupīvi, cupītum (18)	heftig verlangen, begehren
conferre, -o, -tuli, -latum (14)	zusammenbringen, -tragen
sē conferre (18)	sich begeben
cōnficere, -io, -fēci, -fectum (4 / 10)	voll-, beenden, erledigen; erschöpfen
confīdere, -o, -fīsus sum (18)	vertrauen, sich verlassen auf
cōnfirmāre (7)	stärken, (ver)sichern; bestätigen
coniu(n)x, -ugis m. *u.* f. (7)	Gatte, Gattin
coniungere, -o, -iūnxi, -iūnctum (9)	verbinden, vereinigen
coniurātiō, -ōnis f. (18)	Verschwörung
conscendere, -o, -scendi, -scēnsum (18)	besteigen, ersteigen
consequi, -or, -secūtus sum (16)	verfolgen; erreichen, einholen; erlangen
cōnservāre (6)	retten, bewahren, erhalten
cōnservātor, -ōris m. (6)	(Be)schützer, Retter
cōnsilium, i n. (10)	Rat(schlag); Plan; Entschluss; Beschluss
cōnsilium capere (10)	einen Entschluss fassen
consistere, -o, -stiti (17)	stehen bleiben, haltmachen
conspicere, -io, -spexi, -spectum (6 / 10)	erblicken; anblicken
cōnstāns, -ntis (12)	beständig, nicht wankend
cōnstantia, -ae f. (12)	Beständigkeit
cōnstat *(m. AcI)* (6)	es steht fest
constitūtus, -a, -um (7)	festgelegt, festgesetzt
cōnstruere, -o, -strūxi, -strūctum (10)	aufschichten; errichten, erbauen
cōnsul, -is m. (10)	Konsul
cōnsulere, -o, -sului, -sultum (13 Z)	*m. Akk.:* um Rat fragen; *m. Dat.:* sorgen für
contemnere, -tempsi, -temptum (15)	verachten, geringschätzen
contendere, -o, -tendi, -tentum (6)	eilen; kämpfen; *m. Inf.:* sich beeilen
contingit *(Perf.:* contigit) (17)	es gelingt, wird zuteil
contra *(m. Akk.)* (3)	gegen
controversia, -ae f. (11)	Meinungsverschiedenheit, Streit(igkeit)
contumēlia, -ae f. (16)	Beschimpfung, Kränkung; Misshandlung
convīvium, -i n. (18)	Gastmahl
convocāre (1)	zusammenrufen
cōpia, -ae f. (2)	Vorrat, Fülle; Möglichkeit
cōpiae, -ārum f. (2)	Truppen; Vorräte
cornu, -ūs n. (18 Z)	Horn; Heeresflügel

corpus, -oris n. (18)	Körper, Leichnam
corrumpere, -o, -rūpi, -ruptum (9)	verderben, zu Grunde richten
cot(t)īdie (15)	täglich
crās (5)	morgen
creāre *(m. doppelt. Akk.)* (16)	wählen *zu*
crēber, -bra, -brum (8)	zahlreich, häufig; gedrängt
Crēta, -ae f. (10)	Kreta
crēdere, -o, crēdidi, -ditum (8)	glauben; vertrauen; halten für
crīmen, -inis n. (9)	Vorwurf; Vergehen, Verbrechen
crīmini dare (12)	*jmd.* zum Vorwurf machen, vorwerfen
crūdēlis, -is, -e (13)	grausam
crūdēlitās, -ātis f. (6)	Grausamkeit
cum *m. Abl.)* (2)	(zusammen) mit
cum *(m. Ind.)* (11/ 8 / 10)	immer wenn, sooft; als plötzlich; indem
cum *(m. Konj.)* (14)	als; weil; obwohl
cunctāri (16)	zögern
cuncti, -ae, -a (1)	alle
cupere, -io, cupīvi, -ītum (10)	begehren, wünschen, verlangen
cupiditās, -atis f. (10)	Gier, Begierde, Verlangen, Leidenschaft
cupidus, -a, -um (3)	gierig *(nach)*, begierig *(auf)*
cūr? (4)	warum?
cūra, -ae f. (4)	Kummer; Sorge, Fürsorge; Aufsicht
curāre (4)	sich kümmern um, sorgen für
cūria, -ae f. (12)	Versammlung; Kurie, Senatsgebäude
currere, -o, cucurri, cursum (5)	laufen

D

dare, dō, dedi, datum (6 / 10)	geben
dē *(m. Abl.)* (2 / 18)	von; über, um; in Bezug auf
dea, -ae f. (1)	Göttin
debellāre (17)	niederkämpfen
debēre, -eo, -ui, -itum (1 / 11)	schulden; verdanken; *m. Inf.:* müssen
decem (14)	zehn
decernere, -o, -crevi, -crētum (8)	entscheiden, beschließen
decet, decuit *(m. Akk.)* (9)	es ziemt sich, gehört sich für *jmd.*
decimus, -a, -um (10)	der zehnte
dēcurrere, -o, dēcurri, -cursum (18)	herab-, hinab-, hinlaufen
deditio, -ōnis f. (17)	Übergabe, Kapitulation
aliquem in deditiōnem accipere (18)	*jmds.* Kapitulation annehmen
dēesse, dēsum, dēfui (2)	abwesend sein, fehlen
defatigāre (2)	*jmd.* völlig erschöpfen
defatigātus, -a, -um (2)	völlig erschöpft
defendere, -o, defendi, defēnsum (5 / 15)	verteidigen
defēnsor, -ōris m. (13)	Verteidiger
deferre, -o, -tuli, -lātum (16)	hinbringen; überbringen; übertragen
deficere, -io, -fēci, -fectum (11)	abtrünnig werden; fehlen, ausgehen
deinde (3)	dann, darauf, sodann
delectāre (5)	erfreuen
delēre, -eo, delēvi, delētum (12)	vernichten, zerstören; tilgen
deligere, -o, delēgi, delēctum (17)	(aus)wählen
demōnstrāre (9)	zeigen, beweisen, klarmachen
dēnique (9)	schließlich, endlich

dēnuo (7)	von neuem, wiederum
depōnere, -o, -posui, -positum (7)	niederlegen, ablegen; „deponieren"
dēserere, -o, -serui, -sertum (12)	verlassen, im Stich lassen
desīderāre (1)	sich nach etw. sehnen; begehren, verlangen
dēsistere, -o, dēstiti (11)	aufhören *mit etw.*, Abstand nehmen *von*
dēsperāre (17)	verzweifeln, die Hoffnung aufgeben
despicere, -io, -spexi, -spectum (8)	herabblicken; verachten
destringere, -o, -strīnxi, -strictum (15)	*(eine Waffe)* zücken
detegere, -o, -tēxi, -tēctum (10)	entdecken, aufdecken
detrahere, -o, -trāxi, -trāctum (15)	abstreifen, (her)abziehen; entziehen
deus, -i m. (1)	Gott
devincere, -o, -vīci, -victum (18)	völlig besiegen
devorāre (6)	verschlingen, auffressen
di (15)	die Götter
dī immortāles (9)	die unsterblichen Götter
dīcere, -o, dīxi, dictum (4)	sagen, sprechen, behaupten
dictātor, -ōris m. (14)	Diktator
dictatūra, -ae f. (18)	Diktatur
dictatūram abdīcāre (18)	von der Diktatur zurücktreten, abdanken
diēs, diēi m. (6)	Tag *(fem.: der Termin)*
difficilis, -is,-e (11)	schwierig *(zu erledigen)*
difficultās, -ātis f. (9)	Schwierigkeit; Not, Verlegenheit
dīgnitās, -ātis f. (13)	Würde, Wert; Rang, Stellung
dīgnus, -a, -um (13)	würdig, wert; es verdienend
diligenter *(Adv.)* (9)	sorgfältig
diligentia, -ae f. (12)	Sorgfalt, Aufmerksamkeit
diligere, -o, dilēxi, dilēctum (10)	lieben, schätzen
dimicāre (17)	mit aller Kraft ringen; kämpfen
dimittere, -o, mīsi, -missum (11)	entlassen, wegschicken
dīs (17)	= deis: den Göttern
discēdere, -o, -cessi, -cessum (11)	auseinandergehen; weggehen
discere, -o, didici (12)	lernen
discordia, -ae f. (14)	Uneinigkeit, Streit, Zwietracht
disputāre (5)	erörtern, besprechen
diu (1)	lange, lange Zeit
diutius *(Adv.)* (11)	länger
dividere, -o divīsi, divīsum (17)	(ver)teilen; trennen
divitiae, -arum f. (15)	Reichtum, Vermögen
docēre, -eo, -ui, doctum (4 / 12)	(be)lehren, erklären, aufklären, unterrichten
dolēre, -eo, dolui (7)	bedauern, Schmerz empfinden, leiden
dolor, -ōris m. (7)	Schmerz
dolus, -i m. (4)	List
dom**ā**re, -o, dom**ui**, dom**itum** (10)	zähmen, besiegen, bezwingen
domi *(Lokativ)* (5)	zu Hause
dominātio, -ōnis f. (16)	Herrschaft
dominus, -i m. (1)	Herr *(des Hauses)*
domō (11)	von zu Hause (weg)
domum (11)	nach Hause
dormīre, -io, -īvi (5)	schlafen
dubitāre (3)	*m. Infin.:* zögern; (be)zweifeln
dubium, -i n. (15)	Zweifel
dūcere, -o, dūxi, ductum (4 / 8)	führen, leiten; mitführen, -schleppen

in matrimōnium dūcere (14)	(*„in die Ehe führen"*) heiraten
dūcere (16)	*auch:* in die Länge ziehen, hinauszögern
dūcere *(m. doppelten Akk.)* (15)	halten für
dūcere, -o, dūxi, ductum *(m. AcI)* (9)	glauben
dum (4 / 8)	solange; *m. Präsens:* während
dūrus, -a, -um (2)	hart, herb; hartherzig
dūx, dūcis m. (5)	Führer, Anführer, Feldherr

E

ē, ex *(m. Abl.)* (1)	aus, aus ... heraus; infolge von
Eburōnes, -um m. (5)	die Eburonen *(german. Stamm)*
efficere, -io, -fēci, -fectum (14)	bewirken, schaffen, erreichen
effugere, -io, -fūgi (4)	fliehen, entkommen
egō (1)	ich
elābi, -or, elāpsus sum..(14)	entgleiten; entkommen
elūdere, -o, -lūsi, -lūsum (8)	verspotten, verhöhnen
ēmittere, -o, -mīsi, -missum (11)	hinaus-, herausschicken
enim *(nachgestellt)* (1)	denn, nämlich
eques, -itis m. (11)	Soldat zu Pferd, Reiter
equitātus, -ūs m. (18)	Reiterei
equus, -i m. (3)	Pferd
erga *(m. Akk.)* (4)	gegen(über)
est (1)	er, sie, es ist; befindet sich
et (1)	und; auch
etiam (1)	auch; sogar
etsī *(m. Ind. u. Konj.)* (18)	auch wenn, wenn auch, obgleich
evādere, -o, -vāsi, -vāsum (14)	herausgehen; entkommen
evenīre, -io, -vēni, -ventum (16)	herauskommen; eintreffen, ausgehen
ēvertere, -o, -verti, -versum (12)	umstürzen, vernichten
excēdere, -o, -cessi, -cessum (18)	hinausgehen, verlassen; überschreiten
exclamāre (1)	ausrufen
excogitare (16)	erdenken, ausdenken
exemplum, -i n. (15)	Beispiel, Vorbild
exercitus, -ūs m. (16)	Heer
exigere, -o, -ēgi, āctum (16)	vertreiben; vollenden; fordern, eintreiben
eximius, -a, -um (10)	ausnehmend, außerordentlich, hervorragend
exīre, exeo, exii, exitum (3)	herausgehen, verlassen
existimāre (6)	glauben, (ein)schätzen; beurteilen, meinen
existimāre, putāre *(m. dopp. Akk.)* (15)	halten für, einschätzen als
exitium, -i n. (14)	Untergang, Vernichtung, Verderben
expedītus, -a, -um (18 Z)	frei, unbehindert; *Subst.:* Leichtbewaffneter
expellere, -o, expuli, -pulsum (10)	vertreiben, austreiben
explicāre (9)	entfalten, erklären
expōnere, -o, -posui, -positum (14)	aussetzen; -stellen; darlegen
expugnāre (2)	erobern
exsistere, -o, exstiti (7)	auftauchen, hervorgehen, entstehen, erscheinen
exspectāre (2)	erwarten, warten auf
ex(s)tinguere, -o, -(s)tīnxi, -(s)tīnctum (12)	auslöschen, vernichten; tilgen
exsultāre (15)	herumtänzeln; übermütig sein
extra *(m. Akk.)* (15)	außerhalb

F

fābula, -ae f. (8)	Geschichte, *(mythische)* Erzählung
facere, -io, fēci, factum (4)	machen, tun; herstellen
facere *m. doppelt. Akk.* (15 Z)	machen zu
facile *(Adv.)* (9)	leicht, mit Leichtigkeit
facinus, facinoris n. (4)	Tat, Untat
factum esse (16)	entstanden, geworden sein
fallere, -o fefelli, deceptum (10)	täuschen, hintergehen
fallit me (10)	es entgeht mir
fāma, -ae f. (9)	Gerücht, Gerede; Ruf; Ruhm
fama fert (15)	die Sage berichtet
familia, -ae f. (5)	Familie
favēre, -eo, favi, fautum *(m. Dat.)* (2)	gnädig sein, begünstigen
fax, facis f. (18)	Fackel
fēlīx, -īcis (10)	glücklich; erfolgreich
femina, -ae f. (9)	Frau
fere *(nachgestellt)* (3)	fast, beinahe, ungefähr
ferōx, -ōcis (12)	trotzig, wild, ungestüm, grausam
ferrum, -i n. (18 Z)	Eisen; Waffe, Schwert
fidēs, fidei f. (6)	Treue, Zuverlässigkeit; Glaube; Eid
fieri *(Passiv zu* facere) (18)	(gemacht) werden, geschehen, entstehen
filia, -ae f. (1)	Tochter
filius, -i m. (1)	Sohn
fīnis, -is m. (6)	Grenze, Ende; Ziel; *Pl.:* Gebiet
finitimus, -a, -um (5)	benachbart; *substant.:* Nachbar
firmus, -a, -um (12)	stark, kräftig, fest; gesichert
flūmen, -inis n. (5)	Fluss
fluvius, -i m. (3)	Fluss
fore (16)	*Kurzform des Inf. Fut. von* esse
forma, -ae f. (10)	Gestalt, Aussehen; Schönheit
fortasse (4)	vielleicht; vermutlich
fortis, -is, -e (9)	tüchtig, tapfer
forum, -i n. (5)	Forum, Marktplatz
fossa, -ae f. (5)	Graben
frāter, frātris m. (5)	Bruder
frui, -or, **usus sum** *(m. Abl.)* (12)	genießen, sich an etw. erfreuen
frūmentum, -i n. (11)	Getreide
frūstra (10)	vergeblich, umsonst
fugere, -io fūgi (4)	fliehen, flüchten
fundamentum, -i n. (5)	Grundlage, Fundament
fundere, -o, fūdi, fūsum (10)	gießen, vergießen; vergeuden; vertreiben
fundus, -i m. (1)	Grund, Boden; Landgut
fungi, -or, functus sum *(m. Abl.)* (18)	verwalten
fūnus, -eris n. (18)	Begräbnis, Leichenfeier
furor, -ōris m. (10)	Wut, Toben, Rasen; Wahnsinn

G

Galli, -ōrum m. (2)	die Gallier, Kelten
Gallia, -ae f. (1)	Gallien
gaudēre, -eo, gavīsus sum (1 / 12 Z)	sich freuen
gaudium, -i n. (2)	Freude

gener, -i m. (16)	Schwiegersohn
gēns, gentis f. (9)	Familie, Geschlecht; Volksstamm
genus, -eris n. (1)	Herkunft; Familie; Geschlecht; Gattung
gerere, -o, gessi, gestum (6 / 11)	tragen; ausführen, verrichten
gladius, -i m. (3)	Schwert
glōria, -ae f. (13)	Ruhm, Ehre, Anerkennung
Graeci, -ōrum m. (6)	Griechen
Graecia, -ae f. (1)	Griechenland
Graecus, -a, -um (6)	griechisch
gratia, -ae f. (1)	Gefallen; Dank; Beliebtheit
in grātiam redīre (18)	sich versöhnen
grātiās agere (12)	danken, Dank abstatten
grātulātio, -ōnis f. (8)	Glückwunsch; Danksagung; Freude
grātus, -a, -um (3)	willkommen; beliebt; dankbar
gravis, -is, -e (9)	schwer(wiegend), ernst
graviter ferre (14)	sich ärgern
grex, gregis m. (10)	Herde; Schar, Kreis

H

habēre, -eo, habui, habitum (3 / 10)	haben, besitzen; halten für
habēre pro *m. Abl.* (18)	etw. / jmd. ansehen, behandeln als
hasta, -ae f. (18)	Pfahl, Stange; Lanze
Helvēticus, -a, -um (3)	helvetisch
Helvētii, -ōrum m. (3)	die Helvetier
Helvius, -i m. (Cinna) (1)	Helvius Cinna
hīberna, -ōrum n. (11)	Winterlager
hīc (1)	hier
hīc, haec, hoc (9)	dieser, diese, dieses
hiems, hiemis f. (18)	Winter
Hispānia, -ae f. 18)	Spanien
hodie *(Adv.)* (1)	heute
homo, hominis m. (6)	Mensch
homines nostri (13)	unsere Landsleute
honestus, -a, -um (14)	geehrt; angesehen; ehrenvoll
honor (honōs), -ōris m. (5)	Ehre, Auszeichnung; Ehrenamt
hōra, -ae f. (4)	Stunde
hortāri (13)	auffordern, ermuntern
hospes, -itis m. (5)	Gast; Gastfreund
hostis, -is m. (8)	Feind; Staatsfeind
humi *(Lokativ)* (5)	auf dem Boden

I

iacēre, -eo, iacui (5)	liegen
iacere, -io, iēci, iactum (17)	werfen schleudern
iacta alea est (17)	der Würfel ist gefallen
iam (1)	schon, bereits
ibi (1)	dort
īdem, eadem, idem (11)	der-, die, dasselbe
īdem atque (17)	derselbe wie
idoneus, -a, -um (5)	geeignet, passend, tauglich
igitur *(nachgestellt)* (2)	daher, deshalb

ignārus, -a, -um *(m. Gen.)* (6)	unwissend, ohne Kenntnis
ignāvia, -ae f. (17)	Trägheit, Lässigkeit, Feigheit
ignāvus, -a, -um (15)	träge, feige
ignōrāre (9)	nicht wissen, nicht kennen
ignōscere, -o, -nōvi, -nōtum (11)	verzeihen
ille, illa, illud (10)	jener, jene, jenes
illīc (16)	dort, an jenem Ort
illūc (3)	dorthin
illūstris, -is, -e (15)	hell; berühmt, erlaucht
im-, complēre, -eo, -plēvi, -plētum (9)	anfüllen, erfüllen
imitāri (17)	nachahmen, nacheifern
imminēre, -eo (2)	(be)drohen
immo vēro (9)	aber / sondern im Gegenteil
immolāre (1)	opfern, ein Opfer darbringen
impedimentum, -i n. (17)	Hindernis; *Plur*: schweres Gepäck, Tross
impedīre, -io, -īvi, -ītum (18)	hindern, behindern
impedītus, a, um (18 Z)	gehindert, behindert
impellere, -o, -puli, -pulsum (11)	anstoßen, antreiben; verleiten
impendēre, -eo (18)	darüber hängen, über etw. schweben; drohen
imperāre (1)	befehlen, anordnen; anfordern
imperātor, -ōris m. (8)	*(der siegreiche)* Feldherr
imperītus, -a, -um (9)	unerfahren, unkundig, ahnungslos
imperium, -i n. (6)	Befehl(sgewalt), Herrschaft; Reich
impetrāre (11)	erreichen, erwirken; durchsetzen
impetus, -ūs m. (14)	Angriff, Ansturm
implorāre (10)	anrufen, anflehen
imprīmīs (4)	besonders
improbus, -a, -um (6)	böse, schlimm, unrechtschaffen
improvīsus, -a, -um (14)	unvorhergesehen, unerwartet
in *(m. Akk.)* (3)	in (... hinein); *(bei Personen:)* gegen(über)
in *(m. Abl.)* (1)	in, an, auf *(auf die Frage: Wo?)*
incendere, -o, -cendi, -cēnsum (9)	anzünden, entflammen, anbrennen
incipere, -io, **coepi**, inceptum (7)	anfangen, beginnen
incitāre (9)	antreiben; anstacheln, aufwiegeln
incolumis, -is, -e (11)	heil, unversehrt
incommodum, -i n. (12)	Nachteil, Schaden; Unglück
incōnstāns, -ntis (12)	unbeständig, wankend
incrēdibilis, -is, -e (10)	unglaublich
iners, inertis (16)	träge, nichtsnutzig
inesse (14)	innewohnen, darin sein, enthalten sein
infectīs rēbus *(abl. abs.)* (18)	unverrichteter Dinge
infirmus, -a, -um (12)	schwach, unsicher
ingenium, -i n. (13)	geistige Begabung, Talent, Intelligenz
ingēns, ingentis (9)	ungeheuer, gewaltig
inimīcus, -a, -um (9)	feindlich; *subst.:* *(persönlicher)* Feind
inīre, -eo, -ii, -itum (8)	hineingehen; anfangen
initium, -i n. (8)	Anfang, Beginn
iniūria, -ae f. (9)	Unrecht; Gewalttat
iniussū (11)	ohne Befehl
insidiae, -ārum f. (2)	Hinterhalt, Anschlag
insidiōsus, -a, -um (11)	heimtückisch, hinterhältig, gefährlich
insolenter *(Adv.)* (7)	ungewöhnlich; dreist, frech

instāre, -o, institi (18)	drohend bevorstehen; bedrängen
instruere, -o, -strūxi, -strūctum (15)	unterrichten, unterweisen; aufbauen
intellegere, -o, -lēxi, -lēctum (4 / 8)	einsehen, erkennen, verstehen
inter *(m. Akk.)* (5)	unter, zwischen
interdum (15)	inzwischen, unterdessen
interea (14)	inzwischen, unterdessen
interesse, -sum, -fui *(m. Dat.)* (18)	teilnehmen an; dazwischen liegen
interficere, -io, -fēci, -fectum (4 / 12)	töten
interim (18)	inzwischen, unterdessen
interitus, -ūs m. (18)	Untergang, Niedergang
intermittere, -o, -mīsi, -missum (4)	unterbrechen; verstreichen lassen
interritus, -a, -um (14)	unerschrocken
interrogāre (9)	fragen; befragen
interrumpere, -o, -rūpi, -ruptum (11)	unterbrechen
invictus, -a, -um (9)	unbesiegt; unbesiegbar
invītāre (18)	einladen
invītus, -a, -um (10)	unfreiwillig, gegen den Willen
ipse, ipsa, ipsum (9)	selbst, persönlich
īra, -ae f. (13)	Zorn
īrātus, -a, -um (13)	zornig
īre, eo, ii, itum (3)	gehen
irridēre, -eo, -rīsi, -rīsum (7)	auslachen, verspotten
irrumpere, -o, -rūpi, -ruptum (18)	hineinbrechen, hineinstürmen
is, ea, id (8)	er, sie, es; dieser, diese, dieses
iste, ista, istud (11)	dieser, diese, dieses da
ita (4)	so, auf diese Weise
itaque (1)	und so; daher
iter, itineris n. (5)	Weg, Reise; Marsch
iter facere (5)	marschieren
magna itinera (17)	Eil-, Gewaltmärsche
iterum (2)	wiederum, zum zweiten Mal
iterum iterumque (2)	immer wieder
iubēre, -eo, iussi, iussum (11)	*(m. Akk.)* befehlen
iucundus, -a, -um (2)	erfreulich, angenehm
iūdicāre (13)	entscheiden; urteilen, ein Urteil fällen; glauben, der Ansicht sein
iūdicāre *m. doppelt. Akk.* (16)	verurteilen als, erklären zu, halten für
iūdicium, -i n. (13)	Gericht; Prozess; Urteil; Meinung
iungere, -o, iūnxi, iūnctum (7)	(ver)binden, vereinigen
Iūnō, -ōnis f. (10)	Iuno *(Gattin Iuppiters)*
Iuppiter, Iovis m. (6)	Iuppiter
iūs, iūris n. (10)	Recht
iussū (6)	auf Befehl
iūstus, -a, -um (4)	gerecht
iūstīs dē causīs (15)	aus gerechten Gründen, ganz zu Recht
iūstitia, -ae f. (4)	Gerechtigkeit
iuvenis, -is m. (15)	junger Mann, Jüngling

L

Labiēnus, -i m. (4)	Titus Labienus *(Caesars fähigster General)*
labor, -ōris m. (5)	Arbeit; Mühe; Einsatz(bereitschaft)
labōrāre (1)	arbeiten; leiden an / unter etwas

lacessere, -o, lacessīvi, -ītum (9)	herausfordern, reizen
lacrima, -ae f. (10)	Träne
laetus, -a, -um (1)	froh, fröhlich
latebra, -ae f. (14)	Versteck, Schlupfwinkel
Latīne *(Adv.)* (12)	lateinisch
laudāre (4)	loben
laus, laudis f. (5)	Lob, Anerkennung; Ruhm
legātio, -ōnis f. (18)	Gesandtschaft
legātus, -i m. (1)	Legat, General; Gesandter
legere, -o, lēgi, lēctum (11)	lesen; sammeln
legio, -ōnis f. (5)	Legion
lēnis, -is, -e (18)	sanft, mild; gemäßigt
lēx, lēgis f. (10)	Gesetz; Bedingung
libāre (2)	spenden, opfern, weihen
libenter *(Adv.)* (8)	gerne, willig, freudig
līber, -a, -um (6)	frei
liber, -bri m. (16)	Buch
līberāre (9)	befreien
līberi, -ōrum m. (6)	Kinder
lībertās, -ātis f. (18)	Freiheit
libīdo, -inis f. (9)	Begierde, Lust; Zügellosigkeit, Willkür
licet, licuit *(m. Inf.)* (1 / 11)	es ist erlaubt
litterae, -ārum f. (4)	Brief; Literatur, Wissenschaft
lītus, -oris n. (10)	Strand, Küste, Gestade
locus, -i m. (5)	Ort, Stelle, Platz; Gelegenheit
longē *(Adv.)* (9)	lang; bei weitem
longus, -a, -um (6)	lang, langwierig
loqui, -or, locūtus sum (12)	sprechen, redem
luctus, -ūs m. (18)	Trauer, Wehklagen
lūx, lūcis f. (7)	Licht; Tageslicht

M

magis ... quam (9)	mehr ... als
magistrātus, -ūs m. (18)	Amt; Beamter, Amtsinhaber
magnitūdo, -inis f. (10)	Größe; Bedeutung
magnus, -a, -um (1)	groß; wichtig, bedeutend
maior, -ius *(Gen.* ōris) (15 Z)	größer
maiōres, -um m. (15)	*("die Größeren")* Vorfahren
mālle, mālo, mālui (16)	lieber wollen, vorziehen
manēre, -eo, mānsi, mānsum (1 / 12)	(da)bleiben
(re)manēre, -eo, -mānsi, -mānsum (10)	bleiben, zurückbleiben
mānsuetūdo, -inis f. (17)	Sanftmut, Milde
manus, -ūs **f.** (18)	Hand, Handvoll; Schar
mare, -is n. (10)	Meer, (die) See
māter, -tris f. (9)	Mutter
materia, -ae f. (5)	„Material", Bauholz, Stoff
maximē *(Adv.)* (5)	am meisten, besonders
maximus, -a, -um (2)	der, die, das größte
mēcum (3)	mit mir
medius, -a, -um (15)	der mittlere
media nocte (14)	mitten in der Nacht
melior, -ius (15 Z)	besser

memorāre (7)	erinnern; erwähnen
memoria, -ae f. (7)	Gedächtnis; Erinnerung, Andenken
memoriā tenēre (10)	im Gedächtnis haben; sich erinnern
mēns, mentis f. (10)	Gedanke; Verstand; Gemüt, Gesinnung
merēre, -eo, merui, meritum (13)	verdienen
meritum, -i n. (13)	das Verdienst; Gefälligkeit
meus, -a, -um (1)	mein
mi (2)	*Vokativ von:* meus, a, um – mein
mihi (1)	mir
mīles, -itis m. (5)	Soldat
militēs / cōpiās cōnscribere (18 Z)	Soldaten / Truppen ausheben
Minerva, -ae f. (6)	Minerva (*griech.: Athene*)
minārī, -or, minātus sum (14)	drohen
minimē (2)	am wenigsten, keineswegs
minimus, -a, -um (15 Z)	der kleinste, geringste
minor, minus (15 Z)	kleiner, geringer
minuere, -o, minui, minūtum (8)	verringern, verkleinern; spalten
miser, -a, -um (10)	elend, unglücklich, arm
mittere, -o, mīsi, missum (4)	schicken
moderātio, -ōnis f. (18)	Mäßigung, Zurückhaltung
modō *(nachgestellt)* (3 / 18)	nur; bald, gerade, eben (erst, noch)
modus, -i m. (9)	Art und Weise; Maß; Mäßigung
hōc modō (16)	auf diese Weise
quō modō (7)	auf welche Weise?; auf diese Weise
moenia, -ium n. (6)	(Stadt)mauern
molestia, -ae f. (10)	Belästigung, Ärger
monēre, -eo, -ui, monitum (12)	ermahnen; warnen
mōns, montis m. (6)	Berg
mōnstrāre (8)	zeigen
mōnstrum, -i n. (10)	Ungeheuer; Wunderzeichen (*der Götter*)
monumentum, -i n. (6)	Denkmal, Erinnerungszeichen, Andenken
mors, mortis f. (6)	Tod
mortem obīre (10)	sterben
mortālis, -is, -e (10)	sterblich
mortuus, -a, -um (9)	tot
mōs, mōris m. (8)	Sitte, Brauch; *Plur.:* Charakter
movēre, -eo, mōvi, mōtum (8)	bewegen; beeindrucken
mulier, -eris f. (9)	Frau; Weib
multi, -ae, -a (1)	viele
multīs annīs post (10)	viele Jahre später
multitūdo, -inis f. (8)	Menge; Vielzahl
mundus, -i m. (2)	Welt
munīre, -io, -īvi, -ītum (5 / 17)	sichern, befestigen; anlegen
mūrus, -i m. (4)	Mauer
mutāre (10)	ändern, tauschen; verwandeln

N

nam (1)	denn, nämlich
nancisci, -or, na(n)ctus sum (13)	erlangen, erreichen
narrāre (2)	erzählen, berichten
narrātio, -ōnis f. (11)	Erzählung, Schilderung
natūra, -ae f. (16)	Natur

navigāre (14)	zur See fahren, segeln
nāvis, -is f. (14)	Schiff
nāvem appellere, -o, -puli, -pulsum (14)	landen
nē *(m. Konj.)* (13)	dass nicht; damit nicht
necāre (2)	töten
necesse est *(m. AcI)* (6)	es ist nötig, notwendig
necessitās, -ātis f. (18)	Zwang(slage), Not(wendigkeit)
negāre (11)	nein sagen; bestreiten; sagen, dass nicht
neglegere, -o, neglēxi, neglēctum (13)	vernachlässigen; nicht beachten
negōtium, -i n. (6)	Geschäft, Aufgabe, Tätigkeit
nēmo (15)	niemand
nescīre, -io, -ī(v)i, -ītum (11)	nicht wissen, nicht kennen
nihil (4)	nichts
nihil aliud nisī (9)	nichts anderes außer; nur
nisī (9)	wenn nicht
nōbilis, -is, -e (9)	edel, adlig, berühmt
nōbis (1)	uns *(Dat.)*
nocēre, -eo, -ui, -itum (10)	schaden
nocturnus, a, um (18)	nächtlich, in der Nacht
nōlle, nōlo, nōlui (16)	nicht wollen
nōmen, nōminis n. (5)	Name, Familienname
nōmināre (12)	nennen
nōn (2)	nicht
nōndum (3)	noch nicht
nōn iam (2)	nicht mehr
nōnne (6)	denn nicht, etwa nicht
nōn sōlum, sed (vērum) etiam (4)	nicht nur, sondern auch / sogar
nōnnūlli,- ae, -a (4)	einige, manche
nōs (2)	wir; uns *(Akk.)*
noster, -tra, -trum (2)	unser
nostri, -ōrum m. (2)	die Unsrigen, unsere Leute
nōtus, -a, -um (4)	bekannt
nōvi (7)	ich habe erkannt = ich weiß
novus, -a, -um (2)	neu; unerhört, noch nie dagewesen
nox, noctis f. (18)	Nacht
nūllus, -a, -um *(nūllīus, nūlli)* (6)	kein
num (6)	etwa
num (16)	ob etwa (nicht)
nūmen, -inis n. (6)	Gottheit, göttliches Wesen
numerus, -i m. (9)	Zahl, Anzahl
in numero habēre (9)	zählen zu; behandeln als
numquam (7)	niemals
nunc (1)	jetzt, nun
nuntiāre (3)	melden, verkünden
nuntius, -i m. (3)	Bote; Nachricht, Meldung

O

oblivīsci, -or, oblītus sum *(m. Gen.)* (12)	*etw.* vergessen
observāre (13)	beobachten; beachten
obstāre, obstō, obstiti (10)	hinderlich sein; widerstehen
obtemperāre *(m. Dat.)* (14)	gehorchen; willfährig sein
obtinēre, -eo, -tinui, -tentum (12)	innehaben, besitzen, behaupten

occāsio, -ōnis f. (10)	(günstige) Gelegenheit
occīdere, -o, occīdi, occīsum (5 / 8)	niederschlagen; töten
occupāre (6)	besetzen; ergreifen
occupātus, -a, -um (13)	beschäftigt
oculus, -i m. (1)	Auge
odium, -i n. (13)	Hass; Abneigung
offendere, -o, offendi, offēnsum (15)	anstoßen, kränken, beleidigen
offerre, -o, obtuli, oblatum (14)	anbieten, darreichen
officium, -i n. (5)	Pflicht; Dienst; Pflichtgefühl
ōlim (7)	vor Zeiten, einst; dereinst
omnis, -is, -e (9)	jeder, ganz; *Pl.*: alle
oportet *(m. AcI)* (8)	es ist nötig, man muss
oppidānus, -i m. (17)	Städter, Bewohner eines *oppidum*
oppidum, -i n. (17)	Stadt, Ort
opprimere, -o, -pressi, -pressum (14)	überfallen; bedrängen; unterdrücken
oppugnāre (11)	bestürmen, angreifen, bekämpfen
oppugnātio, -ōnis f. (11)	Bestürmung, Belagerung
optimus, -a, -um (6)	der beste
opus, -eris n. (16)	(Kunst)werk; *milit.:* Schanzwerk, -arbeit
ōrātio, -ōnis f. (9)	Rede
ōrātiōnem habēre (11)	eine Rede halten
orbis (-is m.) terrārum (6)	Erdkreis, Erde
ordō, -inis m. (15)	Ordnung, Reihe; gesellschftl. Stand
orīgo, -inis f. (9)	Abstammung, Ursprung, Herkunft
orīri, -ior, ortus sum (12)	aufgehen, entstehen
ornāre (1)	schmücken; ausstatten
ortus, -a, -um (9)	abstammend, entstanden
ostendere, -o, ostendi, ostentum (5 / 9)	zeigen, erklären
ōtium, -i n. (7)	freie Zeit, Freizeit, Muße

P

pacāre (3)	„befrieden", unterwerfen
paene (11)	ungefähr, fast, beinahe
paenitet mē (17)	es reut mich, ich bereue
parāre (2)	zubereiten, vorbereiten; verschaffen
	m. Inf: sich vorbereiten, beabsichtigen
parātus, -a , -um sum *(m. Inf.)* (16)	ich bin bereit *etw. zu tun*
parcere, -o, perperci *(m. Dat.)* (17)	sparen; (ver)schonen
hostibus parcere (17)	die Feinde verschonen
parēre, -eo, parui (2)	gehorchen
parere, -io, peperi, partum (16)	erzeugen, hervorbringen; verschaffen
pars, partis f. (8)	Teil, Seite; Richtung
partēs, -ium f. (12)	„Partei"
parvus, -a, -um (4)	klein, gering, unbedeutend
pater, patris m. (6)	Vater
patrēs cōnscrīpti (18)	Senatoren
patēre, -eo, patui (7)	offen stehen, sich erstrecken
pati, -ior, passus sum (12)	(er)leiden; (er)dulden; zulassen
patria, -ae f. (1)	Heimat, „Vater"land
pauci, -ae , -a (4)	wenige
paulātim (14)	allmählich
paulo ante (13)	ein wenig zuvor, vorher

paulo post (5)	ein wenig später
paulum (7)	ein wenig
pauper, -eris (16)	arm; ärmlich
pāx, pācis f. (15)	Frieden
pecūnia, -ae f. (14)	Geld; Vermögen
pedes, -ditis m. (18 Z)	Soldat zu Fuß, Infanterist
peior, peius *(Gen. peiōris)* (15 Z)	schlechter, schlimmer
pellere, -o, pepuli, pulsum (5)	vetreiben; schlagen, stoßen; besiegen
per *(m. Akk.)* (4)	durch … (hindurch); über …(hin)
perferre, -o, -tuli, -lātum (16)	ertragen; hinbringen; melden; ertragen
perficere, -io, -fēci, -fectum (18)	vollbringen, vollenden; durchsetzen
pergere, -o perrēxi, -rēctum (5)	fortfahren
periculōsus, -a, -um (1)	gefährlich
periculum, -i n. (2)	Gefahr
permittere, -o, -mīsi, missum (18)	erlauben, gestatten
perniciēs, -iēi f. (7)	Verderben, Vernichtung, Untergang
perniciōsus, -a, -um (18)	unheilvoll, verhängnisvoll
perspicere, -io, -spexi, spectum (16)	durchschauen, erkennen
persuadēre, -eo, -suāsi, -suāsum *(m. Dat.)* (9)	*a) mit AcI:* überzeugen
(16)	*b) mit ut + Konj.:* überreden
pervenīre, -io, -vēni, -ventum (4)	gelangen zu, erreichen, hinkommen
pēs, pedis m. (7)	Fuß
pessimus, -a, -um (15 Z)	der schlechteste
petere, -o, petīvi, petītum (4 / 15)	zu erreichen suchen, anstreben; *(beim a, ab + Ablativ der Person:)* jmd. bitten
petere *(m. Akk. der Person)* (15)	angreifen, losgehen auf
pietās, -ātis f. (15)	Pflichtgefühl, Frömmigkeit
piger, -gra, -grum (11)	faul, träge
piget me (17)	es verdrießt mich
pīlum, -i n. (5)	Wurfspieß
pirāta, -ae **m.** (14)	Pirat
pius, -a, -um (4)	pflichtbewusst; fromm
placet *(m. Inf.)* (2)	es gefällt
plēbs, plēbis f. (18)	(niederes) Volk
plēnus, -a, -um *(m. Gen.)* (6)	voll von
plērīque, plēraeque, plēraque (5)	die meisten
plūrēs, -a (15 Z)	mehrere
plūrimi, -ae, -a (15 Z)	sehr viele, die meisten
plūrimum posse (13)	sehr viel gelten, Macht haben
pōculum, -i n. (9)	Gefäß, Becher; Trank
poena, -ae f. (11)	Buße, Strafe
poēta, -ae **m.** (6)	Dichter
Polydōrus, -i m. (3)	Polydorus *(griech. Eigenname)*
Polyxēna, -ae f. (1)	Polyxena *(griechischer Eigenname)*
populus, -i m. (2)	Volk
porta, -ae f. (1)	Tor, Tür
posse, possum, potui (2)	können, in der Lage sein
possidēre, eo, -sēdi, -sessum (1)	besitzen
post *(Adv.)* (4)	später, danach
post *(m. Akk.)* (1)	nach; hinter
postea (7)	später
posteri, -ōrum m. (7)	Nachkommen

posterus, -a, -um	der nächste, folgende
postquam *(m. Ind. Perf.)* (3)	nachdem
postrēmo (14)	zuletzt, schließlich
postrēmus, -a, -um (15 Z)	der letzte
postulāre (14)	fordern
postulātum, -i n. (18)	Forderung; Vorschlag
potēns, potentis (9)	mächtig
potentia, -ae f. (13)	Macht
potestās, -ātis f. 6)	Amtsbefugnis, Macht; Möglichkeit
in potestatem pop. Romani redigere (10)	in die Gewalt des röm. Volkes bringen
praebēre, -eo, -ui, itum (14)	darreichen, gewähren, geben
sē praebēre, -eo, -ui, -itum (14)	sich erweisen, zeigen als
praecēdere, -o, -cessi, cessum (4)	vorangehen; übertreffen
praecipuus, -a, -um (8)	eigentümlich, außerordentlich
praeclārus, -a, -um (3)	herrlich, großartig; sehr berühmt
praeda, -ae f. (8)	Beute
praedicāre (15)	rühmend hervorheben, preisen
praedīcere, -o, -dīxi, -dictum (7 / 14)	vorhersagen, voraussagen
praeditus, -a, -um *(m. Abl.)* (15)	versehen, ausgestattet *mit etw.*
praemium, -i n. (8)	Preis, Belohnung; Beute
praesidium, -i n. (17)	Schutz; Bewachung; Besatzung
praestāns, -stantis (15)	hervorragend, ausgezeichnet
praestāre, -sto, -stiti *(m. Akk.)* (5)	erfüllen, leisten, verrichten
m. Dat.:	sich auszeichnen vor, übertreffen
m. Infin:	es ist besser
sē praestāre (15 Z)	sich erweisen, auszeichnen als
praeter *(m. Akk.)* (6)	vorüber, vorbei an; außer
praeterea (10)	außerdem
praeterīre, -eo, -ii, -itum (11)	vorbeigehen; vergehen; übergehen
prāvus, -a, -um (12)	schlecht, verkehrt, schlimm
precēs, -um f. (10)	Bitten, Gebet
prīmus, -a, -um (3)	der erste
prīma lūce (11)	mit dem ersten Licht, bei Tagesanbruch
prīmō (16)	zunächst, zuerst
prīmum (7)	zuerst; zum ersten Mal
prīnceps, -ipis (16)	der erste, führende
prīstinus, -a, -um (12)	vorig, ehemalig, früher
prīvāre *(m. abl.)* (7)	*jmd. einer Sache* berauben; rauben
prīvātus, -a, -um (18)	*subst.:* Privatmann
pro *(m. Abl.)* (13)	vor; für; anstatt; im Verhältnis zu
probāre (9)	prüfen; billigen; beweisen
procēdere, -o, -cessi, -cessum (15)	hervortreten; vorrücken
Proclus, -i m. (1)	Proclus *(griech. Eigenname)*
prōcōnsul, -is m. (10)	Prokonsul *(Verwalter einer Provinz)*
proelium, -i n. (2)	Kampf, Gefecht, Schlacht
proelium committere (5)	eine Schlacht beginnen, liefern
proelium equestre (11)	Kampf zu Pferde, Reitergefecht
proficere, -io, -fēci, -fectum (16)	Fortschritte machen, erreichen
proficīsci, -or, profectus sum (14)	aufbrechen; losmarschieren; reisen
proinde (11)	deshalb, daher
promittere, -o, -mīsi, -missum (14)	versprechen
pronuntiāre (17)	verkünden, ankündigen

prope *(m. Akk.)* (1)	nahe bei, nicht weit von; *als Adverb:* beinahe
properāre (1)	eilen; *mit Infinitiv:* sich beeilen *etw. zu tun*
propitius, -a, -um (2)	gnädig, geneigt
propius *(Adv.)* (10)	näher (an)
prosper, -a, -um (16)	günstig, glücklich, erfolgreich
prospicere, -io, spexi, -spectum (18)	sorgen für, sich kümmern um *(m. Dat.)* vorhersehen *(m. Akk.)*
prōvidēre, -eo, -vīdi, -vīsum (13 Z)	vorhersehen *(m. Akk.);* sorgen für *(m. Dat.)*
prōvincia, -ae f. (9)	Provinz
proximus, -a, -um (5)	der nächste; der letzte
prūdēns, -ntis (11)	klug, vorausschauend
prudentia, -ae f. (6)	Klugheit, Umsicht
pūblicus, -a, -um (17)	öffentlich, staatlich, im Namen des Staates
pudet me (17)	ich schäme mich
pudor, -ōris m. (15)	Scham(gefühl), Scheu; Ehrenhaftigkeit
puella, -ae f. (1)	Mädchen
puer, -i m. (3)	Junge, Knabe
pūgna, -ae f. (1)	Kampf, Schlacht
pūgnāre (1)	kämpfen
pulcher, -chra, -chrum (16)	schön
pulchritūdo, -inis f. (9)	Schönheit
punīre, -io, -īvi, -ītum (11)	bestrafen
putāre (2)	glauben; halten für

Q

quā dē causā (12)	aus diesem Grund, deswegen
quaerere, -o, quaesīvi, quaesītum (6)	suchen; fragen
quālis, -is, -e (9)	wie beschaffen
quam *(bei Vergleichen)* (9/ 15)	wie; als
quam *(m. Superl.)* (11)	möglichst
quam celerrimē (11)	möglichst schnell
quamquam (3)	obwohl, obgleich
quando (1)	wann
quantus, -a, -um (9)	wie groß
quattuor annīs ante (4)	vier Jahre zuvor
-que *(angehängt)* (5)	und
queri, -or, questus sum (12)	klagen; sich beklagen
qui, qae, quod (7)	der, die, das; welcher, welche, welches
quia (16)	weil, da ja
quid novi (est)? (1)	Was gibt es Neues?
quīdam, quaedam, quoddam *(adjekt.)* (11)	ein gewisser, bestimmter *etc.*
quīdam, quiddam *(subst.)* (11)	jemand, etwas
quīdam (11)	*im Plural:* einige, manche
quidem (4 / 13)	zwar; gewiss; jedenfalls
(e)quidem (4)	(ich) meinerseits; freilich; in der Tat
quiēs, quiētis f. (5)	Ruhe, Erholung, Schlaf
quīn etiam (14)	ja sogar
quīndecim (11)	fünfzehn
quinquaginta (14)	fünfzig
quinque (16)	fünf
Quintus (Tullius Cicero), i m. (1)	Quintus Cicero *(Bruder Ciceros)*
quis? quid? (1)	wer? was?

quisquam, quic-/dquam *(subst.)* (13)	irgendjemand, irgendetwas
quō *(m. Komp.)* (10)	(= *ut eō m. Konj.*) damit ... umso
quō (10)	wohin
quod (1)	weil; dass
quodsī (17)	aber wenn, wenn aber
quoniam (13)	weil ja, da ja
quoque *(nachgestellt)* (1)	auch
quot (9)	wie viele

R

rapere, -io, rapui, raptum (9)	rauben, mit sich reißen, ergreifen
rārus, -a, -um (12)	selten
ratio, -ōnis f. (10)	Art und Weise; Überlegung, Berechnung
recēdere, -o, -cessi, -cessum (15)	zurückweichen
rēcipere, -io, -cēpi, receptum (4)	zurücknehmen; aufnehmen, empfangen
sē recipere, -io, -cēpi, -ceptum (12)	sich zurückziehen
rēcte *(Adv.)* (6)	richtig, korrekt
recusāre (14)	ablehnen, zurückweisen; sich weigern
reddere, -o, reddidi, redditum (12)	zurückgeben; *m. doppeltem Akk.:* jmd. zu etwas machen
Caesarem sāniōrem reddere (17)	Caesar vernünftiger machen, zur Vernunft bringen
redīre, -eo, -ii, itum (3)	zurückkehren, -gehen
regere, -o, rēxi, rēctum (16)	lenken, regieren
rēgīna, -ae f. (6)	Königin
regio, -ōnis f. (5)	„Region", Gegend, Gebiet
rēgnāre (2)	König sein, herrschen über
rēgnum, -i n. (6)	(Königs)herrschaft, (König)reich
relinquere, -o, relīqui, relictum (4 / 10)	zurücklassen, verlassen; übriglassen
reliqui, -ae, -a (4)	die übrigen
reminisci, -or, **recordātus sum** (12)	sich erinnern *(im Lat. m. Genitiv!)*
repellere, -o, re**pp**uli, repulsum (11)	zurückstoßen, -drängen, vertreiben
repente *(Adv.)* (11)	plötzlich
reperīre, -io, re**pp**eri, repertum (12)	finden, ausfindig machen
reprehendere, -o, -prehendi, -prehēnsum (9)	tadeln
repugnāre (14)	Widerstand leisten
rēs, rei f. (6)	Sache, Besitz, Angelegenheit; *Pl.:* Verhältnisse, Vermögen, Lage; Taten
rēs pūblica, rei pūblicae f. (6)	Staat, Republik
rē vēra (4)	in Wirklichkeit
resistere, -o, restiti (10)	sich widersetzen, Widerstand leisten
respondēre, -eo, respondi, -spōnsum (1)	antworten, erwidern
restituere, -o, -stitui, stitūtum (18)	wiederherstellen; zurückerstatten
reverti, -or, reverti (12)	zurückkommen, zurückkehren
revocāre (5)	zurückrufen
rēx, rēgis m. (6)	König
Rhodānus, -i m. (3)	die Rhone
ridēre, -eo, rīsi, rīsum (7)	lachen
ridiculus, -a, -um (9)	lächerlich
rīvus, -i m. (17)	Bach, Strom
rogāre (1)	fragen; bitten
Rōmā *(abl. separ.)* (18)	aus, von Rom

Rōma, -ae f. (1)	Rom
Rōmae *(Lokativ)* (6)	in Rom
Rōmam (5)	nach Rom
Rōmānus, -a, -um (1)	römisch; Römer
rumpere, -o, rūpi, ruptum (18)	(zer)brechen, reißen

S

Sabīnus, -i m., Cotta, -ae m. (4)	Sabinus, Cotta *(zwei Generäle Caesars)*
sacer, -cra, -crum (8)	heilig, geweiht; verflucht
sacrificium, -i n. (6)	Opfer
saepe (2)	oft, oftmals
salūs, -ūtis f. (5)	Rettung; Wohlergehen; Begnadigung
salūtem fugā petere (10)	sein Heil in der Flucht suchen
salutāre (1)	(be)grüßen
salve! salvete! (1)	sei gegrüßt! seid gegrüßt!
salvus, -a, -um (1)	heil, gesund, unversehrt
sanguis, -inis m. (12)	Blut
sapiēns, sapientis (15)	weise, klug
sapientia, -ae f. (7)	Weisheit, Klugkeit
satis *(Adv.)* (1)	genug; genügend, ausreichend
Saturnus, -i m. (6)	Saturn *(Vorgänger Iuppiters)*
scelestus, -a, -um (12)	verbrecherisch
scelus, -eris n. (4)	Verbrechen
scīre, -io, scīvi, scītum (4)	wissen, kennen
scīlicet (4)	*(es ist erlaubt zu wissen)* natürlich *(ironisch)*
scrībere, -o, scrīpsi, scrīptum (4 / 16)	schreiben
scūtum, -i n. (5)	(der) Schild
sē (4)	sich; *Formen von* er, sie es *im AcI*
secundus, -a, -um (16)	der zweite
sed (2)	aber; sondern
sedāre (10)	beruhigen; stillen
sedēre, -eo, sēdi (4)	sitzen
semper (2)	immer
senātor, -ōris m. (14)	Senator
senātus, -ūs m. (14)	Senat
senātu movēre (15)	aus dem Senat ausschließen
senātum habēre (18)	eine Senatssitzung abhalten
sententia, -ae f. (4)	Meinung, Ansicht; Beschluss; Satz
meā sententiā (4)	meiner Meinung nach
sentīre, -io, sēnsi, sēnsum (10)	fühlen; bemerken; erkennen; meinen
Sequani, -ōrum m. (3)	die Sequaner
sequi, -or, secūtus sum *(m. Akk.)* (13)	folgen; verfolgen
sermō, -ōnis m. (5)	Gespräch, Unterhaltung
serva, -ae f. (1)	Sklavin
servāre (2)	retten; bewahren
servus, -i m. (1)	Sklave, Knecht
sēsē (11)	= sē
sevērus, -a, -um (11)	streng, ernst; hart, grausam
sextus, -a, -um (10)	der sechste

sī (2)	wenn, falls
sī modō (16)	wenn nur
sibi *(Dat.)* (7)	sich, für sich
sīc (9)	so
sīgnum, -i n. (15)	Zeichen; Feldzeichen
silentium, -i n. (11)	(Still)schweigen
silva, -ae f. (4)	Wald
similis, -is, -e (9)	ähnlich
sine *(m. Abl.)* (6)	ohne
sinere, -o, sīvi, situm (12)	lassen; zulassen
singulāris, -is, -e (10)	einzeln; einzigartig, ausgezeichnet
singulus, -a, -um (14)	einzeln
sitis, -is f. (10)	Durst
situs, -a, -um (1)	gelegen, befindlich
sīve ... sīve (15)	sei es (dass) ... sei es (dass)
socius, i m. (7)	Gefährte, Freund; Bundesgenosse
solēre, -eo, solitus sum (10)	gewohnt sein, pflegen *etw. zu tun*
sōlus, -a, -um *(sōlīus; sōli)* (10)	allein, einzig, nur
somnium, -i n. (18)	Traum
somnus, -i m. (18)	Schlaf
soror, -ōris f. (10)	Schwester
spatium, -i n. (18 Z)	Raum, Abstand, Entfernung; Zeit
speciēs, -ēi f. (18)	Anblick, Gestalt, Aussehen; Anschein
spectāre (6)	betrachten
spērāre (18)	hoffen, erwarten
spēs, spei f. (8)	Hoffnung
spirāre (16)	atmen
stabulum, -i n. (3)	Stall
stāre, stō, steti (3)	stehen; bestehen
statim (2)	sofort, auf der Stelle
statua, -ae f. (16)	Statue
statuere, -o, statui, statūtum (17)	festsetzen, -legen; beschließen; glauben
stipendium, -i n. (18 Z)	Sold
studēre, -eo, studui *(m. Inf.)* (5)	sich bemühen, streben; etwas betreiben
sub *(m. Abl.)* (13)	unter; unterhalb von; *(zeitl.)* gegen, um
subicere, -io, -iēci, -iectum (17)	unterwerfen
subigere, -o, -ēgi, -āctum (4 / 16)	unterwerfen
subīre, -eo, -ii, -itum (11)	unter etw. gehen; auf sich nehmen
subito (1)	plötzlich
subsidium, -i n. (18 Z)	Hilfe, Unterstützung, Verstärkung
succēdere, -o, successi, -cessum (18 Z)	nachrücken
succurrere, -o, -curri, -cursum (18)	zu Hilfe eilen, helfen
summus, -a, -um (4)	der höchste, größte, oberste
superāre (2)	übertreffen; besiegen
superbia, -ae f. (9)	Stolz; Hochmut, Überheblichkeit
superbus, -a, -um (7)	stolz; überheblich, anmaßend
superior, superius, *Gen.* -iōris (8)	höher gelegen; überlegen
suppliciter *(Adv.)* (9)	demütig, bittflehend
supplicium, -i n. (9)	Bitten, Flehen; (Todes)strafe, Hinrichtung
supra (15 Z)	oberhalb
suprēmus, -a, -um (15 Z)	der oberste, höchste, letzte
surgere, -o, surrēxi, -rēctum (13)	aufstehen, sich erheben

suscipere, -io, -cēpi, -ceptum (12) — unter-, übernehmen, auf sich nehmen
suspicere, -io, -spexi, -spectum (17) — argwöhnen, vermuten
sustinēre, -eo, -tinui, -tentum (12) — aushalten, ertragen; standhalten
suus, -a, -um (1) — sein, ihr
sua *(neutr. plur.)* (13) — das Seinige, Ihrige; seine, ihre Interesse
sui, -ōrum m. (18) — seine, ihre Leute; die Seinigen, Ihrigen

T

tacēre, -eo, tacui, -itum (1 / 10) — schweigen, nicht reden, still sein
tālis, -is, - (9) — solch, so beschaffen
tam (9) — so, in solchem Maße
tamen (3) — dennoch
tamquam (8) — gleichsam; als ob
tandem (1) — endlich, schließlich
tantopere (16) — so sehr
tantum *(nachgestellt)* (4) — nur
tantus, -a, -um (1) — so groß
taurus, -i m. (9) — Stier
tē (1) — dich
tēcum (3) — mit dir
tēlum, -i n. (3) — Wurfgeschoss, Pfeil
tempestās, -ātis f. (12) — Sturm; Zeit
templum, -i n. (6) — Tempel
tempus, -oris n. (5) — Zeit(punkt); Gelegenheit; *Pl.:* Lage
tenēre, -eo, -ui, tentum (18) — haben, (fest)halten
terere, -o, trīvi, trītum (9) — reiben, abnutzen; vergeuden
(per)terrēre, -eo, -ui, territum (10) — jmd. erschrecken
tergum, -i n. (10) — Rücken
terra, -ae f. (10) — Erde, Land
tibi (2) — dir
timēre, -eo, timui (2) — (be)fürchten, sich fürchten
timēre *(m. Dat.)* (16) — fürchten um, für
timēre, nē *(m. Konj.)* (13) — fürchten, **dass**
timidus, -a, -um (10) — ängstlich, furchtsam, schüchtern
timor, -ōris m. (8) — Furcht; Besorgnis
tolerāre (16) — erdulden, ertragen, aushalten
tollere, -o, sustuli, sublātum (18) — aufheben; emporheben; beseitigen
torquis (torquēs), -is m. / f. (15) — Halskette
tot *(indekl.)* (2) — so viele
tōtus, -a, -um *(tōtīus, tōti)* (2) — ganz, gesamt
trādere, -o, -didi, -ditum (5) — überliefern; übergeben, ausliefern; berichten
tradūcere, -o, -dūxi, -ductum (17) — hinüberführen; jmd. übersetzen
trāicere, -io, -iēci, -iectum (17) — hinüberbringen, -schaffen; durchbohren
transfīgere, -o, -fixi, -fixum (15) — durchbohren
trānsīre, -eo, -ii, -itum (3 / 16) — überqueren, -schreiten, hinübergehen
trepidus, -a, -um (9) — ängstlich, furchtsam
tribuere, -o, tribui, tribūtum (18) — teilen, zuteilen, verteilen
tribūnus, -i m. (12) — Tribun
tribūnus plebis (16) — Volkstribun
triclinium, -i n. (2) — Triklinium, Speiseraum
triginta (14) — dreißig
trīstis, -is, -e (11) — traurig; betrüblich, schmerzlich

triumphāre (9)	triumphieren; einen Triumphzug feiern
triumphus, -i m. (8)	Triumphzug, Triumph
tubam canere (17)	die Tuba, Kriegstrompete blasen
tum (1)	da, dann, damals, darauf
tum ... tum (17)	bald ... bald
tumultus, -ūs m. (18)	Aufruhr, Aufstand
turba, -ae f. (18)	Schar, Menge
tunc (5)	dann, darauf
turpis, -is,- e (11)	hässlich, schändlich
tūtus, -a, -um (9)	sicher, geschützt
in tūtō esse (9)	in Sicherheit sein
tuus, -a, -um (3)	dein
tyrannus, -i m. (18)	Tyrann, Gewaltherrscher

U

ubi *(m. Ind. Perf.)* (7)	sobald
ubi (1)	wo
ulcīsci, -or, ultus sum (14)	bestrafen; sich rächen
ultra (15 Z)	jenseits
unus, -a, -um *(unius, uni)* (3)	ein (einziger)
unā ex parte (11)	**auf, an** der einen Seite
unda, -ae f. (10)	Welle, Woge
unde (17)	woher
undique (5)	von allen Seiten, von überall her
urbs, urbis f. (6)	Stadt *(oft synonym für Rom)*
ut *(m. Konj.)* (13)	dass; so dass; damit
ut ita dicam (17)	um es so zu sagen, formulieren
ut *(m. Ind.)* (2)	wie
uter, utra, utrum *(utrius, utri)* (13)	welcher, wer von beiden
uterque, utraque, utrumque (10) *(Gen.: utriusque; Dat.: utrique)*	jeder (von beiden), beide
ūti, -or, ūsus sum *(m. Abl.)* (12)	gebrauchen, benutzen; genießen
ūtilis, -is, -e (18)	brauchbar, tauglich; nützlich, vorteilhaft
utinam (12)	o wenn doch, o dass doch

V

vagāri (15)	umherschweifen, -ziehen
valde *(Adv.)* (3)	sehr
vale! (3)	lebe wohl!
valēre, -eo, -ui (1 / 16)	gesund, stark sein; gelten
minus valēre (16)	weniger gelten / Einfluss haben/ wert sein
nihil valēre (16)	keine Geltung haben, nichts wert sein
vallēs, -is f. (8)	Tal
vallum, -i n. (5)	Wall, Verschanzung
vehemēns, -ntis (9)	leidenschaftlich, heftig
vehementer *(Adv.)* (10)	leidenschaftlich, heftig
vel potius (6)	oder vielmehr *(berichtigend)*
velle, volo, volui (16)	wollen
venerātio, -onis f. (8)	Verehrung, Respekt
venia, -ae f. (11)	Gnade, Verzeihung
venīre, -io, vēni, ventum (1)	kommen

Vokabeln, alphabetisch

Venus, -eris f. (9)	Venus *(Göttin der Liebe)*
verbum, -i n. (2)	Wort; Ausspruch
vēro (5)	wirklich, tatsächlich; *nachgest.:* aber
versāri (16)	sich aufhalten, kreisen
vērus, -a, -um (4)	wahr, echt, wirklich; aufrichtig
vester, -tra, -trum (16)	euer
vestis, -is f. (14)	Gewand, Kleidung
vetāre, -o, vet**ui**, vet**itum** (11)	verbieten
via, -ae f. (8)	Weg, Straße
via sacra (8)	die heilige Straße
victōria, -ae f. (4)	Sieg
victūrus, -a, -um (18)	*Part. Fut. Akt. von* vīvere – leben
vīcus, -i m. (16)	Dorf
vidēre, -eo, vīdi, vīsum (1)	sehen, erblicken
vidēri, -eor, vīsus sum (15)	scheinen
vigilāre (1)	wachsam sein, wachen; wach sein
vigilia, ae f. (18 Z)	Wache, Posten; Nachtwache
viginti (14)	zwanzig
villa, -ae f. (3)	Landhaus, Landgut
vincere, -o, vīci, victum (4 / 7)	(be)siegen; übertrefffen
vīnum, -i n. (2)	Wein
vir, -i m. (2)	Mann
virgo, -inis f. (10)	junges Mädchen, Jungfrau
virtūs, -ūtis f. (10)	Tapferkeit; Tüchtigkeit,Tatkraft; Tugend
vīs, vim, vī f. *(Pl. vīrēs)* (9)	Kraft, Gewalt; *Plur.:* Kräfte
vīta, -ae f. (2)	Leben
vītāre *(m. Akk.)* (2)	(ver)meiden, ausweichen
vituperāre *(vgl. vitium, i n.)* (17)	tadeln, bemängeln
vīvere, -o, vīxi (6)	leben
vix (14)	kaum, gerade nach, mit Mühe
vōbis (1)	euch *(Dat.)*
vocāre (1)	rufen; nennen
voluntās, -ātis f. (11)	Wille, Wunsch, Entschluss; Genehmigung
vōx, vōcis f. (17)	Stimme; Wort, Begriff
magnā vōce (17)	mit lauter Stimme
vōs (2)	ihr; euch *(Akk.)*
vulnerāre (2)	verwunden, verletzen
vulnus, -eris n. (4)	Wunde, Verwundung

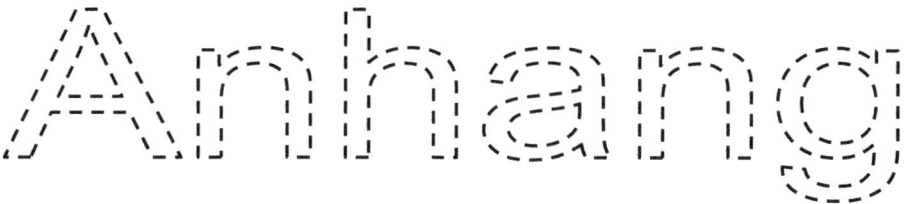

INHALT

1) Konjugationen – Tabellen 2
2) Übersicht über die Infinitive und Partizipien 4
3) Tafel der Deklinationen 5
4) Übersicht über die dritte Deklination 6
5) Die Superlative der Adjektive 7
6) Die Verwendung des Adjektivs *(als Attribut u. Prädikatsnomen)* 8
7) Prädikatsnomen als notwendige Ergänzungen zu *esse* 10
8) Attribut, *praedicativum*, Adverbiale, Prädikatsnomen 11
9) Das *praedicativum (Wortarten/Verwendung)* 12
10) Das Adverbiale – Anwendungsmöglichkeiten 13
11) Partizipialkonstruktionen – Übungssätze 14
12) Wichtige Indefinitpronomina 15
13) Kasusfunktionen: Genitiv, Dativ, Ablativ 16
14) Der verschränkte Relativsatz 22
15) Der Gebrauch des Konjunktivs... 24
16) Verbformen ohne Zeitstufe/ *consecutio temporum* 27
17) *coniunctivus obliquus* – indirekte Rede 28
18) Übersetzungstechniken 31
19) Relativsätze mit adverbialem Nebensinn 32
20) Gerundium – Gerundiv, Überblick 33
21) Die Präfixe 34
22) Register zu Formenlehre, Syntax 36
23) Lösungen zu den Übungen und Übungssätzen 38
24) Der Blick in die Zukunft – ein Originaltext 57

TAFEL DER KONJUGATIONEN I

1) Die a- und e-Konjugation

STÄMME	PRÄSENSSTAMM					
	INDIKATIV					
	PRÄSENS		IMPERFEKT		FUTUR I	
	Aktiv	Passiv	Aktiv	Passiv	Aktiv	Passiv
voca**-	-o	-or	-ba-m	-ba-r	-b-o	-b-or
mone-	-s	-ris	-ba-s	-bā-ris	-b-is	-b-eris
	-t	-tur	-ba-t	-bā-tur	-b-it	-b-itur
	-mus	-mur	-bā-mus	-bā-mur	-b-imus	-b-imur
	-tis	-mini	-bā-tis	-bā-mini	-b-itis	-b-imini
	-nt	-ntur	-ba-nt	-ba-ntur	-b-unt	-b-untur

** Bei der ersten Person Singular Präsens Aktiv und Passiv wird das -a- des Stammes verschluckt, *also:* voco, vocor.

2) Die restlichen Konjugationen

STÄMME	PRÄSENSSTAMM					
	INDIKATIV					
	PRÄSENS		IMPERFEKT		FUTUR I	
	Aktiv	Passiv	Aktiv	Passiv	Aktiv	Passiv
audi-	-o	-or	-ē-ba-m	-ē-bar	-am	-ar
dic- (*i*)	-s	-ris	-ē-bā-s	-ē-bāris	-ēs	-ēris
cap- i	-t	-tur	-ē-ba-t	-ē-bātur	-et	-ētur
dicere *nur im*	-mus	-mur	-ē-bā-mus	-ē-bāmur	-ēmus	-ēmur
Präsens	-tis	-mini	-ē-bā-tis	-ē-bāmini	-ētis	-ēmini
mit Bindevokal -i-	-unt	-untur	-ē-ba-nt	-ē-bantur	-ent	-entur
außer: dico, dicunt						
diceris. *So auch:*						
caperis.						

STÄMME		PRÄSENSSTAMM				
		KONJUNKTIV				
		PRÄSENS		IMPERFEKT		Besondere Formen
		Aktiv	Passiv	Aktiv	Passiv	* *bei vocare entfällt im Präsens*
voca*-	+ e	-m	-r	-rem	-rer	*das -a-:* vocem / r, vocēs / ris
mone-	+ a	-s	-ris	-rēs	-rēris	* *im Imperfekt der* <u>kons. Konjug.</u>
audi-	+ a	-t	-tur	-ret	-rētur	*tritt -e- als Bindevokal hinzu*
dic- (*e*)*	+ a	-mus	-mur	-rēmus	-rēmur	dicerem / r, diceres *etc:*
cap- i*	+ a	-tis	-mini	-rētis	-rēmini	* *-e- statt -i- bei der* <u>kurzvokal.</u>
		-nt	-ntur	-rent	-rentur	<u>Konjugation</u> *im Imperfekt:*
						caperem / r *etc.*

TAFEL DER KONJUGATIONEN II

STÄMME	PERFEKTSTAMM AKTIV					
	PERFEKT		PLUSQUAMPERFEKT		FUTUR II	
	Indikativ	*Konjunktiv*	*Indikativ*	*Konjunktiv*	*(Indikativ)*	
vocav-	-i	-erim	-eram	-issem	-ero	
monu-	-isti	-eris	-erās	-issēs	-eris	
audiv-	-it	-erit	-erat	-isset	-erit	
dix-	-imus	-erimus	-erāmus	-issēmus	-erimus	
cep-	-istis	-eritis	-erātis	-issētis	-eritis	
	-ērunt	-erint	-erant	-issent	-erint	

	PERFEKTSTAMM PASSIV					
	PERFEKT		PLUSQUAMPERFEKT		FUTUR II	
Part. Perf. Pass.	*Indikativ*	*Konjunktiv*	*Indikativ*	*Konjunktiv*	*(Indikativ)*	
vocātus, a, um;	sum	sim	eram	essem	ero	
monitus; audītus	es	sīs	erās	essēs	eris	
dictus; captus	est	sit	erat	esset	erit	
vocāti, ae, a; mo-	sumus	sīmus	erāmus	essēmus	erimus	
niti; audīti; dicti;	estis	sītis	erātis	essētis	eritis	
capti	sunt	sint	erant	essent	erunt	

P.P.P. + Formen von esse = Passiv des Perfekts, Plusquamperfekts und Futur II.

Die Imperative der zweiten Person Singular Aktiv:

amāre	monēre	audīre	relinquere	capere
voca!	mone!	audi!	relinque*!	cape!
vocāte!	monēte!	audīte!	relinquite!	capite!

Ausnahmen: Imperative Singular von dicere, ducere, facere, ferre → **dic! duc! fac! fer!**

Die Imperative der Deponentien:

hortari	**fatēri**	**partīri**	**sequi**	**pati**
(auffordern)	(bekennen, sagen)	(teilen)	(folgen)	(erdulden)
hortāre!	fatēre!	partīre!	sequere!	patere!
hortāmini!	fatēmini!	partīmini!	sequimini!	patimini!

Infinitive und Partizipien – Ein Überblick

Infinitiv Präsens		Infinitiv Perfekt		Infinitiv Futur	
AKTIV	PASSIV	AKTIV	PASSIV	AKTIV	PASSIV
vocāre	vocāri	vocavisse	vocātum esse	vocatūrum esse	vocātum iri
monēre	monēri	monuisse	monitum esse	monitūrum esse	monitum iri
audīre	audīri	audivisse	audītum esse	auditūrum esse	audītum iri
dicere	duci	dixisse	dictum esse	dictūrum esse	dictum iri
capere	capi	cepisse	captum esse	captūrum esse	captum iri

Partizip Präsens	Partizip Perfekt	Partizip Futur
AKTIV	PASSIV	AKTIV
vocāns, -ntis	vocātus, a, um	vocatūrus, a, um
monēns, -ntis	monitus, a, um	monitūrus, a, um
audiēns, -ntis	audītus, a, um	auditūrus, a, um
dicēns, -ntis	dictus, a, um	dictūrus, a, um
capiēns, -ntis	captus, a, um	captūrus, a, um

Der Infinitiv Futur Passiv bleibt unverändert.
Bei den Infinitiven Perfekt Passiv und Futur Aktiv richtet sich das Partizip nach dem Subjekt bzw. Subjektsakkusativ, z. B:

    Caesar vidit sarcinas Romanorum in unum locum collatas esse. (AcI)
    Caesar sah, dass das Gepäck der Römer an einem Ort zusammengebracht worden war.
    Caesar cognoverat consilia de bello inita esse. (AcI)
    Caesar hatte erfahren, dass Pläne hinsichtlich eines Kriegs gefasst worden waren.
    Gallia subacta esse videtur. (NcI) – Gallien scheint unterworfen worden zu sein.
    Apparuit Vercingetorigem bellum facturum esse. (AcI)
    Es war offensichtlich, dass Vercingetorix Krieg beginnen wollte.
    Omnes sciebant coniurationem esse factam. (AcI)
    Alle wussten, dass eine Verschwörung angezettelt worden war.
    Apparuit cives cum civibus pugnaturos esse. (AcI)
    Es war offensichtlich, dass Bürger mit Bürgern kämpfen würden.
    Caesar vidit hostes repulsos esse. (AcI)
    Caesar sah, dass die Feinde zurückgeschlagen worden waren.

TAFEL DER DEKLINATIONEN

a-Deklination	o-Deklination		e-Deklination	u-Deklination
	masculina	*neutra*		
SINGULAR	SINGULAR	SINGULAR	SINGULAR	SINGULAR
serva	servus	oppidum	diēs	casus
servae	servī	oppidī	diēī	casūs
servae	servō	oppidō	diēī	casuī
servam	servum	oppidum	diem	casum
a servā	servō	in oppidō	diē	casū
serva	serve	(oppidum)	(diēs)	(casus)
PLURAL	PLURAL	PLURAL	PLURAL	PLURAL
servae	servī	oppida	diēs	casūs
servārum	servōrum	oppidōrum	diērum	casuum
servīs	servīs	oppidīs	diēbus	casibus
servās	servōs	oppida	diēs	casūs
a servīs	a servīs	in oppidīs	diēbus	casibus
servae	servī	(oppida)	(diēs)	(casūs)

DIE DRITTE DEKLINATION					
konsonantische Deklination		Mischgruppe		i-Deklination	
masc. / fem.	*neutra*	*auf -es / -is*	*ungleichsilbige*	*masc. / fem.*	*neutra*
SINGULAR	SINGULAR	SINGULAR	SINGULAR	SINGULAR	SINGULAR
rēx	corpus	nāvis	mōns	turris	mare
rēgis	corporis	nāvis	montis	turris	maris
rēgī	corporī	nāvī	montī	turrī	marī
rēgem	corpus	nāvem	montem	turr**im**	mare
a rēg**e**	corpor**e**	nāv**e**	in monte	in turr**i**	in mar**i**
rēx	(corpus)	(nāvis)	(mōns)	(turris)	(mare)
PLURAL	PLURAL	PLURAL	PLURAL	PLURAL	PLURAL
rēgēs	corpor**a**	nāvēs	montēs	turrēs	mar**ia**
rēg**um**	corporum	nāv**ium**	mont**ium**	turr**ium**	mar**ium**
rēgibus	corporibus	nāvibus	montibus	turribus	maribus
rēgēs	corpor**a**	nāvēs	montēs	turrīs (-ēs)	mar**ia**
a rēgibus	corporibus	nāvibus	in montibus	in turribus	in maribus
rēgēs	(corpora)	(nāvēs)	(montēs)	(turrēs)	(maria)

Part. Präsens Aktiv *(als weiteres Beispiel für die Mischgruppe)*					
Sing. m.	Sing. f.	Sing. n.	Plur. m.	Plur. f.	Plur. n.
dicēns	dicēns	dicēns	dicentēs	dicentēs	dicentia
dicentis	dicentis	dicentis	dicentium	dicentium	dicentium
dicentī	dicentī	dicentī	dicentibus	dicentibus	dicentibus
dicentem	dicentem	dicēns	dicentēs	dicentēs	dicentia
dicente	dicente	dicente	dicentibus	dicentibus	dicentibus

Übersicht über die Dritte Deklination

I   Die konsonantische Gruppe

`-e  -a  -um`

1) SUBSTANTIVE

a) mascul. und fem.:   *imperator, -oris; rēx, -gis; consul ,-is; aetas, -ātis; virtūs, -ūtis*
b) neutrum: *corpus, -oris; scelus,- eris; carmen, -inis*

2) ADJEKTIVE

a) mit **einer** Endung: *dives, -itis; pauper, -eris; vetus, -eris*
b) alle Komparative: *longior, longius; maior, maius*

II   Die Mischgruppe

`-e  -ia (-a)  -ium`

1) SUBSTANTIVE

a) gleichsilbige auf **-ēs** und **-is**:   *cladēs, -is; hostis, -is; nāvis, -is*
b) ungleichsilbige: *ars, artis; mōns, montis; nox, noctis*
   (Stamm endet auf <u>zwei</u> Konsonanten)

2) PARTIZIPIEN

a) Partizip Präsens Aktiv: *vocāns, -ntis; monēns, -ntis; audiēns, -ntis; dicēns, -ntis; capiēns, -ntis*

III   Die i-Stämme

`-i  -ia  -ium`

1) REINE i-STÄMME:

a) Substantive, femininum: *turris, sitis, vis, febris, securis*   ➢ Akkus.: **-im**
b) Substantive, neutrum: *exemplar, mare, animal, moenia*

2) ADJEKTIVE

a) **drei**endig: *celer, celeris, celere*
b) **zwei**endig: *brevis, -is, -e; nōbilis, - is, -e*   ⎫
c) **ein**endig: *audāx*, Gen.: *audācis; sapiēns, -ntis; prudēns, -ntis*   ⎬ Akkus.: **-em**

Superlativ der Adjektive

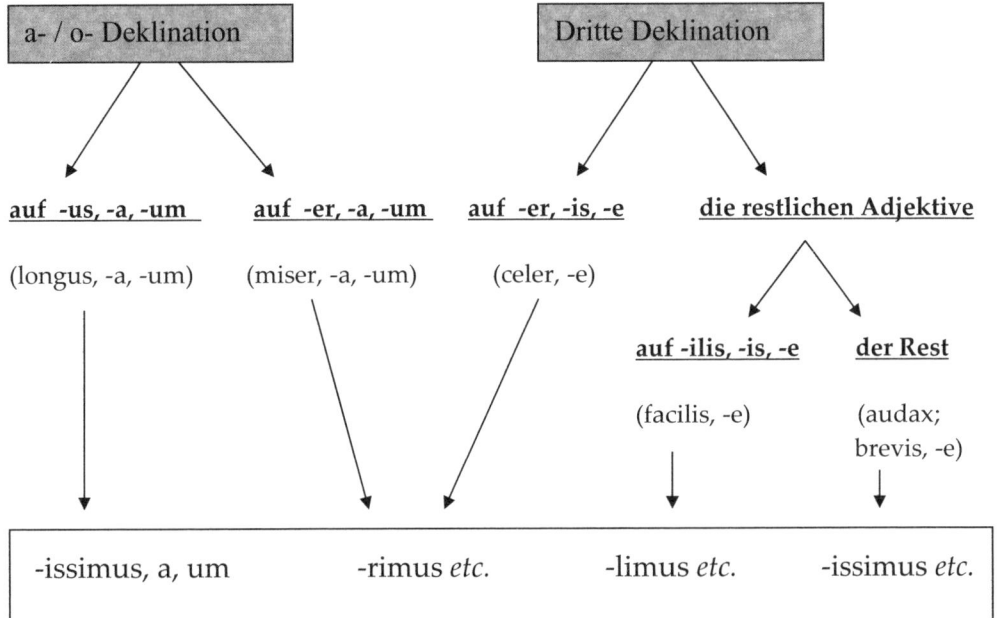

Anmerkungen:

- Die Adjektive auf -is *etc.*, deren Superlativ auf **-limus** *etc.* endet, sind relativ wenige:
  humilis *etc.* – niedrig; similis *etc.* – ähnlich; dissimilis *etc.* – unähnlich; facilis *etc.* – leicht; difficilis *etc.* – schwierig.

- Adjektive der **o-** und **a**-Deklination, deren Stamm auf <u>zwei</u> Vokale endet, z. B.: ard**uu**s (steil, schwierig); idon**eu**s (geeignet), werden unter Beibehaltung der Grundform mit **magis** *(Komparativ)* und **maxime** *(Superlativ)* gesteigert:
  arduus → magis arduus → maxime arduus

  z. B.:   Locus magis idoneus deligitur.   Ein geeigneterer Platz wird ausgewählt.
  iter maxime arduum facere   eine sehr anstrengende Reise unternehmen

- vetus, veteris (alt) wird vetustior, -ior, -ius, vetustissimus, -a, -um gesteigert.

- benévolus *etc.* (wohlwollend): benevolentior *etc.*, benevolentissimus *etc.*

- Darüber hinaus gibt es Adjektive, deren Steigerungsformen unterschiedliche Stämme besitzen, *s. Lektion 15, S. 116*.

Die Verwendungsmöglichkeiten des Adjektivs

1) als Attribut:

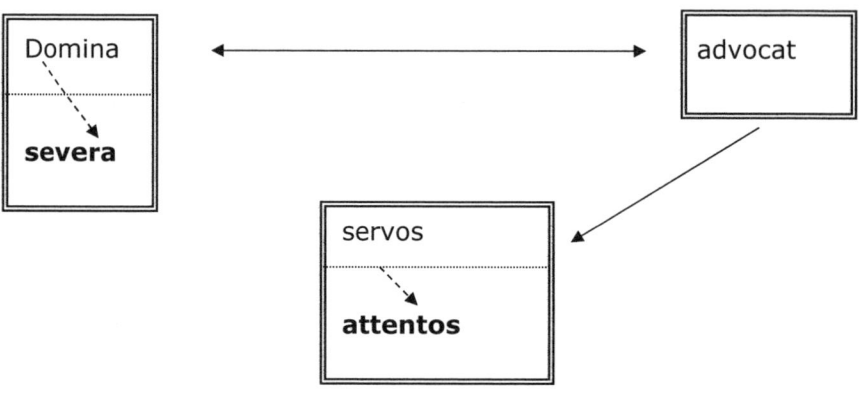

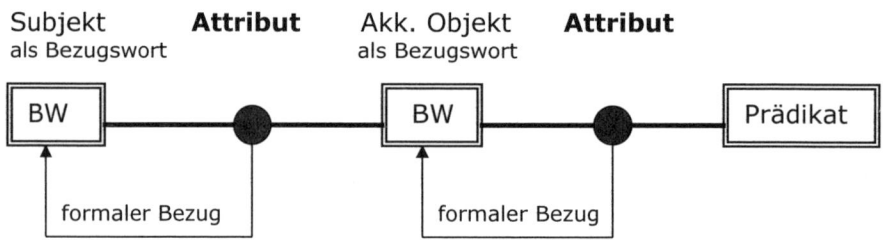

Formal richtet sich Adjektivattribut in Kasus, Numerus und Genus nach seinem Bezugswort = **K**(asus)**N**(umerus)**G**(enus)-**Kongruenz**.
Durch ein solches Adjektiv wird das Bezugswort näher beschrieben.

Übersetzung: Die **strenge** Herrin ruft die **aufmerksamen** Sklaven herbei.

Adjektivattribute können jedes Satzglied (außer dem Prädikat) erweitern und es dadurch beschreiben:

Caesar, ille **fortissimus** dux, **paucis** cum militibus rivum **parvum** transiit et **incredibili** celeritate oppidum hostium **ferocium** occupavit.

Caesar, jener **äußerst tapfere** Feldherr, überquerte mit **wenigen** Soldaten einen **kleinen** Fluss und besetzte mit **unglaublicher** Schnelligkeit die Stadt der **wilden** Feinde.

2) Adjektiv als Prädikatsnomen:

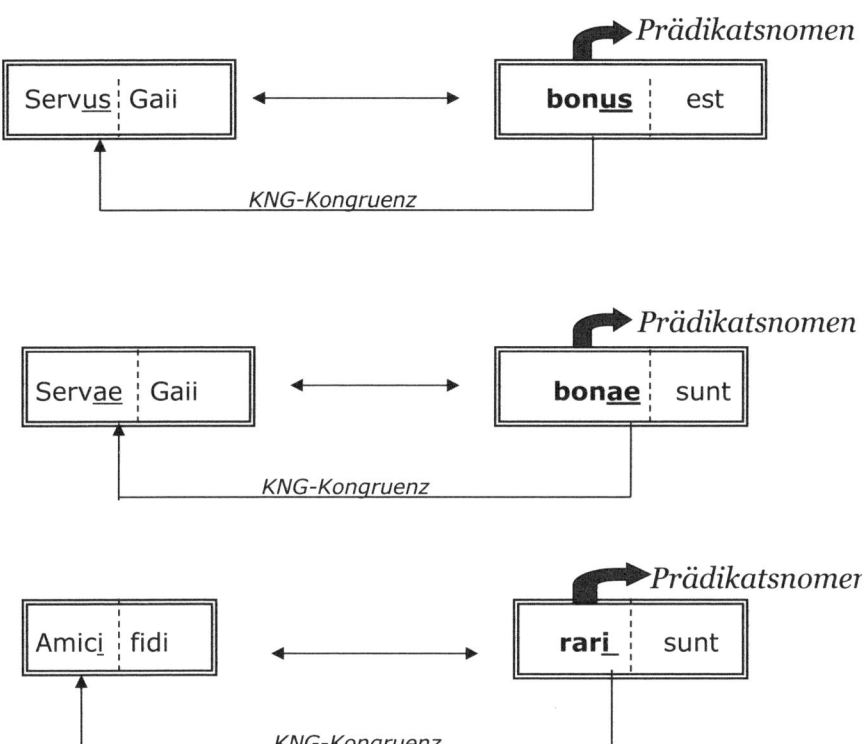

Übersetzungen: Der Sklave des Gaius ist **gut**.
Die Sklavinnen des Gaius sind **gut**.
Treue Freunde sind **selten**.

Das Prädikatsnomen kann auch von einem Substantiv gestellt werden:

Calpurnia **uxor** Caesaris est.	Calpurnia ist **die Frau** Caesars.
Caesar **imperator** clarus est.	Caesar ist **ein** berühmter **Feldherr**.
Iter arduum erat.	Der Weg war steil

Adjektive, besonders aber Substantive, müssen sich nicht immer in Kasus, Numerus und Genus nach ihrem Bezugswort richten. Sie können in <u>allen</u> Kasus erscheinen, je nach der semantischen Funktion des Prädikatsnomens.
Beispiele dazu finden Sie auf der folgenden Seite 10.

** *Zum Adjektiv als **praedicativum** s. u. S.11 und 12.*

Prädikatsnomina – notwendige Ergänzungen zu *esse*

Prädikatsnomina als Ergänzungen zum Hilfsverb *esse* sind immer syntaktisch notwendig; diese Prädikatsnomina können in jedem Kasus erscheinen.

1)   Im Nominativ bzw. Akkusativ

Hierbei ist zumeist die KNG-Kongruenz maßgeblich (s. a. ACI-Konstruktionen):

Marcus *mercator* est.	Markus ist ein Kaufmann.
Nonnullae arbores *altae* sunt.	Manche Bäume sind hoch.
Flumen *transitum* erat.	Der Fluss war überschritten worden.

2)   Im Genitiv

a)   als gen. possessivus:

Res publica *omnium civium* sit	Der Staat soll allen Bürgern gehören!
Magistratuum est saluti civium consulere.	Es ist Pflicht/Aufgabe der Behörden, für das Wohlergehen der Bürger zu sorgen.

b)   als gen. qualitatis:

Nonnulli philosophi non solum *maximi ingenii*, sed etiam *summae pietatis* erant.	Einige Philosophen waren nicht nur äußerst geistvoll, sondern auch sehr fromm.

c)   als gen. pretii:

Vita servorum *parvi* erat.	Das Leben der Sklaven war wenig wert.

3)   Im Dativ

a)   als dat. possessivus:

Homini soli ratio est.	Einzig der Mensch besitzt Vernunft.

b)   als dat. finalis:

Consulatus Ciceroni *magnae laudi* fuit.	Das Konsulat verhalf Cicero zu großer Anerkennung („gereichte... zu...").

4)   Im Ablativ

a)   als abl. qualitatis:

Milites *summa virtute* erant.	Die Soldaten waren äußerst tapfer.

b)   als abl. loci / bzw. separativus:

Marcus *in oppido* est.	Marcus ist in der Stadt.
Cicero *a partibus* Pompeii fuit.	Cicero stand auf Seiten des Pompeius.

Einige Satzglieder und ihre Füllungsarten

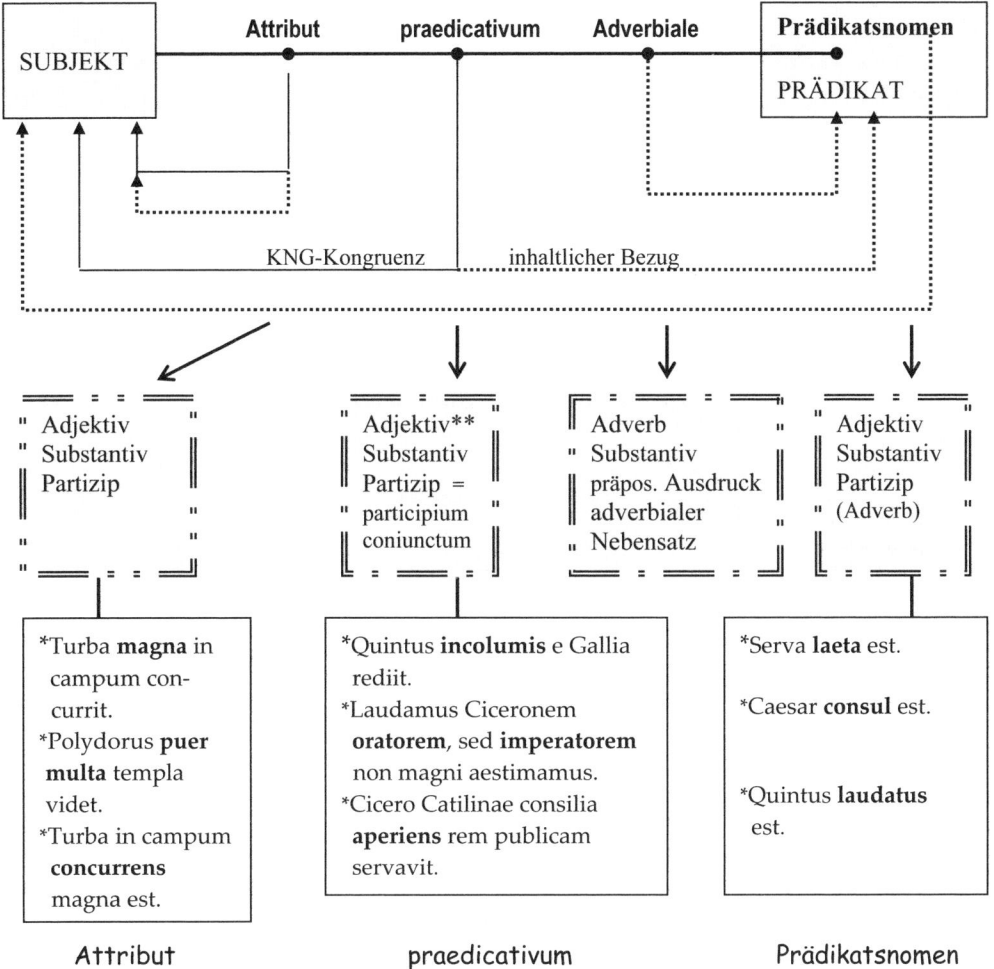

Angaben:
1) turba, -ae f. – Schar, Menge
2) campus, -i m. – (Mars)feld
3) magni aestimare – hochschätzen
4) aperire – aufdecken

Übersetzungen: Eine große Menge strömt auf das Marsfeld. – Der Junge Pol. sieht viele Tempel. – Die Menge, die auf das Marsfeld strömt, ist groß. – Quintus kehrte wohlbehalten aus Gallien zurück. – Wir loben Cicero als Redner, aber als Feldherrn schätzen wir ihn nicht hoch. – Cicero rettete den Staat, indem er Catilinas Pläne aufdeckte. – Die Sklavin ist froh. – Caesar ist Konsul. – Quintus ist gelobt worden.

→ Der Bezug der obigen Satzglieder <u>zum Subjekt</u> ist nur als Beispiel ausgewählt; natürlich können sich Attribute und praedicativa auch auf Akkusativ- und Dativobjekte beziehen.
→ Auch Pronomina und Ordinalzahlen können als praedicativum verwendet werden.

Das praedicativum – Ein „Mischwesen"

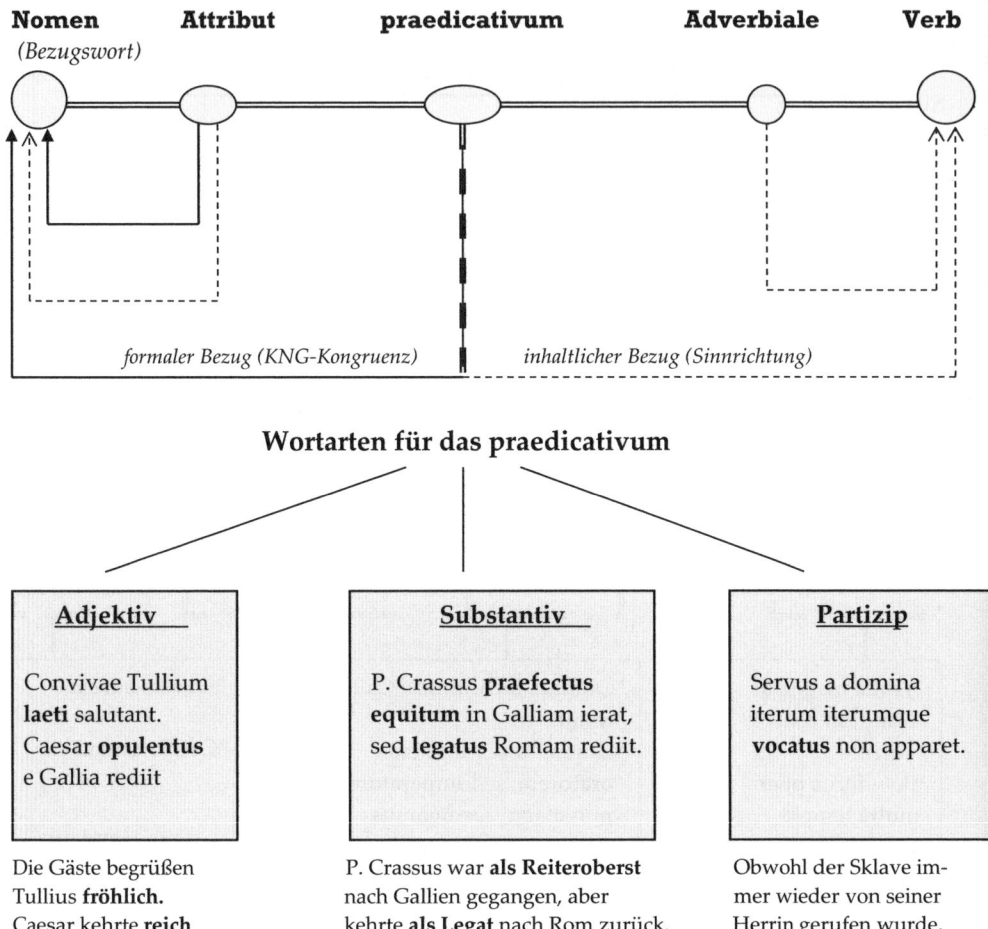

- Das praedicativum hat die **formalen** Eigenschaften eines Attributs und die **inhaltlichen** einer adverbialen Bestimmung (= eines Adverbiales).

- **Formal** richtet sich das praedicativum nach seinem Bezugswort; es ist deshalb nicht von einem Adjektivattribut zu unterscheiden. *Das Bezugswort kann in jedem Kasus stehen!*

- **Inhaltlich** erfüllt das praedicativum die Funktion eines Adverbiales: Durch das praedicativum erfahren wir, **wie** sich die durch das Verb ausgedrückte Handlung abspielt. Auch Pronomina und Ordinalzahlen können ein praedicativum sein. Wird ein <u>Partizip</u> als praedicativum (= **participium coniunctum**) verwendet, dann bietet sich ein adverbialer Nebensatz als Übersetzung an *(vgl. folgende Seite)*.

Das Adverbiale - Anwendungsmöglichkeiten

Adverbialia sind Satzglieder, die eine Verbform, besonders das Prädikat, erläutern. Sie enthalten Umstands-, Orts- oder Zeitangaben. Es gibt folgende Füllungsarten dieses Satzglieds:

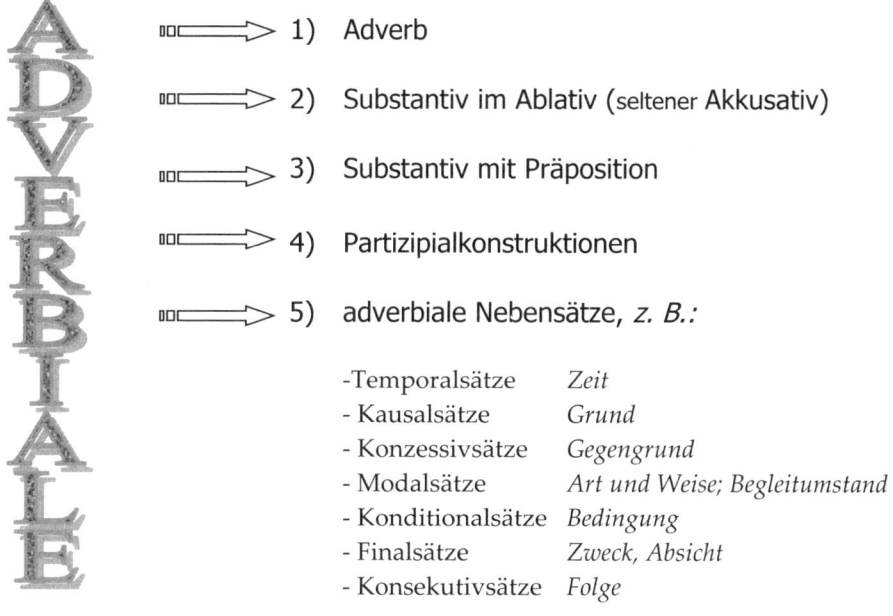

1) Adverb
2) Substantiv im Ablativ (seltener Akkusativ)
3) Substantiv mit Präposition
4) Partizipialkonstruktionen
5) adverbiale Nebensätze, z. B.:

   - Temporalsätze   *Zeit*
   - Kausalsätze   *Grund*
   - Konzessivsätze   *Gegengrund*
   - Modalsätze   *Art und Weise; Begleitumstand*
   - Konditionalsätze *Bedingung*
   - Finalsätze   *Zweck, Absicht*
   - Konsekutivsätze *Folge*

Beispiele:

1) **Diu** atque **acriter** pugnatum est.
   Man kämpfte **lange Zeit** (und) **verbissen** *(Adverb)*.

2 a) Imperator Augustus **multos annos** regnavit.
   Kaiser Augustus herrschte viele Jahre lang *(Akk. der zeitl. Ausdehnung)*.

2 b) Caesar adversarios **clementiā** sibi conciliabat.
   Caesar versuchte, seine Gegner **durch Milde** für sich zu gewinnen *(abl. modi)*.

3) Helvetii **magno cum dolore** in patriam profecti sunt.
   Die Helvetier reisten **unter großem Kummer** in ihre Heimat *(abl. modi)*.

4) **Bello Helvetiorum confecto** Caesar in Italiam profectus est.
   Nachdem der Krieg mit den Helvetiern beendet war, reiste Caesar nach Italien *(ablativus absolutus)*.

5) **Postquam Helvetii victi sunt**, in patriam redire debuerunt.
   Nachdem die Helvetier besiegt worden waren, mussten sie in ihre Heimat zurückkehren *(temporaler Adverbialsatz)*.

Die Partizipialkonstruktionen

Definition: Partizipialkonstruktionen sind **nominale** Wendungen, die eine nebensächliche oder begleitende Handlung ausdrücken. Sie sind im Lateinischen Alternativen zu einem **adverbialen Nebensatz** und werden im Deutschen am besten deshalb ebenfalls mit einem Nebensatz wiedergegeben. *Weitere Möglichkeiten s. u. Tabelle.*

Form des Partizips bestimmen → Bezugswort des Partizips suchen (KNG!) → Partizip- und Prädikatsbezirk abtrennen→ Prädikatsbezirk übersetzen → Partizipbezirk übersetzen als Nebensatz unter Beachtung des Zeit- und Sinnverhältnisses (*oder auf weitere Möglichkeiten zurückgreifen*).

Übersicht über die Übersetzungsmöglichkeiten

I	unterordnend	II	beiordnend	III	präpositional
1)	**temporal** als, nachdem, während, immer wenn		und dabei, und dann		bei, mit, unter, während, nach
2)	**kausal** da, weil		und daher, und deshalb		wegen, infolge, aus
3)	**konzessiv** obwohl, wenn auch, während doch		und dennoch, und trotzdem		trotz
4)	**modal** indem, dadurch dass; wobei; ohne dass *(neg.)*		und so; aber nicht *(neg.)*		durch, unter; ohne *(neg.)*
5)	**konditional** wenn, falls		und in diesem Fall		bei, im Falle von

Übungssätze:

1) Divico **hoc responso dato** discessit.
2) Caesar quinque legionibus in Gallia **relictis** in Italiam revertit.
3) Scientiam **petentes** magnas divitias nobis parabimus.
4) Pace **facta** hostes subito castra Romanorum oppugnare coeperunt, sed ea paucis nostris **defendentibus** expugnare non potuerunt.
5) Hostes nos non **sentientes** circumvenerunt.
6) Hannibal a suis in patriam **revocatus** Italiam relinquere debuit.
7) Romani Hannibalem a Scipione **devictum** timere non desierunt.
8) Coniurati Caesare **necato** libertatem rei publicae restituere non potuerunt.
9) Hostes oppidum nullo **resistente** celeriter occupaverunt.
10) Catilina nihil **dicens** e curia se proripuit.

Übersicht über wichtige Indefinitpronomina

1) irgend jemand, irgend etwas; irgend ein, irgend eine, irgend ein:

a) aliquis, aliquid *(substantivisch)*
b) aliqui, aliqua, aliquod *(adjektivisch)*

> stehen meist in Sätzen mit bejahendem Sinn!

→ *Nach si, nisi, ne, Relativ- und Interrogativpronomina und num fällt **ali-** um!*
   si quis dicat – *falls jemand sagen sollte*

c) quisquam, quic- oder quidquam *(substantivisch)*
d) ūllus, a, um *(Gen. ūllīus)* *(adjektivisch)*

> stehen in verneinenden Sätzen

→ vix quisquam loco cessit – *kaum jemand wich von seinem Platz*

2) ein (gewisser), eine (gewisse), ein (gewisses):

a) quidam, quiddam *(substantivisch)*
b) quidam, quaedam, quoddam *(adjektivisch)*

→ *Im Plural heißt* quidam *auch „einige".*

3) jeder, jede, jedes; insgesamt, alle:

a) quisque, quidque *(substantivisch)*
b) quisque, quaeque, quodque *(adjektivisch)*

> *enklitisch* nach Relativ-, Reflexivpronomina, Superlativen und Ordinalzahlen

→ z. B.: optimus quisque – *alle Guten;* suum cuique – *jedem das Seine;*
   quinto quōque anno – *in jedem fünften Jahr*

4) niemand, nichts; kein, keine, kein:

a) nēmo, nihil *(substantivisch)*
b) nūllus, nūlla, nūllum *(Gen. nūllīus, Dat. nūlli)* *(adjektivisch)*

5) keiner (von beiden) *etc.*:

neuter, neutra, neutrum *(Gen. neutrīus, Dat. neutri)*

6) wer, welcher (von beiden) *etc.*:

uter, utra, utrum *(Gen. utrīus, Dat. utri)*

7) jeder (von beiden) etc.; der eine.... der andere *etc.*:

uterque, utraque, utrumque *(Gen. utriusque, Dat. utrique)*
alter, altera, alterum *(Gen. alterius, Dat. alteri)*   *Aber:* alius, alia, aliud – ein *anderer!*
   Gen. alterius, Dat. alii

Der Genitiv, semantische und syntaktische Funktionen

Eigenart	Frage	semantische F.	syntaktische F.
I Zugehörigkeit:			
1) Eigentümer (prägnant: es ist Aufgabe, Pflicht, Angelegenheit, ein Zeichen von + Infinitiv)	Wessen?	**possessivus**	Attribut / Prädikatsnomen
2) nähere Bestimmung (nomen dictaturae)		**explicativus / definitivus**	Attribut
3) tätige Person	Wessen?	**subiectivus**	Attribut
4) Person oder Sache, auf die sich eine Handlung – durch ein Nomen ausgedrückt- bezieht	Zu, vor wem? Auf, über, gegen Wen oder was?	**obiectivus**	
II Bewertung:			
1) spezielle oder gleich bleibende Eigenschaft	Wie beschaffen?	**qualitatis**	Attribut / Prädikatsnomen
2) Wert / Preis	Zu welchem Preis? Um wie viel?	**pretii**	Attribut, Adverbiale, Prädikatsnomen
III Teilung:			
1) Rest- bzw. Gesamtmenge	Von welcher Menge?	**partitivus**	Attribut
2) genaue Bezeichnung *(montes auri)*	Aus was bestehend?	**materiae**	Attribut, (Prädikatsnomen)
IV Bereich:			
1) nach Ausdrücken des Erinnerns und Vergessens	(Wozu gehörig?) Wessen? Was, wen?	**(obiectivus, partitivus)**	Attribut / Objekt
2) nach unpersönlichen Verben *(paenitet, pudet...)*		**(respectus)**	Objekt
3) Gerichtswesen	Weswegen, in welcher Hinsicht?	**criminis**	Objekt (Adverbiale)
4) bei interest, refert *(Romanorum interest, aber: sua interest)*	Wem liegt daran?		(Prädikatsnomen, Objekt)

Übungssätze zum Genitiv – Bestimmung der semantischen Funktionen

1) Villa **Marci Tullii** magna est.

2) Monumenta **Romae urbis** nobis adhuc admirationi sunt.

3) Virtute **paucorum virorum** imperium Romanorum magnum factum est.

4) **Boni oratoris** est cives suos recta veraque docere.

5) **Boni consulis** est rei publicae bene consulere.

6) **Stultitiae est** in eadem causa iterum peccare.

7) Templum in Palatio situm **Apollinis** erat.

8) Nomen **dictaturae** Romanis odio fuit.

9) Metus **hostium** tam magnus erat, ut quam celerrime fugerent.

10) Metus **Germanorum** Romanis semper fuit.

11) Spes **salutis** nulla erat.

12) Catilina cupidus **regni** erat.

13) Cicero orator **ingentis eloquentiae** fuit.

14) Ad Sequanos iter erat **paucorum dierum**.

15) Quid **consilii** nunc capiamus?

16) Quis **vestrum** bonum consilium capere potest?

17) Copia **frumenti** paucos dies suppeditabat.

18) Milites relicti castris satis **praesidii** erant.

19) Catilinam **scelerum** non paenituit.

20) Socii Catilinae **coniurationis** accusati et **capitis** damnati sunt.

21) **Ciceronis consulis** interfuit Catilinam urbe expellere.

22) *Aber:* <u>Meā, tuā, suā, nostrā, vestrā</u> maxime interest pacem esse.

→ *Übersetzen Sie bitte diese Sätze und bestimmen Sie die semantische Funktion der fett gedruckten Wörter. Verfahren Sie bei den Übungssätzen zum Dativ und Ablativ ebenso. Sie finden die jeweiligen Lösungen auf den Seiten 53–55.*

Der Dativ, semantische und syntaktische Funktionen

Charakter	Frage	semant. Funktion	syntakt. Funktion
1) im engeren Sinn			
a) bei transitiven Verben	Wem?		(indirektes) Objekt
b) bei intransit. Verben (*favere, invidere, studere, persuadere, parcere*)	Wen *oder* Was?		(direktes) Objekt
c) bei intrans. Komposita (von *esse, stare, venire*)			(direktes) Objekt
2) Dativ des Interesses			
a) Person oder Sache, zu deren Vor- oder Nachteil eine Handlung geschieht	Für wen? Zu wessen (Un)gunsten?	**commodi**	Objekt
b) Besitzer	Wem gehört …?	**possessivus**	Prädikatsnomen
c) innere Anteilnahme	Wem?	**ethicus**	Objekt
d) örtl. u. geistiger Ausganspunkt einer Betrachtung	Von wo *oder* von wem aus gesehen?	**iudicantis**	Adverbiale
e) handelnde Person (nur beim Gerundiv!)	Von wem?	**auctoris**	
3) Dativ des Zwecks			
a) Zweck, Absicht (oft in Verbindung mit einem dativus commodi!)	Wozu? Zu welchem Zweck?	**finalis**	Adverbiale (nach einem Vollverb); Prädikatsnomen (in Verbindung mit esse)*

* *Merke besonders zum dativus finalis in Verbindung mit esse (statt des wörtlichen „gereichen zu etwas"):*

    odio esse – *verhasst sein, sich Hass zuziehen*   saluti esse – *zur Rettung verhelfen*
    admirationi esse – *bewundert werden*   curae esse – *Sorge bereiten*
    invidiae esse – *beneidet werden*   impedimento esse – *hinderlich sein*

Übungssätze zum Dativ – Bestimmung der semantischen Funktionen

1) Romani parcere **gentibus victis** volebant.
2) Orgetorix **Helvetiis** persuasit, ut finibus suis egrederentur.
3) Bonus gubernator rei publicae **omnibus civibus** esse **saluti** debet.
4) Res a Caesare gestae **Romanis magnae admirationi** fuerunt.
5) Caesar T. Labienum **castris praesidio** reliquit.
6) **Orgetorigi** magna inter Helvetios auctoritas erat.
7) **Militibus Romanis** pons faciendus erat.
8) Vercingetorix locum idoneum **castris** delegit.
9) **Laborantibus suis** Caesar equitatum **auxilio** misit.
10) **Mercatoribus** nullus erat aditus ad Nervios.
11) **Gallis magno** ad pugnam erat **impedimento**, quod non satis commode pugnare potuerunt.

BESONDERHEITEN

1) *Verben mit Dativobjekt, denen im Deutschen Transitiva entsprechen:*

studēre – eifrig betreiben
maledicere – beschimpfen
parcere – schonen (sparen)
nubere – heiraten (viro)

favēre – begünstigen, fördern
persuadēre – überreden, überzeugen
invidēre – beneiden
medēri – heilen

2) *Transitive Verben, die bei Bedeutungswechsel intransitiv werden:*

cavēre – für sich sorgen
prospicere – *wie* providere
timēre, metuere – besorgt sein um etw. / jmd.

providēre – sorgen für
consulere – sich kümmern um, sorgen für
temperare, moderari – zügeln, mäßigen

3) *Dativ bei Komposita von esse, venire, stare:*

prodesse – nützlich sein
adesse – helfen
superesse – übrig sein, jmd. überleben
praestare – übertreffen

obesse – behindern, hinderlich sein
interesse – teilnehmen
praeesse – an der Spitze stehen, leiten
subvenire – zu Hilfe kommen

4) *Dativ bei Adjektiven:*

perniciosus, -a, -um – Verderben bringend
idoneus, -a, -um – passend, geeignet
utilis, -is, -e – nützlich
periculosus, -a, -um – gefährlich

salutaris, -is, -e – heilsam
iucundus, -a, -um – erfreulich, angenehm
infestus, -a, -um – feindlich
aptus, -a, -um – geeignet, passend

Der Ablativ, semantische und syntaktische Funktionen

I Instrumentalis/Comitativus

Charakter	Frage	semantische F.	syntaktische F.
1) Werkzeug, Mittel	Womit? Wodurch?	**instrumenti**	Adverbiale (Objekt)
2) begleitende Person (freundl. u. feindl. Gemeinschaft)	Mit wem?	**sociativus**	Adverbiale (Objekt)
3) Art u. Weise; Begleitumstände; Folge	Wie? Auf welche Weise? Unter welchen Umständen? Mit welch. Ergebnis?	**modi**	Adverbiale
4) Beweggrund, Ursache, Anlass	Warum? Worüber? Worauf? Woran?	**causae**	Adverbiale (Objekt, Attribut)
5) Bewertung einer Person oder Sache	Wie beschaffen?	**qualitatis**	Attribut, Prädikatsnomen
6) Hinsicht, nähere Bestimmung, Einschränkung	In welcher Hinsicht? Worin?	**limitationis, respectus**	Adverbiale (Attribut)
7) Maß u. Grad eines Unterschieds	Um wie viel? Wie viel?	**mensurae, differentiae**	Adverbiale, Attribut
8) Wert- u. Preisangabe	Für wie viel?	**pretii**	Adverbiale, Attribut

II Separativus

1) Ausgangspunkt a) örtlich b) zeitlich	Woher? Seit wann?		Adverbiale
2) Abstammung, Herkunft a) eigentl. Abstammung b) Urheber	Woher abstammend? Von wem?	**originis** **auctoris**	Attribut, Adverbiale, Prädikatsnomen
3) Vergleichspunkt	Von wo aus gesehen?	**comparationis**	Adverbiale
4) Trennung, Getrenntsein a) *privare, egere, liberare, carere* b) *re- amovere, abstinere* c) Komposita mit *de-, dis-* und *se-*	Von wo getrennt? Wovon?	**separativus** im engeren Sinn	Adverbiale (Attribut, Objekt)

III Loci / Temporis

1) Ort (beachte den ursprünglichen Lokativ auf -i: *domi* etc.)	Wo?	**loci**	Adverbiale
2) Zeit(raum)	Wann? Innerhalb welcher Zeit?	**temporis**	Adverbiale

Übungssätze zum Ablativ – Bestimmung der semantischen Funktionen

1) Miles **gladio** se fortiter defendit, sed **hasta** vulneratus est.
2) Imperator **magno dolore** afficiebatur, quod milites **summo cum studio** pugnantes **proelio acerrimo** vincebantur.
3) Zama oppidum quinque dierum iter **a Carthagine** abest.
4) L. Sulla <u>rerum potitus</u> multos inimicos non modo **honoribus** et **bonis**, sed etiam **vita** <u>privavit</u>.
5) L. Brutus rem publicam **regno** Tarquinii Superbi liberavit; at populus Romanus numquam **timore** regum liber erat.
6) Ciceroni nemo perniciosior fuit **M. Antonio**.
7) Catilina, vir **nobili genere** natus, **magna audacia maloque ingenio** erat.
8) Caesar omnibus ducibus **audacia** et **celeritate** <u>praestitit</u>.
9) Non **iure**, sed **sua** <u>culpa</u> Cicero a Clodio **Roma** in exsilium pulsus erat.
10) Quamquam Scaeva **multis vulneribus** laborabat, omnes socios <u>tantum</u> **fortitudine** <u>praecessit</u>, ut solus fere hostes **muris** castrorum prohiberet.
11) **Antiquis temporibus** Romae servi **parvo** <u>emebantur</u>, sed Graeci servi **dimidio** cariores erant **ceteris**, cum hos <u>doctrina</u> superarent.
12) <u>Praedones</u> praedae **cupiditate** impulsi e <u>latebris</u> **suis** veniebant, ut oppida Asiae diriperent.
13) **Prima luce** Caesar **idoneo loco** aciem instruxit.
14) **Ex arbore vetere** saepe pulcherrima <u>poma</u> pendent.
15) Rhenus flumen **ex Alpibus montibus** <u>effluit</u>.
16) Multi senatores **initio** belli civilis **a Pompeii partibus** stabant.
17) Caesar **memoria** tenebat Helvetios **multis annis** ante **iniuriis** <u>se</u> non <u>abstinuisse</u>.
18) Piratae **fuga celerrima** salutem petiverunt.
19) Incolae oppidi oppugnati **fame** <u>debilitati</u> atque **metu** coacti a duce hostium pacem petiverunt.

Angaben:

1)	rerum potiri	sich der Herrschaft bemächtigen	8)	doctrina, -ae f.	Gelehrsamkeit
2)	privare	berauben	9)	praedo, -onis m.	Räuber
3)	praestare	übertreffen *(m. Dat.)*	10)	latebra, -ae f.	Versteck
4)	culpa, -ae f.	Schuld	11)	pomum, -i n.	Frucht
5)	tantum	so sehr	12)	effluere	entspringen
6)	praecedere	übertreffen *(m. Akk.)*	13)	se abstinere	sich enthalten
7)	emere	kaufen	14)	debilitare	schwächen
8)	dimidium, -i n. Hälfte				

Weitere Möglichkeiten der Verschränkung im Relativsatz

1) Mit einer Partizipialkonstruktion:

1) Magna est vis iustitiae, **quā sublatā** omnia humana iacent.
2) Scientia, **quam tenentes** beati estis, ab hominibus doctis laudatur.

> Noch deutlicher als bei den mit einem AcI verschränkten Relativsätzen sieht man, dass das Relativpronomen Teil (= Satzglied) der Konstruktion ist, mit der der Relativsatz verschränkt ist.
> Es hat also **keine** syntaktische Beziehung zum Prädikat des Relativsatzes:
> **qua** (S. 1) ist Subjekt des ablativus absolutus, **quam** (S. 2) ist Objekt zu dem participium coniunctum **tenentes**.

Übersetzungsmöglichkeiten:

a) relativischer Satzanschluss

1) Groß ist die Macht der Gerechtigkeit; wenn **diese** beseitigt (worden) ist, liegen alle menschlichen Angelegenheiten danieder.

2) Die Kenntnis wird von allen gelehrten Menschen gelobt; wenn ihr **diese** besitzt, seid ihr glücklich.

b) präpositionaler Ausdruck *(unter Bewahrung des Relativsatzes)*

1) Groß ist die Macht der Gerechtigkeit, **nach deren Beseitigung** alle menschlichen Angelegenheiten daniederliegen.

2) Die Kenntnis wird von allen gelehrten Menschen gelobt, **bei deren Besitz** ihr glücklich seid.

Weitere Beispiele:

1) Caesar naves, quibus amissis Britanniam adire non posset, bene custodiri iussit.
2) Non ea sunt habenda bona, quibus abundantem licet esse miserrimum.

Übersetzung:

1) Caesar ließ die Schiffe gut bewachen, nach deren Verlust er Britannien nicht würde betreten können.
2) Nicht diejenigen Dinge soll man für Güter halten, trotz deren Besitz man sehr unglücklich sein kann
   (*wörtl.: an denen Überfluss habend man sehr unglücklich sein kann*) *oder:* an denen man Überfluss haben und trotzdem sehr unglücklich sein kann.

2) Mit einem adverbialen Nebensatz:

> Tritt zu dem Relativsatz ein weiterer, diesem untergeordneter Nebensatz hinzu, so muss das Relativpronomen **zweifach** übersetzt werden (, wenn man auf eine Übersetzung in Form eines relativischen Satzanschlusses verzichtet; diese ist hier ohnehin nicht immer möglich):
>
> 1) als **Relativpronomen** in dem Kasus, der von dem Prädikat des Relativsatzes benötigt wird,
> 2) als **Personalpronomen** für den hinzu gekommenen Nebensatz in dem Kasus, in dem das lateinische Relativpronomen steht:

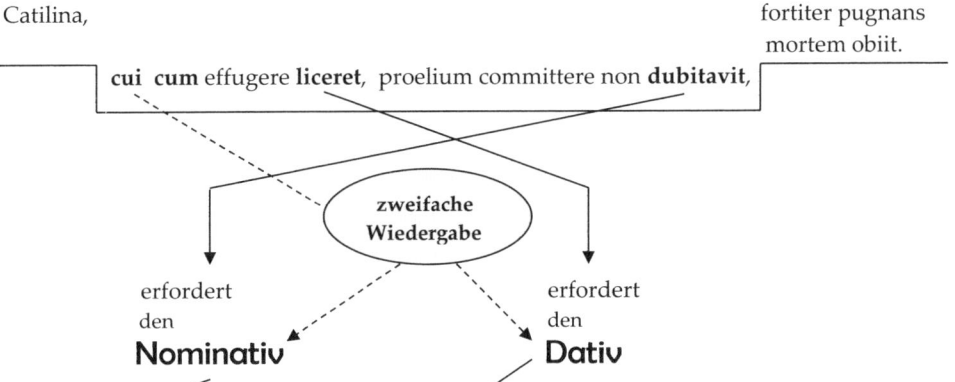

Catilina, **der** nicht zögerte,....., obwohl **ihm** möglich war zu fliehen, starb tapfer kämpfend.

Übersetzungsmöglichkeiten:

a) wie oben beschrieben: zweifache Wiedergabe des Relativpronomens
b) als relativischer Satzanschluss*: ...; **dieser** zögerte nicht, die Schlacht zu beginnen, obwohl es **ihm** möglich war zu fliehen.
(* Die Übersetzung mit einem relativischen Satzanschluss ist nicht immer möglich, s. o.)

Weitere Beispiele:

1) Admiramur Alexandrum magnum, **cui si** vita longior contigisset, totum orbem terrarum subegisset. Wir bewundern Alexander den Großen, der den ganzen Erdkreis erobert hätte, wenn ihm eine längeres Leben zu Teil geworden wäre.
2) Oedipus, **qui si** interfectus esset, dei non tam acerbum fatum dedissent, patrem occidit et Thebas venit et matrem in matrimonium duxit. Oedipus, dem die Götter nicht ein so herbes Schicksal gegeben hätten, wenn er getötet worden wäre, tötete seinen Vater, kam nach Theben und heiratete seine Mutter.
3) Legati redierant, **qui quid** egissent, nondum nuntiabatur.
   Die Gesandten waren zurückgekehrt, über die noch nicht gemeldet wurde, was sie erreicht hatten   *oder: ... was sie erreicht hatten, wurde noch nicht gemeldet.*

Der Konjunktiv im Hauptsatz

1) Als Modus des Wunsches → *optativ*

a) **Erfüllbar gedachte Wünsche der Gegenwart und der Vergangenheit**
(mit Präsens bzw. Perfekt):
Valeas! *(Mögest du doch gesund sein!)*
Utinam id concedant! *(Mögen sie es doch zugeben!)*
Utinam vere auguraverim! *(Möge ich doch richtig vorhergesagt haben!)*

b) **Unerfüllbar gedachte Wünsche der Gegenwart und Vergangenheit**
(mit Imperfekt bzw. Plusquamperfekt):
Utinam mater valeret! *(Wäre Mutter doch gesund!)*
Utinam res publica stetisset! *(Hätte der Staat doch Bestand gehabt!)*

2) Als Modus der Aufforderung (an die erste Pers. Plural) → *hortativ*

Eamus! *(Lasst uns gehen! Wir wollen gehen!)*
Etiam in rebus secundis superbiam fugiamus! *(Lasst uns auch im Glück den Übermut meiden!)*

3) Als Modus des Befehls (an die dritte Person Sg. und Pl.) → *iussiv*

Se quisque noscat! *(Jeder lerne sich selbst kennen!)*
Alter alteri ne invideat! *(Einer soll den anderen nicht beneiden!)*
Videant consules, ne quid res publica detrimenti capiat!
(Die Konsuln sollen darauf achten, dass der Staat keinen Schaden erleide!)

4) Als Modus des Verbots (an die zweite Person Sg. und Pl.) → *prohibitiv*

Mit *nē* und *Perfekt* oder *noli / nolite* und *Infinitiv*:
Ne id feceris oder noli id facere! *(Tue das nicht!)*

5) Als Modus des Zweifels oder der Überlegung → *dubitativ*

(Präsens für die Gegenwart, Imperfekt für die Vergangenheit)
Quid faciam? *(Was soll ich tun?)* Quid facerem? *(Was hätte ich tun sollen?)*

6) Als Modus des Zugestehens, Einräumens → *concessiv*

(Präsens und Perfekt; Prädikat steht oft am Anfang des Satzes.)
Sit fur, tamen amicus meus est.
(Mag er auch ein Dieb sein, dennoch ist er mein Freund.)

7) Als Modus der Vorstellung → *potential/ irreal*

a) **Potentialis d. Gegenwart** *(mit Präs. oder Perf.)* **u. d. Vergangenheit** *(mit Imperf.)*:
Dicat / dixerit quis *(Jemand könnte sagen)*
Diceres *(Man hätte sagen können)*

b) **Irrealis d. Gegenwart** *(mit Imperfekt)* **und Vergangenheit** *(mit Plusquamperfekt)*:
Nos non adiuvares. *(Du würdest uns nicht helfen.)*
Nos non adiuvisses. *(Du hättest uns nicht geholfen.)*

Der Konjunktiv im Nebensatz

1) In Konditionalsätzen

a) als Potentialis der Gegenwart *(mit Präsens oder Perfekt)*
b) als Irrealis a) der Gegenwart *(mit Imperfekt)*, b) der Vergangenheit *(mit Plusquamperfekt)*

2) In innerlich abhängigen Nebensätzen

a) in Begehrssätzen *(ut / nē)*, abhängig von Verben des Begehrens, Wünschens
   - in verneinten Begehrssätzen nach *verba timendi et impediendi*, positiv zu übersetzen
b) in Finalsätzen *(ut / nē)* und Temporalsätzen mit finalem Nebensinn *(dum* – damit unterdessen und *priusquam* – damit nicht erst, bevor)
c) in indirekten Fragesätzen und solchen mit *quin*
d) in Nebensätzen mit obliquem Konjunktiv *(statt des Indikativs)* und solchen der *oratio obliqua* (= indirekte Rede)
e) in Relativsätzen mit adverbialem Nebensinn
   (Begehren/ final – kausal – konzessiv – konsekutiv)

3) Erweiterter Gebrauch *(Nebensätze, in die der Konjunktiv später eindrang)*

a) bei Temporalsätzen *(cum)*
b) bei Kausalsätzen *(cum)*   ⎫ Im Deutschen mit Indikativ zu übersetzen!
c) bei Konzessivsätzen *(cum)*   ⎬
d) bei Konsekutivsätzen *(ut, ut nōn)* ⎭

Beispielsätze:

1a) Si quid dictum sit obscure, de re dubites.
1b) Si auxilia venirent, hostes vinceremus. Nisi auxilia venissent, hostes nos vicissent.
2a) Optamus, ut vos quam celerrime ad nos veniatis. Timemus, ne serius veniatis.
2b) Helvetii obsides Sequanis dant, ut sine maleficio transeant.
    Caesar diem ad deliberandum sumpsit, dum milites, quos imperaverat, convenirent.
    Caesar in hostes impetum fecit, priusquam aciem instruere possent.
2c) Dic mihi, quid facias / feceris. Ignorabam, quid faceres / fecisses. Non dubito, quin miseris adesse deceat.
2d) Naturam accusamus, quod nobis exiguam vitam det. Homines semper naturam accusabant, quod sibi exiguam vitam daret. Te accuso, quod mihi iniurias feceris.
    Te accusavi, quod magnam mihi iniuriam fecisses.
2e) Helvetii legatos miserunt, qui a Caesare pacem peterent. Quis dignus est, qui aliis imperet? Me caecum, qui illud periculum non viderim! Non is sum, qui mortis periculo terrear. Germani, qui suos interfici viderent, se e castris eiecerunt. Nemo tam stultus est, qui non videat coniurationem esse factam. Reperti sunt duo equites, qui Ciceronem interficere parati essent.

Der Gebrauch des Konjunktivs – Übersicht

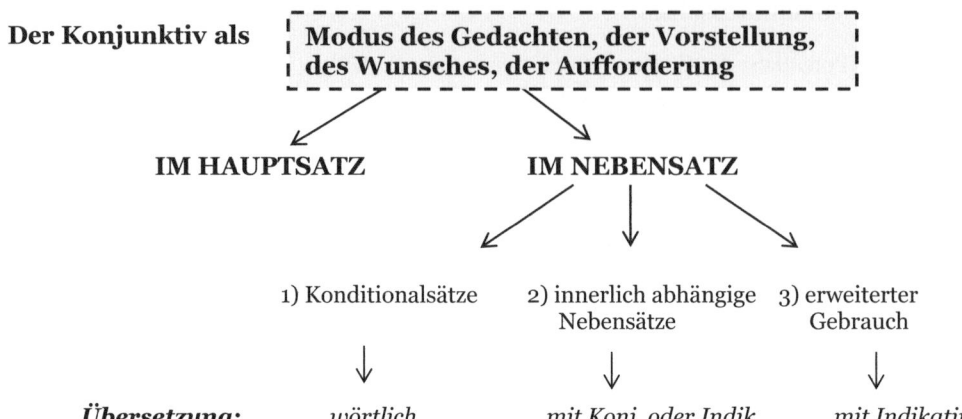

Konjunktiv im Hauptsatz
1) Konjunktiv Präsens
* optativus (erfüllbar gedachter Wunsch)
* hortativus (Aufforderung)
* iussivus (Befehl)
* prohibitivus (Verbot – *im klass. Latein mit Perfekt*)
* dubitativus (Zweifel, Überlegung)
* concessivus (Einräumung)
* potentialis (Möglichkeit, *auch mit Perfekt*)
2) Konjunktiv Imperfekt
* unerfüllbar gedachter Wunsch der Gegenwart
* Irrealis der Gegenwart
* Potentialis der Vergangenheit
3) Konjunktiv Plusquamperfekt
* unerfüllbar gedachter Wunsch der Vergangenheit
* Irrealis der Vergangenheit

Konjunktiv im Nebensatz		
In Konditionalsätzen	**In innerlich abhängigen Sätzen**	**Erweiterter Gebrauch**
* Potentialis a) der Gegenw. (Präs. / Perf.) b) der Vergang. (Imperf.) * Irrealis a) der Gegenw. (Imperf.) b) der Vergang. (Plusqpf.)	* Begehrssätze *(ut / nē)* * Finalsätze *(ut / nē)* * indirekte Fragesätze * Sätze mit coni. obliquus * Sätze der indirekten Rede * Relativsätze mit adverbialem Nebensinn	* Temporalsätze *(cum)* * Kausalsätze *(cum)* * Konzessivsätze *(cum)* * Konsekutivsätze *(ut / ut nōn)*

Verbformen, die ein Zeitverhältnis anzeigen

gleichzeitig	vorzeitig	nachzeitig
Infinitiv Präsens Aktiv u. Passiv	Infinitiv Perfekt Aktiv und Passiv	Infinitiv Futur Aktiv und Passiv
Partizip Präsens Aktiv	Partizip Perfekt Passiv	Partizip Futur Aktiv
Konjunktiv Präsens und Imperfekt	Konjunktiv Perfekt und Plusquamperfekt	- ūrus sim; - ūrus essem (coniugatio periphrastica)

CONSECUTIO TEMPORUM

Durch die **consecutio temporum** *(Abfolge der Zeiten)* wird die Verwendung der Zeiten in den konjunktivischen Nebensätzen, sofern sie innerlich abhängig sind, geregelt:

Steht im Hauptsatz Präsens, Fut. I oder II, dann steht im Nebensatz

a) *bei Gleichzeitigkeit*: **Konj. Präsens**

b) *bei Vorzeitigkeit*: **Konj. Perfekt**

c) *bei Nachzeitigkeit*: **-ūrus, -a, -um sim**

Steht im Hauptsatz ein Tempus der Vergangenheit, dann steht im Nebensatz

a) *bei Gleichzeitigkeit*: **Konj. Imperfekt**

b) *bei Vorzeitigkeit*: **Konj. Plusquampf.**

c) *bei Nachzeitigkeit*: **-ūrus, -a, -um essem**

Beispiel für die Nachzeitigkeit:

Non ignoro, quid facturus sis.	Ich weiß genau, was du tun wirst / willst.
Non ignoravi, quid facturus esses.	Ich wusste genau, was du tun würdest / wolltest.
Caesar cognoverat, quando hostes impetum facturi essent.	Caesar hatte erfahren, wann die Feinde einen Angriff machen wollten.

Coniunctivus obliquus in Nebensätzen / Indirekte Rede

Der Indikativ als Wiedergabe einer „Tatsache"

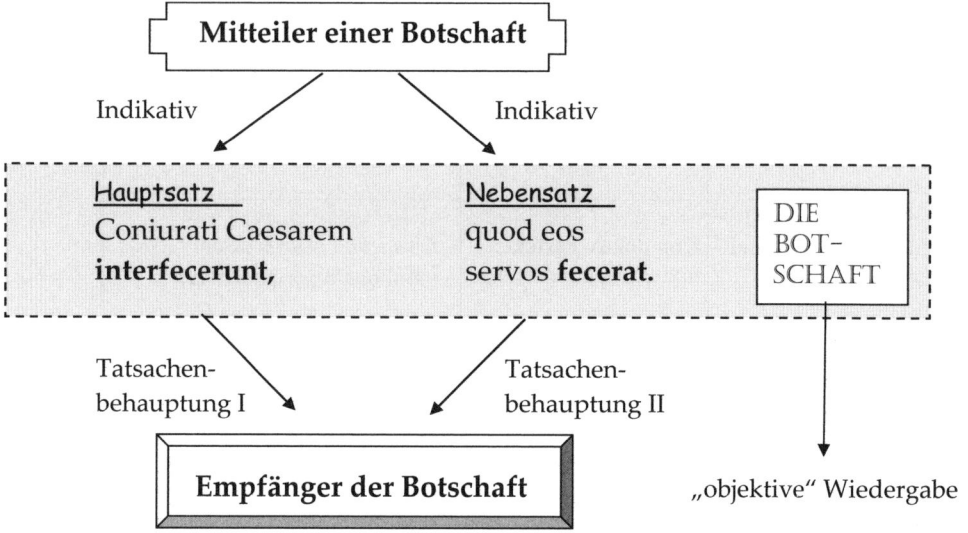

Der Konjunktiv der fremden Meinung – *coniunctivus obliquus*

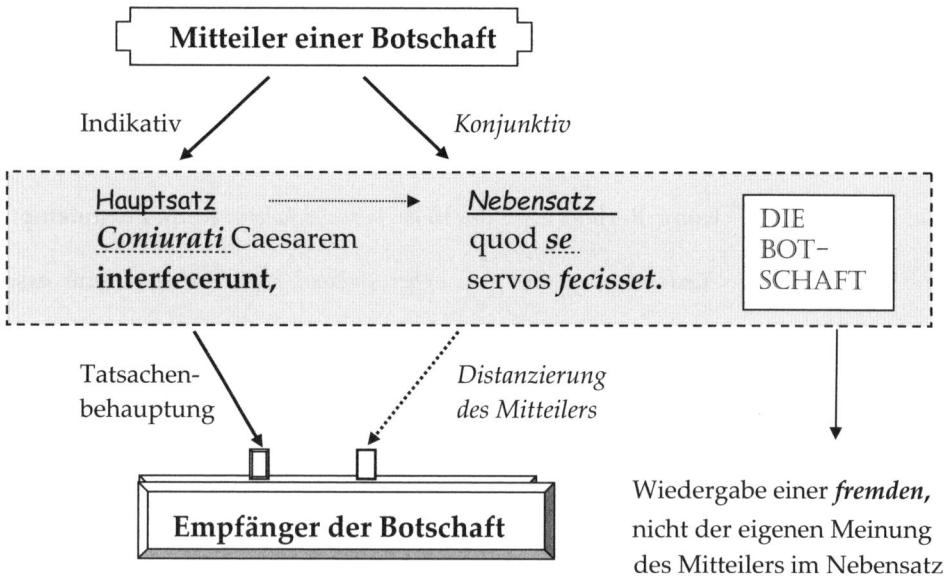

Übersetzung und Erläuterung:

1) Die Verschwörer töteten Caesar, weil er sie zu Sklaven gemacht hatte.
   → *Feststellung des Erzählers in Haupt- und Nebensatz*

2) Die Verschwörer töteten Caesar, weil er sie *(ihrer Äußerung / Ansicht nach)* zu Sklaven **gemacht habe**.
   → *Feststellung des Erzählers im Hauptsatz, aber Distanzierung bzw. Wiedergabe einer anderen, „fremden" Meinung oder Äußerung im Nebensatz.*

 Der hier verwendete Konjunktiv heißt **coniunctivus obliquus.**

> Aus dem **eos** im indikativischen Kausalsatz wird bei der Verwendung des ***coniunctivus obliquus*** zum Ausdruck der innerlichen Abhängigkeit ein **se**, um mit diesem Reflexivpronomen die **coniurati** im Hauptsatz zu bezeichnen (indirekte Reflexivität)

Indirekte Reden sind Texte, in denen der Erzähler die Meinung und Worte einer der Erzählung entstammenden Person wiedergibt. Im Vergleich zu den Nebensätzen mit coniunctivus obliquus (s. o.), die isoliert erscheinen können, stellt die indirekte Rede mit ihren zahlreichen Nebensätzen die größere Einheit dar.
Sie wird von einem Verb des Sagens abhängig gemacht und kann sich über mehrere Sätze erstrecken, ohne dass das Verb des Sagens wiederholt wird *(vgl. Caes. Gall. 1, 13 f.)*.

Die Umformung von direkter zu indirekter Rede

DIREKTE REDE	INDIREKTE REDE
Hauptsätze	**Hauptsätze**
• Aussagen / Behauptungen *(Indikativ)*	→ ACI
• rhetorische Fragen	→ ACI
• echte Fragen	→ KONJUNKTIV
• Aufforderungen *etc. (Konjunktiv)*	→ KONJUNKTIV
Nebensätze	**Nebensätze**
• Äußerungen der „fremden" Person *(Indikativ / Konjunktiv)*	→ KONJUNKTIV
• Einschübe des Autors	→ INDIKATIV
Pronomina / Adverbien	**Pronomina / Adverbien**
• sprechende Person	→ sui, sibi se *etc.*; suus, a, um
• angesprochene Person	→ is, ea, id; ille, illa, illud
• hic, haec, hoc	→ ille, illa, illud
hic *(hier)*; nunc *(jetzt)*	→ ibi; tum

Direkte Rede – Indirekte Rede *(oratio obliqua)*: Ein Beispiel

Ein Zenturio ist mit seinen Leuten im Lager der Feinde eingeschlossen:

	Tum centurio	
dixit:		dixit,

Direkte Rede	Indirekte Rede *(oratio obliqua)*
„Quoniam **me** una vobiscum servare non possum, vestrae quidem vitae prospiciam, quos in periculum deduxi. Vos data facultate vobis consulite!"	quoniam **se** una cum illis servare non posset, illorum quidem vitae **se** prospecturum esse, quos in periculum deduxisset. Illi data facultate sibi ipsi consulerent.

Simul medios in hostes irrupit duobusque interfectis reliquos a porta paulum removit. Suis conantibus auxiliari dixit: ,

„Frustra **mihi** subvenire conamini, quem iam vires deficiunt. Abite, dum est facultas, vosque ad legionem recipite! Cur cunctamini? Quid aliud nisi receptus vobis saluti erit?"	frustra **sibi** subvenire illos conari, quem iam vires deficerent. Abirent, dum esset facultas, seque ad legionem reciperent. Cur cunctarentur? Quid aliud nisi receptum iis saluti futurum esse?

Ita pugnans paulo post concidit ac suis saluti fuit.

Da sagte der Zenturio:,

„Weil ich mich nicht mit euch zusammen retten kann, werde ich wenigstens für euer Leben sorgen, die ich in Gefahr gebracht habe. Ihr (aber), sobald sich die Möglichkeit ergeben hat, kümmert euch (nur) um euch selbst!"	weil er sich mit jenen zusammen nicht retten könne, werde er wenigstens für das Leben jener sorgen, die er in Gefahr gebracht habe. Jene (*oder*: sie) aber sollten sich, sobald sich die Möglichkeit geboten habe, (nur) um sich selbst kümmern.

Zugleich brach er mitten in die Feinde ein und vertrieb, nachdem er zwei getötet hatte, die übrigen für kurze Zeit von dem Tor. Als seine Leute versuchten, ihm zu helfen, sagte er: ,

„Vergeblich versucht ihr mir zu Hilfe zu kommen, den bereits die Kräfte verlassen. Verschwindet, solange die Möglichkeit besteht, und zieht euch zur Legion zurück! Warum zögert ihr? Was anderes als der Rückzug wird euch die Rettung bringen?"	vergeblich versuchten sie (jene), ihm zu Hilfe zu kommen, den bereits die Kräfte verließen. Sie sollten verschwinden, solange die Möglichkeit bestehe, und sich zur Legion zurückziehen. Warum zögerten sie? Was anders als der Rückzug werde ihnen Rettung bringen?

So fiel er kämpfend ein wenig später und verhalf seinen Leuten zur Rettung.

Techniken bei der Übersetzung eines lateinischen Satzes

Es gibt kein einheitliches, immer anwendbares Übersetzungsrezept, dennoch sollte man folgende Methoden beherrschen, die man, je nach Beschaffenheit des Satzes, anwenden bzw. miteinander kombinieren muss:
1) **die „Grundmethode":** Prädikat – Subjekt – Objekt (und dann die übrigen Ergänzungen)
2) **die analytische Methode:** (empfiehlt sich bei langen Satzperioden mit vielen Nebensätzen)
3) **die Wortblockmethode:** (angezeigt bei satzwertigen Konstruktionen wie part. coni. u. ä.)

Im Folgenden wird eine schrittweise Kombination aller Methoden gezeigt:

1) **Hauptsatz finden** durch Eliminierung der Nebensätze, dabei einleitende Wörter beachten:

a) 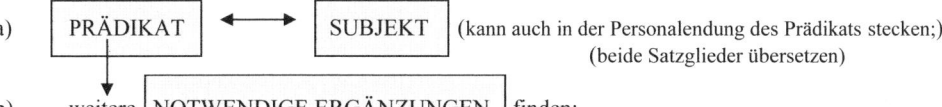 (kann auch in der Personalendung des Prädikats stecken;)
   (beide Satzglieder übersetzen)

b) weitere NOTWENDIGE ERGÄNZUNGEN finden:

- Akkusativ-Objekt *(bei manchen Verben auch Dativ-Objekt)*
- Infinitive *(z. B. bei Hilfsverben wie conari, posse, debere)*
- Prädikatsnomen *(nach Formen von esse oder Hilfsverben mit dopp. Akk., z. B. „halten für... ")*
- Adverbialia *(in Verbindungen mit esse, Erläuterungen von Verbformen u. ä.)*
- AcI *(als Subjekt oder Objekt nach verba dicendi, sentiendi, affectus, unpers. Ausdrücken u. a.)*
- Subjekts- oder Objektssätze *(z. B. indirekte Frage-, Begehrssätze und faktische Sätze)*

⇒ Das bisher Erarbeitete übersetzen!

c) weitere, nicht notwendige Ergänzungen bzw. freie Angaben

- Dativ-Objekt *(als indirektes neben einem Akkusativobjekt bei transitiven Verben)*
- Adverbialia *(Orts-, Zeit-, Umstandsbestimmungen ausgedrückt durch Adverben, präpositionale Ausdrücke, bloße Ablative u. ä.)*
- Attribute *(Adjektive, Substantive, Appositionen, Partizipien, Genitive, Relativsätze)*
- praedicativa *(Frage: „als was?", „wie?" – Adjektive, Substantive und Partizipien)*
⇒ Bei Attributen und praedicativa die KNG-Kongruenz beachten und übersetzen!

d) SATZWERTIGE KONSTRUKTIONEN (AcI, part. coniunct., abl. abs., Gerund.-Konstr.)

- Rahmenbezirk (Prädikatsbezirk) und Partizipbezirk abtrennen *(oft Schema: a – b – a)*
- Partizip bestimmen, herleiten und Bezugswort suchen (KNG-Kongruenz!)
- Zeitverhältnis zwischen Partizip und Prädikat *(Part. Präs.: gleichzeitig, Perf.: vorzeitig)*
- logisches Verhältnis bestimmen (temporal, kausal, konzessiv, modal, konditional; final nur beim Part. Fut. Aktiv)
- weitere Übersetzungsmöglichkeiten: präpositionaler Ausdruck oder Beiordnung; hierbei muss das Sinnverhältnis durch entsprechende Präpositionen (z. B. „nach", „trotz", „wegen") oder Ergänzungen („und dann", „und dennoch", „und deswegen") zum Ausdruck gebracht werden.

2) **Nebensätze übersetzen:**

- Subjunktionen oder Interrogativ- bzw. Relativpronomina finden *(Kommasetzung als Hilfe)*; bei mehrdeutigen Wörtern *(z.B. quod)* auf den Kontext achten.
- genauso verfahren wie bei den Hauptsätzen; wieder eine Kombination der Methoden möglich.

Relativsätze mit adverbialem (konjunktivischem) Nebensinn

Relativsätze können über den bloßen attributiven Charakter, d. h. die Beschreibung eines Bezugsworts, eine logische Beziehung zum Prädikat des übergeordneten Satzes herstellen. Das Prädikat des Relativsatzes erscheint in diesem Fall im Konjunktiv. Solche Relativsätze sind innerlich abhängig und heißen „Relativsätze mit konjunktivischem Nebensinn".

Folgende Möglichkeiten eines konjunktivischen / adverbialen Nebensinns gibt es:

> kausaler Nebensinn (Übers. mit Indikativ)
> konzessiver bzw. adversativer Nebensinn (Übers. mit Indikativ)
> finaler Nebensinn (auch Begehren) (Übers. mit Hilfsverb „sollen")
> konsekutiver Nebensinn (Übers. mit Indikativ)
> *seltener*: konditionaler Nebensinn (Übers. der Art des Konditionalsatzes entsprechend)

Beispiele:

1) Caesar milites in litore reliquit, qui navibus praesidio essent.
2) Quis nostrum est, qui neget Ciceronem consulem servavisse rem publicam?
3) Caesar dictator a coniuratis, qui regnum timerent, occisus est.
4) Cicero Catilinam, qui coniurationem fecisset, Roma expulit.
5) Catilina non is erat, qui mortis periculo terreretur.
6) Catilina multos iuvenes invenit, qui fortes et fidi essent.
7) Germani, qui libertatem amarent, primum legibus a Romanis impositis parebant.
8) Quis est, qui memoriam virorum illustrium non cum caritate benevola colat, quos numquam viderit?
9) Qui modeste paret, dignus est, qui aliquando imperet.
10) Qui illum concursum in oppidum factum (esse) videret, urbem captam (esse) diceret.
11) Nulla acies humani ingenii tanta est, quae penetrare in caelum possit.
12) Rex, qui populi Romani amicus Romae diu fuisset, a Verre e provincia eiectus est.
13) Quid est impudentius Tarquinio, qui bellum gereret cum iis, qui superbiam eius non tulerant?

(vgl. a. Anhang S. 25, 2 e.)

---

1)	legem imponere	ein Gesetz auferlegen
2)	illustris, is, e	berühmt
3)	caritas, atis f.	Liebe, Wertschätzung
4)	benevolus, a, um	wohlwollend
5)	concursus, -us m.	Zusammenströmen
6)	acies, -ei f.	*hier:* Schärfe, Scharfsinn
7)	penetrare	eindringen, vordringen
8)	Verres, -is m.	C. Verres *(Statthalter von Sizilien)*
9)	impudens, -ntis	schamlos, unverschämt
10)	Tarquinius, -i m.	Tarquinius Superbus *(der letzte König Roms, aus Rom vertrieben)*

Gerundium / Gerundivum – ÜBERBLICK

	Gerundium	**Gerundiv**
Wortart	Verbalsubstantiv	Verbaladjektiv
Genus Verbi	Aktiv	Passiv *(als Prädikatsnomen mit Bedeutung der Notwendigkeit)*
Numerus	Singular	Singular und Plural
Genus	neutrum	alle drei Geschlechter
Deklinationsgruppe	o-Deklination	o- und a-Deklination
Erweiterungen durch	Objekt; Adverbiale	dativus auctoris
Hauptsächliche Verwendung im Satz	* als Genitivattribut * als Adverbiale im Ablativ bzw. im prä- oder postpositionalen Ausdruck *(causā)* ↓ HÄUFIGE SINNRICHTUNG: temporal, modal, final ↓ ↓ ↓ in + Abl. per +Akk. ad, in +Akk.; bloßer Abl. Gen.+ causā, gratiā	* als Prädikatsnomen * als praedicativum * als Attribut (als verwandeltes Gerundium) ↓ HÄUFIGE SINNRICHTUNG: temporal modal, final ↓ ↓ ↓ in + Abl. per + Akk. ad, in + Akk. bloßer Abl. Gen. + causā, gratiā
Übersetzungsmöglichkeiten	* mit einem Verbalsubstantiv * mit erweitertem Infinitiv * mit adverbialem Nebensatz	* Gerundiv als Attribut: wie beim Gerundium

Beispiele für Übersetzungsmöglichkeiten:

discendi causā
- des Lernens wegen *(Verbalsubstantiv)*
- um zu lernen *(erweiterter Infinitiv)*

in deligendis amicis
- Bei der Auswahl von Freunden *(Verbalsubstantiv)*
- Wenn / während man Freunde aussucht *(adverbialer Nebensatz)*

ars celeriter legendi
- Die Kunst des schnellen Lesens *(Verbalsubstantiv)*
- Die Kunst, schnell zu lesen *(erweiterter Infinitiv)*

hominibus docendis
- Durch Belehrung der Menschen *(Verbalsubstantiv)*
- Dadurch dass man die Menschen belehrt *(adverbialer Nebensatz)*

Die Präfixe und ihre Bedeutung bei den Komposita

Präfix		Bedeutung	Beispiele
1)	a-, ab-, abs-, au-	ab-, weg-, fort-	abicere – wegwerfen
2)	ad-	heran-, an-, dabei-, hinzu-, herbei-, zu-, an	adesse – da(bei) sein, adicere – hinzufügen, accurrere – herbeilaufen, aggredi – angreifen
3)	ante-	vor-, voraus-, voran-	anteponere – vorziehen, antecedere – vorangehen, übertreffen
4)	circum-	um... herum, umher	circumvenire – umzingeln, cirumdare – umgeben, circumspicere – umherblicken
5)	(cum) → co-, con-	zusammen-, verstärkend	convenire – zusammenkommen, componere – zusammenstellen, conicere – (heftig) schleudern
6)	de-	herab-, hinab-, weg-, hinab-; verstärkend	deportare – wegbringen, detinere – abhalten, descendere – herabsteigen, devincere – völlig besiegen
7)	e-, ex-	aus-, heraus-, ent-; verstärkend	emittere – herausschicken, exire – herausgehen, effugere – entfliehen
8)	in-	ein-, hinein-, auf-, an-	importare – einführen, inferre – hineintragen, imponere – auferlegen
9)	inter-	(da)zwischen-, unter-, dabei	interesse – dabei sein, intermittere – unterbrechen, intercedere – dazwischen treten
10)	ob-	dagegen-, entgegen-, gegenüber-	obesse – *dagegen sein*: hindern, ostendere – entgegenstrecken: zeigen
11)	per-	durch-, hindurch-, bis zum Ende, sehr, völlig	perspicere – durchschauen, perficere – *zu Ende machen*: vollenden, permovere – sehr bewegen
12)	post-	nach-, hintan-	postponere – hintansetzen
13)	prae-	vor-; voraus-, voran-	praeesse – vorstehen, leiten, praedicere – voraussagen, praeponere – voranstellen, praeficere – an die Spitze stellen
14)	praeter-	vorbei-, vorüber-, über-	praeterire – vorbeigehen; übergehen, praetermittere – vorübergehen lassen; auslassen
15)	pro-	vor-, hervor-	procedere – hervorkommen, producere – (her)vorführen, prohibere – *vorhalten*: abhalten, fernhalten, hindern

16)	re(d)-	zurück-, wieder-, von neuem	reddere – zurückgeben redire – zurückkehren redintegrare – wiederherstellen
17)	sub-	unter-, darunter-, von unten nach oben, heimlich, zu Hilfe	suscipere – unternehmen subducere – (*von unten*) hinauf-führen subvenire – zu Hilfe kommen succurrere – zu Hilfe eilen suspicere – *von unten nach oben schauen*: beargwöhnen, verdächtigen
18)	super-	über-, übrig-	superesse – übrig sein
19)	trans-	über-, hinüber	tradere – übergeben transire – überschreiten, hinübergehen

Man muss beachten, dass die Präfixe Verben ihre ursprüngliche Bedeutung zu Gunsten einer übertragenen verlieren können.
Zum Beispiel kommt man bei **committere** mit „*zusammenschicken*" nur weiter, wenn man ein wenig seine Phantasie spielen lässt.
So mag hinter **proelium committere** *(eine Schlacht beginnen)* die bildliche Vorstellung des Zusammentreibens der beiden feindlichen Schlachtreihen stehen, bei **scelus committere** *(ein Verbrechen begehen)* das Zusammenführen von Plan und Ausführung und bei **promittere** *(versprechen)* das „Vorschicken" von Worten, denen die Tat folgen soll.

Ansonsten gelten bei der Synthese von Präfix und Simplex zum Kompositum die Regeln der Assimilation:
adportare → apportare; conmittere → committere; ab-ferre → auferre; exfugere → effugere; adficere → afficere; conripere → corripere; submittere → summittere; adcurrere → accurrere u. a.

Die Römer hatten nur wenige Vornamen zu vergeben; daher lohnt es sich, auch im Hinblick auf die mündliche Prüfung, ihre Abkürzungen zu verstehen:

A.	Aulus	L.	Lucius	Ser.	Servius
App.	Appius	M.	Marcus	Sex.	Sextus
C.	Gaius	M.'	Manius	Sp.	Spurius
Cn.	Gnaeus	P.	Publius	T.	Titus
D.	Decimus	Q.	Quintus	Ti(b).	Tiberius

Anhang

Register zur Formenlehre

Adverbbildung	S. 82 f.
Bildung der Verben im Präsens- und Perfektstamm	S. 50
cum – Nebensätze m. Indikativ u. Konjunktiv	S. 109 f.
Deklinationen:	
- a-Deklination	S. 19
- o-Deklination	S. 19; 24; Anh. 5
- dritte Deklination (Überblick)	S. 31
- Konsonantische Deklination	S. 31 f; Anh. 5
- Mischgruppe	S. 41; Anh. 5
- i-Deklination	S. 59, 166; Anh. 5
- e-Deklination	S. 42
- u-Deklination	S. 107
- Pronominaladjektive und *quidam; aliquis*	S. 83 f.
Demonstrativa: *hic / ille*	S. 66 / 73
Deponentien	S. 93
ferre u. Komposita	S. 112
fieri	S. 108 f.
Futur I Aktiv (aller Konjugationen und von *esse, posse* und *ire*)	S. 36 f.; Anh. 2
Futur II Aktiv und Passiv	S. 98; Anh. 3
Gerundium und Gerundivum (Bildung)	S. 124; 131
Indikativ Plusquamperfekt Aktiv	S. 48 f; Anh. 3
Indikativ Perfekt und Plusquamperfekt Passiv	S. 49 f.
Indikativ Präsens Aktiv u. Imperative (a-, e-, i- Konjugation)	S. 19 f.; Anh. 2
Indikativ Imperfekt Aktiv (a-, e-, i-Konjugation, *esse* und *posse*)	S. 25; Anh. 2
Indikativ Präsens von *esse*	S. 19
Indikativ Präsens u. Imperfekt / Perfekt von *ire*	S. 28; 30
Indikativ Präsens Aktiv (konsonantische Konjugation, mit i-Erweiterung)	S. 30; Anh. 2
Infinitive und Partizipien	Anh. 4
Komparation / unregelmäßige Komparation	S. 116 f.
Komparativ (Adjektiv und Adverb)	S. 116
Interrogativpronomen	S. 42
ipse, a, um	S. 66
is, ea, id / idem, eadem, idem	S. 56 / S. 80
Konjunktiv Imperfekt Aktiv u. Passiv	S. 92; Anh. 2
Konjunktiv Perfekt Aktiv u. Passiv	S. 98; Anh. 3
Konjunktiv Plusquamperfekt Aktiv und Passiv	S. 92; Anh. 3
Konjunktiv Präsens (auch von *esse*)	S. 84; Anh. 2
Partizip Futur Aktiv	S. 107
Partizip Perfekt Passiv	S. 49; Anh. 4
Partizip Präsens Aktiv	S. 73
Passivformen des Präsensstamms (Indikativ)	S. 55 f.; Anh. 2
Perfektbildungen – Überblick	S. 30
v- und u-Perfekt	S. 28; Anh. 3
s -Perfekt, Dehnungsperfekt, Perfekt ohne Veränderung	S. 30
Reduplikationsperfekt	S. 36
Reflexivpronomen	S. 48
Relativpronomen	S. 48
Superlativ (Adjektiv, Adverb)	S. 82
velle, nolle, malle	S. 123
Zahlwörter	S. 163, 168

Register zur Syntax

Ablativ (Grundfunktionen)	S. 33; Anh. 20 f.
einige Funktionen des Instrumentalis	S. 43; 60; Anh. 20 f.
weitere semantische Funktionen:	
abl. limitationis	S. 104; Anh. 20 f.
abl. separativus, Sondergruppen: *abl. comparationis*, *abl. originis*	S. 52; 119
Ablativus absolutus u. nominaler *ablativus absolutus*	S. 76 f.; S. 85; Anh. 14
accusativus cum infinitivo (AcI), Zeitverhältnisse	S. 43 ff.
accusativus cum participio (AcP)	S. 124
Adverbiale (*Übersicht*)	Anh. 13
Attribut (Füllungsarten)	S. 61
Aufbau des Satzes (Satzglieder)	S. 21 f.
coniugatio periphrastica (Umschreibung in konjunktivischen Nebensätzen)	S. 138
coniunctivus obliquus – *oratio obliqua* (indirekter Rede); Beispiel	S. 88; Anh. 28–30
consecutio temporum (Zeitenfolge im konjunktivischen Nebensatz)	S. 102; Anh. 27
Doppelter Akkusativ / doppelter Nominativ	S. 117 ff.
dativus commodi und *finalis*	S. 103 f.; Anh. 18 f.
dativus possessivus (*gen. possessivus*)	S. 29; Anh. 18 f.
Futur II (Verwendung in Konditionalsätzen)	S. 99
Genitiv, einige semantische Funktionen außer dem *possessivus*:	
subiectivus / *obiectivus* und *partitivus*	S. 59 f.; Anh. 16 f.
Gerundium	S. 121 f.; Anh. 33
Gerundivum	S. 131 ff.; 139 ff.; Anh. 33
hic und *ille* (Verwendung)	S. 63; S. 74
is, ea, id (Verwendung)	S. 58 f.
Indefinitpronomina (Übersicht)	Anh. 15
Indirekte Rede	Anh. S. 29 f.
Infinitiv als notwendige Ergänzung von Modalverben	S. 25
Interrogativpronomen (substantivischer, adjektivischer Gebrauch)	S. 42
Konditionalsätze (Indefinitus, Potentialis, Irrealis)	S. 87; S. 94; Anh. 25 f.
Konjunktiv (Präsens) im Hauptsatz	S. 86; Anh. 24
Konjunktiv im Nebensatz:	
innerlich abhängige Nebensätze	S. 99 ff.; Anh. 25 f.
erweiterter Gebrauch (*cum*, Konsekutivsätze)	S. 101; 109 f.; Anh. 25 f.
NcI (*Nominativ mit Infinitiv*)	S. 118 f.
Partizip Perfekt (Passiv) als Attribut	S. 60 f.
participium coniunctum	S. 68 f.; Anh. 14
Partizip Präsens Aktiv als *participium coniunctum*	S. 75 f.; Dekl. Anh. 5
Passiv (Übersetzungsvarianten)	S. S. 75
Praedicativum (einige Füllungsarten)	S. 67 ff.; Anh. 12
praesens historicum (historisches Präsens)	S. 138
Reflexivität (auch im AcI)	S. 51 f.
Reflexivität (direkte und indirekte)	S. 51 f.; S. 56 f.; S. 112
Relativpronomen, Relativsatz	S. 51
relativischer Satzanschluss	S. 77
Relativsätze mit adverbialem Nebensinn	S. 142 f.; Anh. 25; 32)
Satzglieder (bes.: Attribut, Prädikatsnomen, Adverbiale)	S. 21 f.; Anh. 11
Verbalaspekte des Imperfekts und Perfekts	S. 37 f.
Verschränkter Relativsatz (AcI)	S. 125 ff.; Anh. 22 f.

Lösungen zu den Übungen

Lektion 2

1) Ergänzen Sie die fehlenden Endungen in dem Lückentext:

Puellae ad ar**am** templ**i** proper**ant**. Cunct**os** de**os** adora**re** cogit**ant**.
Post mult**a** proeli**a** Quintus patri**am** su**am** vid**et**. Helvius amic**um** salut**at**
et fili**as** su**as** voc**at**. Serv**i** et serv**ae** cen**am** par**ant** et cib**os** bon**os** apport**ant.**
Quintus de pericul**is** bell**i** narr**at**. Viri semper nov**a** castell**a** colloc**are** debeb**ant**.
Nunc Quint**o** verb**a** desunt, quod defatigat**us** est.

2) Verwandeln Sie in die angegebenen Formen:

a) properare → *properas* → *propero* → *properabam* → *properabant* → *properant* → *properas*

b) gaudere → *gaudes* → *gaudeo* → *gaudebam* → *gaudebant* → *gaudent* → *gaudes*

c) esse → *es* → *sum* → *eram* → *erant* → *sunt* → *es*

d) posse → *potes* → *possum* → *poteram* → *poterant* → *possunt* → *potes*

e) venire → *venis* → *venio* → *veniebam* → *veniebant* → *veniunt* → *venis*

3) Bestimmen Sie die Substantive nach Kasus, Numerus und Geschlecht:

a) filia (3)   Nom., Ablat. u. Vokat. Sg. fem.
b) servae (4)   Nom., Gen., Dat. Sg. und Nom. Pl. fem. (auch Vok. Pl.)
c) proelii   Gen. Sg. n.
e) proelia (2) Nom. u. Akk. Pl. n. (theoretisch auch Vok. Pl.)
d) viri (2)   Gen. Sg. u. Nom. Pl. m. (auch Vok. Plur.)

4) Setzen Sie die Formen in den jeweils anderen Numerus:

a) deam magnam → *deas magnas* b) proeliis duris → *proelio duro*
c) viros feros → *virum ferum*   d) castelli nostri → *castellorum nostrorum*
e) vinum bonum → *vina bona*   f) servae nostrae → *servarum nostrarum; servis nostris; serva nostra*
g) copiarum magnarum → *copiae magnae*
h) adversariis feris → *adversario fero*

Lektion 3

Bilden Sie von den folgenden Formen das Imperfekt und danach das Perfekt:

a) narramus   → *narrabamus*   → *narravimus*
b) possumus   → *poteramus*   → *potuimus*
c) possunt   → *poterant*   → *potuerunt*
d) sunt   → *erant*   → *fuerunt*
e) sumus   → *eratis*   → *fuistis*
f) salutatis → *salutabatis* → *salutavistis*
g) habetis   → *habebatis*   → *habuistis*
h) habeo   → *habebam*   → *habui*
i) potestis   → *poteratis*   → *potuistis*
j) habent   → *habebant*   → *habuerunt*
k) audis   → *audiebas*   → *audivistis*
l) audiunt   → *audiebant*   → *audiverunt*

Lektion 4

1) Ergänzen Sie die passende Endung:

a) scel**eris**   magni   b) vuln**eribus** parvis
c) scel**eri / ere** magno (2)   d) facin**orum**   praeclarorum
e) facin**us**   magnum   f) facin**oris**   praeclari

2) Vervollständigen Sie diese Tabelle:

laudare	mittere	habere	fugere	esse
laudamus	mittimus	habemus	fugimus	sumus
laudabatis	mittebatis	habebatis	fugiebatis	eratis
laudaverunt	miserunt	habuerunt	fugerunt	fuerunt
laudant	mittunt	habent	fugiunt	sunt
laudavistis	misistis	habuistis	fugistis	fuistis
laudavi	misi	habui	fugi	fui
laudas	mittis	habes	fugis	es
laudabamus	mittebamus	habebamus	fugiebamus	sumus
laudavit	misit	habuit	fugit	fuit

3) Bilden Sie die entsprechenden Formen von ire und übersetzen Sie:

	venire	ire	Übersetzung
a)	veni!	i!	gehe! verschwinde!
b)	veniebant	ibant	sie gingen
c)	vēni	ii	ich bin gegangen
d)	veniunt	eunt	sie gehen
e)	veniebam	ibam	ich ging
f)	venistis	istis	ihr seid gegangen
g)	venerunt	ierunt	sie sind gegangen

Lektion 5

1) Ordnen Sie die Adjektive den Substantiven formal zu:

duces	--	boni
duci	--	bono
ducum	--	bonorum
ducibus	--	bonis
dux	--	bonus
duce	--	bono
ducem	--	bonum
ducis	--	boni
duces	--	bonos

2) Vervollständigen Sie die Tabelle:

delectare	studere	occidere	posse	dormire
delecto	studeo	occido	possum	dormio
delectas	**studes**	occidis	potes	dormis
delectatis	studetis	**occiditis**	potestis	dormitis
delectant	student	occidunt	**possunt**	dormiunt
delectabo	studebo	occidam	potero	**dormiam**
delectabit	studebit	occidet	**poterit**	dormiet
delectabunt	studebunt	**occident**	poterunt	dormient
delectabamus	**studebamus**	occidebamus	poteramus	dormiebamus
delectavistis	studuistis	occidistis	potuistis	dormivistis

3) Ergänzen Sie den Lückentext und übersetzen Sie:

1) Quintus hospit**ibus** de vita milit**um** multa narra**t**.
   Quintus berichtetet den Gästen viel über das Leben der Soldaten.

2) Marc**us** frat**er** fratr**em** mult**is** verb**is** laudat.
   Sein Bruder Marcus lobt den Bruder mit vielen Worten.

3) Quintus narra**re** pergit: „Hostes legion**i** me**ae** insid**ias** parabant.
   Quintus fährt fort zu erzählen: „Die Feinde stellten meiner Legion (immer wieder) Fallen.
   Aliquando pericul**um** maxim**um** fuit. Nam nonnulli arbor**es** caedeb**ant**;
   Eines Tages war die Gefahr sehr groß. Denn einige fällten (gerade) Bäume;
   alii loc**um** vallo foss**a**que munieb**ant**. Subito hostes clamav**erunt** et in nos
   e proxim**is** silv**is** cucurr**erunt**.
   andere sicherten den Ort mit einem Wall und einem Graben. Plötzlich erhoben die Feinde
   ein Geschrei und liefen aus den nahen Wäldern auf uns zu.

4) At Romani loc**um** viribus summ**is** defend**erunt** et hostes pepul**erunt**.
   Aber die Römer verteidigten die Stellung mit letzten Kräften und vertrieben die Feinde.
   Ego eos *(sie)* laudav**i** : «Vos officium bon**orum** milit**um** praestit**istis**. Caesar quoque
   vos laudab**it**. » Ich habe sie gelobt : « Ihr habt die Pflicht tüchtiger Soldaten erfüllt. Auch
   Caesar wird euch loben. »

5) Quamquam tunc castra firm**avimus** vallo**que** muniv**imus**, quieti nos non
   tradid**imus**." Obwohl wir dann das Lager sicherten und mit einem Wall befestigten,
   gaben wir uns nicht der (Nacht)ruhe hin."

6) Cicero, postquam de facin**oribus** audivit, dix**it**: „Laet**us** sum, quod magn**am**
   laud**em** nomin**i** famili**ae** nostr**ae** parav**isti** ." Nachdem Cicero von den Taten gehört hatte, sprach er: „Ich bin froh darüber, dass du dem Namen unserer Familie großen Ruhm verschafft hast."

Lektion 6

Übersetzen Sie folgende Sätze:

1 a) Quintus hostes e silvis currere videt / vidit.
   Quintus sieht, dass die Feinde aus dem Wald laufen / sah, dass die Feinde ... liefen.
1 b) Quintus hostes e silvis cucurisse videt / vidit.
   Quintus sieht, dass die Feinde aus dem Wald gelaufen sind / sah, dass die F. gelaufen waren.
2) Scimus Quintum fratrem Ciceronis fuisse.
   Wir wissen, dass Quintus der Bruder Ciceros gewesen ist.
3) Cicero gaudebat fratrem tantas res gessisse.
   Cicero freute sich, dass sein Bruder so große Taten vollbracht hatte.
4) Polyxena narrat Romanos multos deos coluisse.
   Polyxena erzählt, dass die Römer viele Götter verehrten.
5) Audimus quoque Polydorum ignarum esse multarum rerum.
   Wir hören auch, dass Polydorus über viele Dinge nicht Bescheid weiß.
6) Audivimus Polydorum multarum rerum fuisse ignarum.
   Wir haben gehört, dass Polydorus über viele Dinge nicht Bescheid gewusst hatte.
7) Notum erat Iovem dolo Saturnum vicisse.
   Es war bekannt, dass Iuppiter Saturn mit einer List bezwungen hatte.
8) Iovem iustitia orbem terrarum regnare intellexistis.
   Ihr habt eingesehen, dass Iuppiter die Welt mit Gerechtigkeit regierte.

Lektion 7

1) *Ergänzen Sie das Relativpronomen und übersetzen Sie:*

1) Polydorus servus, **quem** amici semper irrident, dolet se irrisum esse.
   Der Sklave Polydorus, den die Freunde immer auslachen, ist traurig darüber, dass er ausgelacht worden ist.

2) Iuppiter, **cui** dea prudentiae amore iuncta erat, pater Minervae fuit.
   Iuppiter, dem die Göttin der Weisheit in Liebe verbunden war, war der Vater der Minerva.

3) Minerva, **quam** Iuppiter timebat, patri semper paruit.
   Minerva, die Iuppiter fürchtete, gehorchte immer ihrem Vater.

4) Iuppiter, **cuius** regnum nunc confirmatum est, mundum iustitia regnavit.
   Iuppiter, dessen Herrschaft nun bestätigt wurde, regierte die Welt mit Gerechtigkeit.

5) Omnia, **quae** Polydorus de Iove narraverat, ab amicis audita sunt.
   Alles, was Polydorus über Iuppiter erzählt hatte, wurde von den Freunden gehört.

2) Verwandeln Sie folgende Sätze ins Passiv und übersetzen Sie:

1) Iuppiter Saturnum vicit. → **Saturnus a Iove victus est.**
   Saturn ist von Iuppiter besiegt worden.

2) Iuppiter deam prudentiae cepit et devoravit. → **Dea prudentiae a Iove capta et devorata est.** Die Göttin der Weisheit wurde von Iuppiter ergriffen und verschlungen.

3) Iuppiter Minervam verbis conciliavit. → **Minerva a Iove verbis conciliata est.**
   Minerva wurde von Iuppiter durch Worte versöhnt.

4) Tum dei regnum Iovis confirmaverunt. → **Tum regnum Iovis a deis confirmatum est.** Darauf wurde die Herrschaft Iuppiters von den Göttern bestätigt.

3) Ergänzen Sie die Tabelle:

despicere	salutare	colere	tradere	vincere
despexerant	salutaverant	*coluerant*	*tradiderant*	*vicerant*
despici	salutari	*coli*	*tradi*	*vinci*
despice	saluta	*cole*	*trade*	*vince*
despecti erant	salutati erant	*culti erant*	*traditi erant*	*victi erant*
despectum esse	salutatum esse	*cultum esse*	*traditum esse*	*victum esse*
despiceris	salutaris	*coleris*	*traderis*	*vinceris*

Lektion 8

Tragen sie die Formen des Futur in die Tabelle ein:

PRÄSENS	FUTUR I	PRÄSENS	FUTUR I
delectatur	*delectabitur*	delectat	*delectabit*
rideris	*rideberis*	rides	*ridebis*
vincuntur	*vincentur*	vincunt	*vincent*
monemini	*vincimini*	monetis	*vincetis*
conspiceris	*conspiciēris*	conspicis	*conspicies*
videris	*videberis*	vides	*videbis*
audior	*audiar*	audio	*audiam*
audimur	*audiemur*	audimus	*audiemus*
diceris	*dicēris*	dicis	*dices*
vincor	*vincar*	vinco	*vincam*

Lektion 9

1) Übersetzen Sie die Partizip-Bezirke mit adverbialen Nebensätzen:

1) Helvetii a Caesare victi in patriam redire coacti sunt.
   Weil / nachdem die Helvetier von Caesar besiegt worden waren, wurden sie gezwungen, in ihre Heimat zurückzukehren.
2) Amici verbis pueri audacis lacessiti narrationem audiverunt.
   Obwohl die Freunde von den Worten des frechen Jungen gereizt worden waren, hörten sie (dennoch) seine Erzählung an.
3) Scimus Iovem amore incensum Ganymedem rapuisse.
   Wir wissen, dass Iuppiter Ganymed entführte, weil er von Liebe entbrannt war.
4) Hostes timore liberati castra Romanorum oppugnaverunt / oppugnabunt.
   Weil die Feinde von Furcht befreit (worden) waren, belagerten sie das Lager der Römer.
   Weil / Wenn die Feinde von Furcht bereit (worden) sind, werden sie das L. der R. belagern.
5) Polydorus amicis narrationibus non delectatis narrare perrexit.
   Polydorus fuhr fort, seinen Freuden (Geschichten) zu erzählen, obwohl sie nicht von seinen Erzählungen erfreut (worden) waren.

2) Ergänzen Sie das Relativpronomen und übersetzen Sie:

1) Polydorus, **a quo** amici lacessuntur, novam narrationem incipit.
   Polydorus, von dem die Freunde gereizt werden, fängt eine neue Erzählung an.
2) Ganymedes, **quem** Iuppiter valde amavit, ad Olympum montem abductus est.
   Ganymed, den Iuppiter sehr liebte, wurde auf den Olymp entführt.
3) Proclus, **cui** verba pueri non placent, de Caesaris oratione narrat.
   Proclus, dem die Worte des Jungen nicht gefallen, berichtet von einer Rede Caesars.
4) Milites, **quorum** virtute Galli victi erant, a Caesare praemia acceperunt.
   Die Soldaten, durch deren Tapferkeit die Gallier besiegt worden waren, erhielten von Caesar Belohnungen.
5) Non omnia, **quae** Caesar fecit, laudamus.
   Wir loben nicht alles, was Caesar getan hat.
6) Cicero, **cuius** eloquentia *(Beredsamkeit)* ingens erat, suo anno consul fuit.
   Cicero, dessen Beredsamkeit gewaltig war, wurde zum frühest möglichen Zeitpunkt Konsul.

Lektion 10

1) Ergänzen Sie die Endungen der Partizipien und übersetzen Sie:

Proclo rident**e** Polydorus narrare incipit: „Iuppiter pulchritudine Europae mot**us** exclamavit: « Quo modo huic puellae appropinquare possum nihil sentient**i**? Dolum adhibebo formam meam mut**ans**. » Itaque deus in formam tauri mutat**us** ad Asiae litus pervenit. Ibi amicae Europae eum conspicient**es** territae sunt. Amicis territis Europa sola remansit et nihil tim**ens** propius accessit."

Obwohl Proclus lacht, beginnt Polydorus zu erzählen: „Weil Iuppiter von der Schönheit Europas beeindruckt (worden) war, rief er aus: «Wie kann ich mich diesem Mädchen nähern, ohne dass sie es bemerkt? Ich werde eine List anwenden, indem ich meine Gestalt verwandele.» Nachdem sich daher der Gott in die Gestalt eines Stieres verwandelt hatte, gelangte er zur Küste Kleinasiens. Als ihn dort die Freundinnen der Europa sahen, wurden sie erschreckt (oder: erschraken). Obwohl die Freundinnen in Schrecken geraten waren, blieb Europa allein zurück und kam näher heran, ohne etwas zu fürchten."

2) Ordnen Sie die Adjektive den entsprechenden Substantiven zu:

1)	hostium	--	laetorum	5)	legum	--	atrocium
2)	fabulae	--	incredibilis	6)	dominarum	--	crudelium
3)	virum	--	felicem	7)	amicis	--	celeribus
4)	cum rege	--	felici	8)	cum homine	--	grato

3) Ergänzen Sie die Tabelle:

amare	terrere	rapere	subigere	deponere
amari	terreri	rapi	subigi	deponi
amatur	terretur	rapitur	subigitur	deponitur
amavisse	terruisse	rapuisse	subegisse	deposuisse
amabimini	terrebimini	rapiemini	subigemini	deponemini
amati erant	territi erant	rapti erant	subacti erant	depositi erant
amaveras	terrueras	rapueras	subegeras	deposueras

4) Bestimmen und übersetzen Sie folgende Formen:

1)	mutant	3. Sg. Ind. Präs. Akt. sie verwandeln
2)	mutantes (2)	Nom. u, Akk. Pl. m. u. f. Part. Präs. Akt.
3)	mutanti	Dat. Sg. m., f. u. n. Part. Präs. Akt.
4)	mutate	Imperativ Pl. verwandelt!
5)	mutatis (3)	1) 2. Pl. Ind. Präs. Akt. ihr verwandelt 2/3) Dat. u. Abl. Pl. P. P. P.
6)	mutantis	Gen. Sg. m., f., n. Part. Präs. Akt.
7)	mutantium	Gen. Pl. m., f. u. n. Part. Präs. Akt.
8)	mutas	2. Sg. Ind. Präs. Akt. du verwandelst
9)	mutans	Nom. Sg. m., f. u. n. Part. Präs. Akt.
10)	mutantibus (2)	Dat. u. Abl. Plur. des Part. Präs. Akt.
11)	mutaberis	2. Pers. Sg. Fut. I Pass. du wirst verwandelt werden
12)	muta	Imperativ Sg. verwandele!

5) Verwandeln Sie die vorgegebenen Formen in die folgenden Tempora:

Präsens	Imperfekt	Perfekt	Futur I	Plusquampf.
raperis	rapiebaris	raptus, a, um es	rapiēris	raptus eras
subigunt	subigebant	subegerunt	subigent	rapuerant
movetur	movebatur	motus, a, um est	movebitur	motus erat
doces	docebas	docuisti	docebis	docueras
domas	domabas	domuisti	domabis	domueras
habemini	habebamini	habiti, ae, a estis	habebimini	habiti eratis
dicimus	dicebamus	dixistis	dicetis	dixeratis
amatis	amabatis	amavistis	amabitis	amaveratis
incendis	incendebas	incendisti	incendes	incenderas
coniungor	coniungebar	coniunctus sum	coniungar	coniunctus eram
do	dabam	dedi	dabo	dederam

6) Polydorus beherrscht das Lateinische nicht perfekt: Welche Fehler finden Sie?

1) diligi - <u>diliga</u> - diliges - <u>diliger</u> - deligeris - diligunt - diligent
2) maris - mari - <u>marem</u> - mare - <u>marum</u> - <u>mara</u> - maribus - maria - <u>mares</u>
3) salutem - saluta - saluto - saluti - <u>salutam</u> - salute - salutas - salutis - <u>salutos</u>
4) incredibile - <u>incredibilo</u> - increbili - incredibilia - incredibiles - incredibilis
5) coniungi - <u>possi</u> - <u>posso</u> - ama - <u>possa</u> - potueras - accipi - accepi - posse

Lektion 11

1) Bilden Sie die entsprechende Form des Konjunktivs Präsens:

a) rogo → *rogem* b) capior → *capiar*
c) facio → *faciam* d) audiris → *audiaris*
e) ades → *adsis* f) ducimini → *ducamini*
g) oppugnatur → *oppugnetur* h) solent → *soleant*
i) vincunt → *vincant* j) dimittit → *dimittat*

2) Bilden Sie von folgenden Adjektiven die Adverbien:

a)	pulcher	→	*pulchre*	b)	bonus	→	*bene*
c)	certus	→	*certe*	d)	severus	→	*severe*
e)	celer	→	*celeriter*	f)	sapiens	→	*sapienter*
g)	iustus	→	*iuste*	h)	crudelis	→	*crudeliter*

3) Ergänzen Sie die Lücken bei den Pronomina:

a)	h**uius** animalis	b)	qu**ae**dam animalia
c)	qu**orun**dam animalium	d)	qu**en**dam hominem
e)	h**orum** hominum	f)	h**arum** curarum
g)	ill**a** verba	h)	h**aec** verba
i)	**i**dem vinum	j)	**eun**dem imperatorem
k)	**i**dem rex	l)	**ii**dem reges
m)	qu**an**dam reginam	n)	**eius**dem regis
o)	ill**ius** regis	p)	ill**i** regi
q)	ill**orum** civium	r)	ill**is** temporibus
s)	h**unc** civem	t)	h**anc** sitim

Lektion 13

Bilden Sie von folgenden Formen die entsprechenden Konjunktive:

1) amant → *ament*   2) vocavisti → *vocaveris*   3) venit → *veniat*

4) vēnit → *venerit*   5) dicebatur → *diceretur*   6) fugiebant → *fugerent*

7) dictum est → *dictum sit*   8) iudicatum erat → *iudicatum esset*   9) iudicant → *iudicent*

10) dicunt → *dicant*   11) incenditur → *incendatur*   12) sentis → *sentias*

13) auditur → *audiatur*   14) fecerunt → *fecerint*   15) is → *eas*

16) eramus → *essemus*   17) poteramus → *possemus*   18) potui → *potuerim*

19) sequeris → *sequaris*   20) secuti eramus → *secuti essemus*   21) cognovi → *cognoverim*

Lektion 14

1) Bilden Sie die entsprechenden Formen von ferre:

portare	ferre	apportare	afferre
porta!	fer!	apportas	affers
portabas	ferebas	apportaris	afferris
portatur	fertur	apportatus erat	allatus erat
portate!	ferte!	apportari	afferri
portabo	feram	apportavissemus	attulissemus
portaberis	ferēris	apportati sint	allati sint
portaturus	laturus	apportaverant	attulerant
portati erunt	lati erunt	apportatis	affertis
portabunt	ferent	apportabuntur	afferentur
portaverint	tulerint	apportarent	afferrent
portavistis	tulistis	apportabit	afferet

2) Bilden Sie nun die entsprechenden Formen von folgenden Komposita:

1) auferre   2) efferre   3) offerre

portare	auferre	efferre	offerre
porta!	aufer!	effer!	offer!
portabas	auferebas	efferebas	offerebas
portatur	aufertur	effertur	offertur
portate!	auferte!	efferte!	offerte!
portabo	auferam	efferam	offeram
portaberis	auferēris	efferēris	offerēris
portaturus	ablaturus	elaturus	oblaturus
portati erunt	ablati erunt	elati erunt	oblati erunt
portabunt	auferent	efferent	offerent
portaverint	abstulerint	extulerint	obtulerint
portavistis	abstulistis	extulistis	obtulistis
apportare	**auferre**	**efferre**	**offerre**
apportas	aufers	effers	offers
apportaris	auferris	efferris	offerris
apportatus erat	ablatus erat	elatus erat	oblatus erat
apportari	auferri	efferri	offerri
apportavissemus	abstulissemus	extulissemus	obtulissemus
apportati sint	ablati sint	elati sint	oblati sint
apportaverant	abstulerant	extulerant	obtulerant
apportatis	aufertis	effertis	offertis
apportabuntur	auferentur	efferentur	offerentur
apportarent	auferrent	efferrent	offerrent
apportabit	auferet	efferet	offeret

3) *Bilden Sie von folgenden Verben das Partizip Futur Aktiv:*

a)	rogare	→ *rogaturus*	b)	ponere	→	*positurus*
c)	mittere	→ *missurus*	d)	facere	→	*facturus*
e)	legere	→ *lecturus*	f)	addere	→	*additurus*
g)	cogere	→ *coacturus*	h)	iubere	→	*iussurus*
i)	frangere	→ *fracturus*	j)	fallere	→	*decepturus (!)*

4) *Ergänzen Sie die fehlenden Endungen:*

a)	nostri exercit**us**	b)	nostrae man**ūs / ui / ūs**
c)	exercitum ingent**em**	d)	dom**orum** nostr**arum**
f)	impet**ui** magno	g)	exercit**ibus** magnis
h)	impet**us** magnos	i)	dom**os** magn**as**

Lektion 15

1) *Ergänzen Sie die Endung:*

a)	iuveni celerior**i**	b)	iuvene celerior**e**
c)	animalia ferocior**a**	d)	beluae ferocior**is / i / es**
e)	dominum crudelior**em**	f)	dominorum crudelior**um**

2) *Übersetzen Sie:*

1) Polydorum puerum prudentem esse puto. → AcI
 Ich glaube, dass Polydorus ein kluger Junge ist.
2) Polydorus puer prudens esse putatur. →NcI
 Man glaubt, dass Polydorus ein kluger Junge ist.
3) Polydorum puerum prudentem puto. → doppelter Akkusativ
 Ich halte Polydorus für einen klugen Jungen.
4) Polydorus puer prudens putatur. → doppelter Nominativ
 P. wird für einen klugen Jungen gehalten / gilt als kl. Junge.
5) Homerus caecus *(blind)* fuisse dicitur. → ? NcI
 Es wird gesagt, dass Homer blind gewesen ist /
 Homer soll blind gewesen sein.
6) Romulus Remum fratrem occidisse traditur. → ? NcI
 Es wird überliefert, dass Romulus seinen Bruder Remus
 getötet hat / der Überlieferung nach hat Romulus ...
7) Propterea Romulum crudelem putemus? → ? doppelter Akkusativ
 Sollen wir Romulus deshalb für grausam halten?

8) Germani audacissimi habebantur. → ? doppelter Nominativ
   Die Germanen wurden für sehr verwegen gehalten.
9) Polydorus officia neglexisse videtur. →? NcI
   Polydorus scheint seine Pflichten vernachlässigt zu haben.
10) Video Polydorum officia neglexisse. → ? AcI
    Ich sehe, dass Polydorus seine Pflichten vernachlässigt hat.

Lektion 16

1) Bestimmen und übersetzen Sie folgende Formen von velle, nolle, malle:

a)	malam	1. Sg. Fut., ich werde lieber wollen
b)	mallem	1. Sg. Konj. Imperf., ich würde lieber wollen, zöge vor
c)	malim	1. Sg. Konj. Präs, ich möge lieber wollen
d)	malui	1. Sg. Ind. Perf., ich habe lieber gewollt
e)	malis	2. Sg. Konj. Präs., du mögest lieber wollen
f)	males	2. Sg. Fut., du wirst lieber wollen
g)	nolint	3. Pl. Konj. Präs., sie mögen nicht wollen
h)	velitis	2. Pl. Konj. Präs., ihr möget wollen
i)	vultis	2. Pl. Ind. Präs., ihr wollt
j)	mavis	2. Sg. In. Präs., du willst lieber

2) Ergänzen Sie die Tabelle:

probare	*transire*	*suspicere*	*sentire*	*agere*
probandum	transeundum	suspiciendum	sentiendum	agendum
probavit	**transiit**	suspexit	sensit	egit
probabitur	transibitur	**suspicietur**	sentietur	agetur
probantem	transeuntem	suspicientem	**sentientem**	agentem
probaturi	transituri	suspecturi	sensuri	**acturi**
probari	transiri	suspici	**sentiri**	agi
probarent	transirent	**suspicerent**	sentirent	agerent
probet	**transeat**	suspiciat	sentiat	agat
proba	transi	suspice	senti	age

3) Übersetzen Sie:

1) Caesar, quem inimicis odio fuisse legimus, regnum petebat.
    Caesar, von dem wir gelesen haben, dass er seinen Feinden verhasst gewesen war, strebte nach der Königsherrschaft.
2) Cicero Caesarem, quem patriae bellum inlaturum esse audivit, valde reprehendebat.
    Cicero tadelte Caesar sehr, von dem er hörte, dass er dem Vaterland den Krieg bringen wolle.
    oder: Cicero tadelte Caesar sehr, der, wie er hörte, dem Vaterland den Krieg bringen wollte.
3) Sabini, quorum filias a Romanis raptas esse constat, irati erant.
    Die Sabiner, deren Töchter, wie es feststeht, geraubt wurden, waren erzürnt.
4) Caesar in Helvetios, quos flumen transire vidit, impetum fecit.
    Caesar griff die Helvetier an, die, wie er sah, den Fluss überquerten.

Lektion 17

1) Ergänzen Sie die Tabelle:

colere	ferre	impedire	statuere	regere	vincere
coli	ferri	impediri	statui	regi	vinci
colas	**feras**	impedias	statuas	regas	vincas
colit	fert	**impedit**	statuit	regit	vincit
colemus	feremus	impediemus	**statuemus**	regemus	vincemus
cole	fer	impedi	statue	**rege**	vince
colui	tuli	impedivi	statui	rexi	**vici**
coluisse	tulisse	impedivisse	statuisse	**rexisse**	vicisse
coleret	ferret	impediret	**statueret**	regeret	vinceret
colantur	ferantur	**impediantur**	statuantur	regantur	vincantur
coluerit	**tulerit**	impediverit	statuerit	rexerit	vicerit
coluissent	tulissent	impedivissent	statuissent	rexissent	vicissent
cultum esse	latum esse	impeditum esse	statutum esse	rectum esse	victum esse

2) Bestimmen Sie folgende Formen:

a) ferendi   Gen. Sg. Gerundium; Gen. Sg. m. u. n. und Nom. Pl. m. Gerundiv

b) ferenti   Dat. Sg. Part. Präs. Akt. (ferre, s. a. o.)

c) impedientis   Gen. Sg. Part. Präs. Akt. (impedire)

d) impediendis   Dat. u. Abl. Pl. Gerundiv (impedire)

e) lectum   Akk. Sg. m. und Nom. u. Akk. Sg. n. Part. Perf. Pass. (legere)

f) legendum   Akk. Sg. m., Nom. u. Akk. Sg. n. Gerundiv (legere)
                  (Akk. Sg. Gerundium nur mit Präposition!)

g) legentem   Akk. Sg. m. u. f. Part. Präs. Akt. (legere)

h) regentes	Nom. u. Akk. Pl. m. u. f. Part. Präs. Akt. (regere)	
i) regendos	Akk. Pl. m. Gerundiv (regere)	
j) rectos	Akk. Pl. m. Part. Perf. Pass. (regere)	
k) regi *(2)*	Inf. Präs. Pass. von regere; Dat. Sg. von rex (rēgi)	
l) regem	Akk. Sg. von rex	
m) reges *(3)*	2. Sg. Fut. Akt. von regere; Nom. u. Akk. Pl. von rex (rēgēs)	
n) regas	2. Sg. Konj. Präs. Akt. (regere)	
o) rectas	Akk. Pl. f. Part. Präs. Pass. (regere)	
p) rege *(2)*	Imperativ Sg. (regere); Abl. Sg. von rex (rēge)	
q) regendum	Akk. Sg. m. und Nom. u. Akk. Sg. n. Gerundivum; Akk. Gerundium, s. o. f)!	
r) regentium	Gen. Pl. Part. Präs. Akt. (regere, s. a. o.)	
s) rectorum	Gen. Pl. m. u. n. Part. Perf. Pass. (regere)	
t) regam	1. Sg. Fut. I Akt.; 1. Sg. Konj. Präs. Akt. (regere)	
u) regenda	Nom. Sg. f. und Nom. u. Akk. Pl. n. Gerundiv (regere)	
v) regna	Nom. u. Akk. Pl. (regnum); Imperativ Sg. (regnare)	
w) regnis	Dat. u. Abl. Pl. regnum	
x) regis *(2)*	2. Sg. Ind. Präs. Akt. von regere; Gen. Sg. von rex (rēgis)	
y) regentis	Gen. Sg. Part. Präs. Akt. (regere)	
z) regendis	Dat. u. Abl. Pl. Gerundiv (regere)	

Lösungen zu den Übungssätzen im Anhang

Sätze zu den Partizipialkonstruktionen (Anhang 14)

1) Nachdem diese Antwort gegeben worden war (*besser:* nachdem er diese Antwort gegeben hatte *oder:* nach dieser Antwort), ging Divico weg.
2) Caesar kehrte nach Italien zurück, nachdem fünf Legionen in Gallien zurückgelassen worden waren (er ... zurückgelassen hatte).
3) Wenn wir nach Wissen streben, werden wir uns großen Reichtum erwerben.
4) Obwohl Frieden geschlossen war, fingen die Feinde plötzlich an, das Lager der Römer zu bestürmen, aber sie konnten es nicht erobern, obwohl (nur) wenige unserer Leute es verteidigten.
5) Die Feinde umzingelten uns, ohne dass wir es bemerkten.

6) Hannibal musste Italien verlassen, weil er von den Seinen zurückgerufen worden war.
7) Die Römer hörten nicht auf, Hannibal zu fürchten, obwohl er von Scipio völlig besiegt worden war.
8) Obwohl Caesar getötet worden war, konnten die Verschwörer die Freiheit des Staates nicht wiederherstellen (Obwohl die V. Caesar getötet hatten, konnten sie…).
9) Die Feinde besetzten die Stadt schnell, weil niemand Widerstand leistete (ohne dass jemand Widerstand leistete).
10) Catilina stürzte aus dem Senatsgebäude, wobei er nichts sagte (*besser: ohne etwas zu sagen*).

Sätze zum Genitiv (Anhang 17)

1) Das Landhaus **des Marcus Tullius** (*poss.*) ist groß.
2) Die Denkmäler **der Stadt Rom** (*poss.*) erwecken noch heute in uns Bewunderung (*wörtl.: gereichen uns zu Bewunderung*).
3) Durch die Tüchtigkeit **weniger Männer** (*poss.*) ist das Reich der Römer groß geworden.
4) Es ist die Aufgabe **eines guten Redners** (*poss. prägnant*), seine Mitbürger Richtiges und Wahres zu lehren.
5) Es ist die Aufgabe **eines guten Konsuls** (*s. o.*), für den Staat gut zu sorgen.
6) Es ist **ein Zeichen von Dummheit** (*s .o*), bei derselben Angelegenheit zwei Mal einen Fehler zu begehen.
7) Der Tempel, der auf dem Palatin lag, gehörte **Apoll** (*poss.*).
8) Der Begriff „**Diktatur**" (*explicativus*) war den Römern verhasst (*wörtl.: gereichte den Römern zum Hass*).
9) Die Furcht **der Feinde** (*subiectivus*) war so groß, dass sie möglichst schnell flüchteten.
10) Die Römer hatten immer Furcht **vor den Germanen** (*obiectivus*).
11) Es gab keine Hoffnung **auf Rettung** (*s. o.*).
12) Catilina war **nach Alleinherrschaft** (*s. o.*) gierig.
13) Cicero war **von gewaltiger Beredsamkeit** (*qualitatis*).
14) Der Marsch zu den Sequanern betrug **wenige Tage** (*s. o.*).
15) Was für einen (welchen) **Entschluss** (*partitivus*) sollen wir fassen?
16) Wer **von euch** (*s. o.*) kann einen guten Entschluss fassen?
17) Der Vorrat **an Getreide** (*s. o.*) reichte für wenige Tage.
18) Die zurückgelassenen Soldaten boten dem Lager ausreichend **(an) Schutz** (*s. o.*).
19) Catilina bereute **seine Verbrechen** (*Bereich*) nicht.
20) Die Genossen Catilinas wurden **der Verschwörung** (*criminis*) angeklagt und **zum Tode** (*criminis*) verurteilt.
21) Es lag dem Konsul Cicero daran, Catilina aus der Stadt zu vertreiben.
22) Es liegt besonders in meinem / deinem / seinem / unserem / eurem Interesse, dass Frieden herrscht.

Sätze zum Dativ (Anhang 19)

1) Die Römer wollten **besiegte Völker** *(Dativobjekt)* schonen.
2) Orgetorix überredete **die Helvetier** *(s. o.)*, ihr Gebiet zu verlassen.
3) Ein guter Lenker des Staats muss **für alle Bürger** *(commodi)* wohltätig sein *(wörtl: muss allen Bürgern **zum Heil** (finalis) gereichen)*.
4) Die Taten Caesars riefen **bei den Römern** *(comm.)* **große Bewunderung** *(fin.)* hervor
5) Caesar ließ T. Labienus **zum Schutz** *(fin.)* **für das Lager** *(comm.)* zurück.
6) **Orgetorix** *(poss.)* besaß bei den Helvetiern großes Ansehen.
7) **Die römischen Soldaten** *(auctoris, aktiv übersetzt)* mussten eine Brücke bauen.
8) Vercingetorix suchte einen **für das Lager** *(comm.)* geeigneten Ort aus.
9) Caesar schickte **seinen in Bedrängnis geratenen Leuten** *(comm.)* die Reiterei **zu Hilfe** *(finalis)*.
10) **Kaufleute** *(poss.)* hatten keinen Zugang zu den Nerviern.
11) **Für die Gallier** *(comm.)* bedeutete es beim Kampf e**in großes Hindernis** *(fin.)*, dass sie nicht ordentlich genug kämpfen konnten.

Sätze zum Ablativ (Anhang 21)

1) Der Soldat verteidigte sich tapfer **mit dem Schwert** *(instr.)*, wurde aber **von einer Lanze** *(instr.)* verwundet.
2) Der Feldherr wurde **von großem Schmerz** *(instr.)* erfüllt, weil seine Soldaten, obwohl sie **mit höchster Einsatzbereitschaft** *(modi)* kämpften, **in einer äußerst heftigen Schlacht** *(modi)* besiegt wurden.
3) Die Stadt Zama liegt einen Marsch von fünf Tagen **von Karthago** *(separ.)* entfernt.
4) Nachdem L. Sulla sich der Herrschaft bemächtigt hatte, beraubte er viele Gegner nicht nur **der Ehrenstellungen** und **Güter**, sondern auch ihres **Lebens** *(alle separ.)*.
5) L. Brutus befreite den Staat **von der Königsherrschaft** des Tarquinius Superbus; aber das römische Volk war niemals frei **von Furcht** *(beide sep.)* vor den Königen.
6) Niemand war für Cicero verhängnisvoller **als M. Antonius** *(compar.)*.
7) Catilina, ein Mann **aus vornehmer Familie** *(originis)*, war **von großer Kühnheit** und **einem schlechten Charakter** *(qualit.)*.
8) Caesar übertraf alle Feldherrn **an Kühnheit** und **Schnelligkeit** *(beide limit. / resp.)*.
9) Nicht **zu Recht** *(modi)*, sondern **durch seine eigene Schuld** *(causae)* war Cicero von Clodius **aus Rom** *(sep.)* verbannt worden.
10) Obwohl Scaeva **an vielen Verwundungen** *(causae)* litt, übertraf er alle Gefährten so sehr an **Tapferkeit** *(limit.)*, dass er nahezu allein die Feinde **von den Mauern** *(sep.)* des Lagers abwehrte.
11) **Zu alten Zeiten** *(temp.)* wurden Sklaven **zu einem geringen Preis** *(pretii)* gekauft, aber griechische Sklaven waren **um die Hälfte** *(mens.)* teurer **als die übrigen** *(comp.)*, da sie diese **an Bildung** *(limit.)* übertrafen.
12) Die Räuber pflegten, wenn / weil sie **von der Gier** *(causae)* nach Beute getrieben waren (aus Gier nach Beute), **aus ihren Schlupfwinkeln** *(sep.)* zu kommen, um die Städte Kleinasiens zu plündern.
13) **Bei Tagesanbruch** *(temp.)* stellte Caesar die Schlachtreihe **an einem geeigneten Ort** *(loci)* auf.

14) **An einem alten Baum** (*sep.!*) hängen oft die schönsten Früchte.
15) Der Fluss Rhein entspringt **in den Alpen** (*sep.!*)
16) Viele Senatoren standen zu Beginn des Bürgerkriegs **auf Seiten des Pompeius**. (*sep.!*)
17) Caesar behielt **im Gedächtnis** (*instr!*) *oder:* erinnerte sich, dass sich die Helvetier **viele Jahre** (*mens.*) zuvor nicht **der Gewalttaten** (*sep.*) enthalten hatten.
18) Die Piraten suchte ihre Rettung **in blitzschneller Flucht** (*instr. / modi*).
19) Da die Einwohner der belagerten Stadt **von Hunger** geschwächt und **von Furcht** (*causae*) dazu gezwungen waren, baten sie den Feldherrn der Feinde um Frieden.

Beispielsätze für den Konjunktiv im Nebensatz (Anhang 25)

1a) Sollte etwas unklar gesagt worden sein, dann magst du am Inhalt (*d. Worte*) zweifeln.
1b) Wenn die Hilfstruppen kämen, würden wir die Feinde besiegen. – Wenn die Hilfstruppen nicht gekommen wären, hätten uns die Feinde besiegt.
2a) Wir wünschen, dass ihr möglichst schnell zu uns kommt. – Wir fürchten, dass ihr zu spät kommt.
2b) Die Helvetier stellten den Sequanern Geiseln, damit sie ohne Übergriff (durch ihr Gebiet) zogen. – Caesar beansprucht eine Frist zum Nachdenken, bis (damit unterdessen) die Soldaten, die er angefordert hatte, zusammenkämen (zusammenkommen könnten). – Caesar griff die Feinde an, bevor sie (damit sie nicht erst) eine Schlachtreihe aufstellen konnten.
2c) Sage mir, was du tust / getan hast. – Ich wusste nicht, was du tatest / getan hättest. - Ich zweifle nicht daran, dass man den Unglücklichen helfen muss.
2d) Wir klagen die Natur, dass / weil sie uns (unserer Meinung nach) ein (nur) kurzes Leben gibt. – Immer klagten die Menschen die Natur an, dass / weil sie ihnen (ihrer Meinung nach) ein (so) kurzes Leben gab. - Ich klage dich an, weil du mir (meiner Meinung nach) Unrecht getan hast. Ich habe dich angeklagt, weil du mir (meiner Meinung nach) ein großes Unrecht getan hattest.
2e) Die Helvetier schickten Gesandte, die C. um Frieden bitten sollten. – Wer ist würdig, über andere zu herrschen? – Ich Dummkopf, der (weil ich) jene Gefahr nicht gesehen habe! – Ich bin nicht derjenige, der sich von Todesgefahr erschrecken lässt. – Die Germanen, die (weil sie) sahen, dass ihre Leute getötet wurden, stürzten sich aus ihrem Lager. – Niemand ist so dumm, der nicht (dass er nicht) sieht, dass eine Verschwörung angestiftet worden ist. – Es fanden sich zwei Ritter, die bereit waren, Cicero zu töten.

Beispiele für Relativsätze mit adverbialem Nebensinn (Anhang 32)

1) Caesar ließ Soldaten an der Küste zurück, die die Schiffe schützen sollten. (*finaler Nebensinn*)
2) Wen von uns gibt es, der leugnet, dass der Konsul Cicero den Staat gerettet hat? (*konsekutiver Nebensinn*)
3) Der Diktator Caesar wurde von den Verschwörern, die (weil sie) die Alleinherrschaft fürchteten, getötet. (*kausaler Nebensinn*)

4) Cicero vertrieb Catilina, der (weil er) eine Verschwörung angestiftet hatte, aus der Stadt. *(kausaler Nebensinn)*
5) Catilina war nicht einer, der sich von der Todesgefahr erschrecken ließ. *(konsekutiver Nebensinn)*
6) Catilina fand viele junge Leute, die tapfer und zuverlässig waren. *(konsekutiver Nebensinn)*
7) Die Germanen, die doch (obwohl sie) die Freiheit liebten, gehorchten zunächst den Gesetzen, die ihnen von den Römern auferlegt worden waren. *(konzessiver Nebensinn)*
8) Wen gibt es, der nicht mit wohlwollender Sympathie die Erinnerung an die berühmten Männer der Vorzeit pflegt, die er doch (obwohl er sie) niemals gesehen hat? *(konsekutiver Nebensinn und konzessiver Nebensinn)*
9) Derjenige, der bescheiden gehorcht, ist würdig, einmal zu herrschen. (entweder *finaler* oder *konsekutiver Nebensinn*)
10) Derjenige, der sah, dass jenes Zusammenströmen in der Stadt geschehen war, hätte gesagt, dass die Stadt erobert worden sei. *(konsekutiver* oder *konditionaler Nebensinn)*
11) Kein Scharfsinn menschlichen Geists ist so groß, dass er in den Himmel vordringen kann. *(konsekutiver Nebensinn)*
12) Der König, der doch als Freund des römischen Volkes lange in Rom gelebt hatte, *(konsekutiver Nebensinn)*, wurde von Verres aus der Provinz verjagt.
13) Was ist unverschämter als Tarquinius, der Krieg mit denen führte, die seine Arroganz nicht ertragen hatten? *(kausaler Nebensinn)*

Caesar – Graffito aus R(

Der Blick in die Zukunft – ein Originaltext

Im Folgenden sehen Sie einen Caesartext *(leicht geändert bzw. gekürzt)*, an dem Sie den ungefähren Schwierigkeitsgrad des Latinums, auf das Sie in einem Lektürekurs vorbereitet werden, ermessen können.
(Nach Absolvieren dieses Übungsbuchs haben Sie nach Auffassung des Verfassers zugleich auch Grundlagen für die Beschäftigung mit dem „Cicero-Latinum" geschaffen.)

Zahlreiche gallische Stämme haben sich unter Vercingetorix' Führung zu einem Aufstand gegen die römische Herrschaft zusammengeschlossen. Caesar versucht nun, die abtrünnigen Stämme wie z. B. die Biturigen, wieder zu unterwerfen:

Vercingetorix ubi de Caesaris adventu cognovit, ei obviam proficiscitur. Caesar oppidum Biturigum in via positum Noviodunum oppugnare instituerat.

Quo ex oppido cum legati ad eum venissent oratum, ut sibi ignosceret suae-
5 que vitae consuleret, arma conferri, equos produci, obsides dari iubet.

Parte iam obsidum tradita, centurionibus et paucis militibus in oppidum intromissis, qui arma iumentaque conquirerent, equitatus hostium procul visus est, qui agmen Vercingetorigis antecesserat.

Quem simulatque oppidani conspexerunt atque in spem auxilii venerunt, cla-
10 more sublato arma capere, portas claudere, murum complere coeperunt.

Centuriones in oppido gladiis destrictis portas occupaverunt suosque omnes incolumes receperunt.

Caesar ex castris equitatum educi iubet proeliumque equestre committit.

Laborantibus iam suis Germanos equites circiter quadringentos submittit,
15 quos secum habere solebat. Eorum impetum Galli sustinere non potuerunt atque in fugam coniecti multis amissis se ad agmen receperunt.

Quibus profligatis oppidani perterriti se Caesari dediderunt.

Quibus rebus confectis Caesar ad oppidum Avaricum, quod erat maximum munitissimumque in finibus Biturigum, profectus est. Quo oppido expugnato
20 se civitatem Biturigum in potestatem redacturum esse confidebat.

(Caes. b. Gall. 7, 12 f.)

Angaben zu den im Text unterstrichenen Wörtern:

1)	Vercingetorix, -igis m.	Vercingetorix *(Arverner; bedeutendster Gegner Caesars)*
2)	Bituriges, -um m.	die Biturigen *(gallischer Stamm in Aquitanien)*
3)	Noviodunum, -i n.	Noviodunum *(Stadt der Biturigen, b. heutigen Orléans)*
4)	oratum	um zu bitten *(Supinum I)*
5)	visus est	videri *hier: sich zeigen, erscheinen*
6)	simulatque	sobald
7)	in spem venire	Hoffnung schöpfen
8)	Avaricum, -i n.	Avaricum *(Hauptstadt der Biturigen, heute Bourges)*
9)	in potestatem redigere	(wieder) unterwerfen

Übersetzung:

    Sobald Vercingetorix von der Ankunft Caesars erfahren hatte, zog er ihm entgegen. Caesar hatte beabsichtigt, die am Weg gelegene Stadt der Biturigen, Noviodunum, zu bestürmen. Als aus dieser Stadt Gesandte gekommen waren, um (ihn) zu bitten, ihnen zu verzeihen und für ihr (Über)leben zu sorgen, be-
5   fahl er, dass man Waffen zusammentrage, Pferde herausführe und Geiseln gebe (*oder:* ließ er Waffen zusammentragen *usw.*).
    Als bereits ein Teil der Geiseln ausgeliefert war und Zenturionen und wenige Soldaten hineingelassen worden waren, die Waffen und Zugtiere sammeln sollten, zeigte sich in der Ferne die Reiterei der Feinde, die dem Heer des
10   Vercingetorix vorausgezogen war.
    Sobald die Bewohner der Stadt diese erblickt und neue Hoffnung auf Hilfe geschöpft hatten, erhoben sie ein Geschrei (*w. abl. abs.:* nachdem sie ein Geschrei erhoben hatten) und begannen sodann zu den Waffen zu greifen, die Tore zu schließen und die Mauer zu besetzen.
15   Die Zenturionen in der Stadt besetzten mit gezückten Schwertern die Tore und zogen alle ihre Leute unversehrt zurück.
    Caesar ließ aus dem Lager die Reiterei ausrücken (*w.:* befahl, dass die Reiterei herausgeführt werde) und eröffnete ein Gefecht zu Pferde.
    Als seine Leute bereits in Bedrängnis gerieten, schickte er ihnen ungefähr
20   vierhundert germanische Reiter zu Hilfe, die er gewöhnlich bei sich hatte.
    Deren Angriff konnten die Gallier nicht standhalten und zogen sich, nachdem sie in die Flucht geschlagen worden waren, nach dem Verlust vieler (Männer) (*abl. abs.*) zu ihrem Heer zurück.
    Weil die Einwohner wegen der Überwältigung dieser sehr in Schrecken gera-
25   ten waren, ergaben sie sich Caesar.
    Nach dem Ende dieser Handlungen (*abl. abs:* nachdem diese Dinge vollendet waren) zog Caesar zur Stadt Avaricum, die die größte und am besten befestigte Stadt im Gebiet der Biturigen war. Er war zuversichtlich, im Falle einer Einnahme dieser Stadt (*abl. abs:* nachdem *oder* wenn diese Stadt ...) den Stamm der Biturigen
30   wieder unterwerfen zu können (*w.:* dass er den Stamm der Biturigen unterwerfen werde).

Cicero – aus dem 1. Jh. n. Chr., Kapitolinisches Museum

Blick vom Kapitol auf das forum Romanum. Im Mittelgrund: das lang gestreckte Gebäude, von dem zumeist nur die Säulenstümpfe übrig sind, die Basilica Iulia – ein Gerichtsgebäude, das Caesar in Auftrag gegeben hatte und dessen Bau Cicero in der Zeit der politischen Freundschaft zu Caesar beaufsichtigte. Im Hintergrund: der Palatin.